PASSADO E PRESENTE

Série Escrita Psicanalítica

Clínica psicanalítica: testemunho e hospitalidade, de Marcio Giovannetti
Alma migrante, de Plinio Montagna
Uma imagem do mundo: realidade e imaterialidade, de Walter Trinca
A posteriori, um percurso, de Marion Minerbo
Passado e presente, de Ana Maria Azevedo

Blucher

PASSADO E PRESENTE

Ana Maria Azevedo

Série Escrita Psicanalítica

Coordenação: Marina Massi

Passado e presente
Série Escrita Psicanalítica

Editora Edgard Blücher Ltda.

Publisher Edgard Blücher
Editor Eduardo Blücher
Coordenação editorial Bonie Santos
Produção editorial Isabel Silva, Luana Negraes
Preparação de texto Bárbara Waida
Diagramação Negrito Produção Editorial
Revisão de texto Cristine Akemi
Capa Leandro Cunha
Aquarela da capa Helena Lacreta
Fotografia da capa Arquivo pessoal

Blucher

Rua Pedroso Alvarenga, 1245, 4º andar
04531-934 – São Paulo – SP – Brasil
Tel.: 55 11 3078-5366
contato@blucher.com.br
www.blucher.com.br

Segundo o Novo Acordo Ortográfico, conforme 5. ed. do *Vocabulário Ortográfico da Língua Portuguesa*, Academia Brasileira de Letras, março de 2009.

Dados Internacionais de Catalogação na Publicação (CIP)
Angélica Ilacqua CRB-8/7057

Azevedo, Ana Maria
Passado e presente / Ana Maria Azevedo. – Série Escrita Psicanalítica / coordenação de Marina Massi – São Paulo : Blucher, 2020.
452 p.

Bibliografia
ISBN 978-85-212-1929-3 (impresso)
ISBN 978-85-212-1930-9 (eletrônico)

1. Psicanálise. I. Título. II. Massi, Marina. III. Série.

20-0268 CDD 150.195

Índices para catálogo sistemático:
1. Psicanálise

Sobre a Série Escrita Psicanalítica

O projeto de uma série com livros de autores da Sociedade Brasileira de Psicanálise de São Paulo (SBPSP) é fruto da pesquisa de doutorado *Trinta anos de história da Revista Brasileira de Psicanálise: um recorte paulista*. Nessa tese, abordei os artigos publicados na revista, de 1967 a 1996, por psicanalistas da SBPSP.

Entre os vários aspectos que pude observar, destacou-se a necessidade de organizar a produção psicanalítica dessa instituição, de seus primórdios aos dias atuais, divulgada em revistas especializadas, atividades científicas ou aulas ministradas nos institutos de formação, com influência sobre diversas gerações de profissionais ligados à International Psychoanalytical Association (IPA).

A Série Escrita Psicanalítica tem justamente a ambiciosa proposta de reunir, organizar, registrar, publicar, divulgar e consolidar a produção dos pioneiros e das gerações posteriores da SBPSP. Busca também retratar, para a própria instituição, o que nela foi construído de importante desde a sua fundação. Conta, assim, a história da SBPSP pelo veio da produção e da criação psicanalítica.

Esta série lança um olhar para o passado, pois organiza o que de melhor já foi feito, e um olhar para o futuro, pois transmite a fortuna da SBPSP não só como memória, mas como um importante material de estudo para os diferentes institutos de formação psicanalítica e cursos de pós-graduação no Brasil, além de para o público interessado.

Ao promover uma leitura da história das ideias psicanalíticas – uma leitura crítica, comparada – e, ao mesmo tempo, permitir que os psicanalistas aqui apresentados sejam considerados enquanto autores, produtores de ideias e teorias, a série possibilita sair do campo transferencial institucional e passar ao campo das ideias, da reflexão, do debate, para além da pessoa do psicanalista.

A ciência e a arte necessitam de organização (ou curadoria) da contribuição que o ser humano foi e é capaz de oferecer. Espero que esta série cumpra o objetivo de ser a história das ideias de muitos colegas brasileiros no âmbito da IPA, alguns infelizmente não mais entre nós, outros ainda em plena produção.

Marina Massi

Coordenadora da Série Escrita Psicanalítica

A Luiz Carlos, companheiro de uma vida

Sumário

Prefácio

Tenho o privilégio de apresentar o livro de Ana Maria Azevedo, minha querida amiga de tantos anos e de tantas jornadas em comum. Não conseguirei fazer um preâmbulo isento centrado apenas em suas reflexões teórico-clínicas; aliás, nem o pretendo. Leio seu livro com o afeto de quem a acompanha há muito tempo.

Mesmo em suas mais altas abstrações, nossa disciplina é eloquentemente pessoal, e assim é o trajeto do desenvolvimento das reflexões de Ana Azevedo. Nossos autores são sempre objeto de incontáveis tentativas biográficas, pois suas teorizações contêm uma marca singular e pessoal. Essas reflexões inevitavelmente também terão um caminho pessoal no escrutínio do leitor. Teremos sempre a nostalgia da objetividade.

Essa inevitável individualidade é ainda mais eloquente no trabalho clínico. Em sua trajetória, o objeto de nosso conhecimento, o inconsciente, nunca se torna presente, temos de apreendê-lo por construções de correspondência. Assim, nossa teoria e nossa atividade prática percorrem seu caminho por metáforas, metonímias, alegorias, figurações e muito mais, viajam pelos trajetos da poesia e da estética. Permitem, em relação ao seu objeto, fulgurações que rapidamente se desfazem, continuando o inconsciente, mobilizado pelo corpo e pelo mundo, seu trajeto em busca de um novo ponto provisório de descanso conceitual. Cada conceito ou percepção clínica terá sua apreensão efêmera e caminhará também por infinitas camadas de possibilidades e associações. Nossa ciência terá, assim, um parentesco muito próximo com a arte.

Em sua prática clínica, a psicanálise oferece a quem a busca um campo para que um tipo de exílio reencontre sua história, e o "estrangeiro" encontre um repouso em sua própria pele. Neste oferecimento, a psicanalista transitará por uma proposta ética e por meio dessas singularidades se apresentará diante de nós uma aventura que conterá em seu âmago uma ampliação do genérico humano.

Será uma aventura peculiar no espaço de um território novo e infinito, o espaço do inconsciente, um estudo do território do mistério do homem. Será sempre uma composição com raízes na representação da palavra e, em sua busca da palavra própria, um percurso poético, e o estilo de Ana é direto e inquieto. Este será o trajeto inevitável da prática para a abstração e o retorno do conceito atribuindo-lhe moldura.

Ana é generosa no seu oferecimento de trajetórias de sua experiência. A matéria da experiência clínica é farta. Não poderia ser diferente, pois é do "jeito" de Ana a fartura em seus oferecimentos pessoais. O jantar é sempre generoso e assim é Ana com seus amigos e sua família. Não consigo me furtar a expressar essa lembrança...

Já de início, de forma sintética e metafórica, somos defrontados com uma alegoria da origem do método na psicanálise por meio do estudo das flores carnívoras feito por Darwin. Ana nos oferece nessa alegoria a possibilidade de pensarmos nosso método cotejando-o com o modelo tradicional das ciências. Nessa construção temos também um vislumbre do que a figura dessas flores nos oferece, afinal, as flores são os órgãos genitais das plantas e, num resplandecer perceptivo, estamos diante da visão da sexualidade que permeia nossa disciplina e também da beleza e da crueldade humanas, da dialética da dualidade do mundo pulsional. Freud dizia que somos muito melhores e muito piores do que costumamos pensar. Mais feios e mais belos que o senso comum nos apresenta. Estamos também diante de belos seres carnívoros e os acompanhamos na sua natureza.

Os tempos de maturidade e do mundo nos desafiam e Ana oferece a nós seus caminhos. Assim, o que a autora apresenta é um vislumbre de sua trajetória; como autora, oferece uma parte de sua vida. Um livro contém a generosidade do autor que nos oferece o melhor de si. A psicanálise não tem remédio além de ser estritamente pessoal, assim, Ana se oferece para que, estimulados por seu texto, prossigamos nosso inevitável périplo solitário.

Ana evita falar explicitamente de si, mas eu não posso conter algumas lembranças. Colocarei um foco de luz sobre ela, ou melhor, sobre como a vejo. Como disse de início, cabe a mim fazer um prefácio e seu livro marca uma vida.

Conheci Ana em 1987 num congresso da International Psychoanalytical Association (IPA) em Montreal. Sentamos juntos e nos rimos cúmplices de uma apresentação que mostrava um diagrama cheio de flechas pretendendo definir o humano. Rimo-nos da pretensão positivista que, em seu anseio, resultava melancolicamente redutora. Em sua carreira pessoal, Ana sempre confrontou essa visão que muitas vezes se torna hegemônica no meio institucional. Aliás, o trabalho institucional sempre foi parte de suas preocupações.

Pouco depois desse congresso, Ana assumiu a presidência da Sociedade Brasileira de Psicanálise de São Paulo (SBPSP), que vivia um momento de grave crise interna, pois a IPA havia fechado o instituto de formação, exigindo transformações. À frente de um grupo, ela conseguiu reabrir o instituto e dar continuidade ao projeto da SBPSP sem abrir mão do que nos era essencial. O trajeto teórico-clínico de Ana é matizado pelas suas escolhas pessoais, mas faz parte de um amplo movimento de *aggiornamento* de uma nova geração dessa sociedade, que, após a geração pioneira, vinha fazendo uma atualização.

Em seguida, partiu para um trabalho internacional, tornando-se secretária-geral da IPA na gestão de Horacio Etchegoyen, fazendo parte de um amplo movimento de redemocratização que caracterizou esse período. Também tem responsabilidade na enorme presença internacional que a SBPSP tem hoje, abandonando o particularismo que até então nos caracterizava.

Sempre participante como analista didata, é figura essencial na formação da geração seguinte, por meio tanto de supervisões como de análises e grupos de estudo. Esses grupos de estudo são acompanhados por uma ampla comunidade com grande interesse teórico e muito afeto pessoal. Muitos foram os que se beneficiaram de sua personalidade irrequieta, sempre em movimento. Ler os textos que seguem permite acompanhar esse movimento e sem dúvida abre espaço para novos desenvolvimentos.

O leitor pode acompanhar a trajetória percorrida por Ana, com o retorno a Freud, que foi um amplo movimento societário, e a influência de Melanie Klein, Wilfred Bion e tantos autores contemporâneos que são a expressão de um espírito inquieto, criativo, que nunca se submeteu a uma ortodoxia. Não há capitulação ao Canal da Mancha: ao se inspirar basicamente nas escolas francesa e inglesa, não fica restrita a uma escolha. Permite amplamente que essas ideias se mesclem e tomem seu singular trajeto pessoal. Não deixa de ser um convite para que o leitor faça o mesmo.

Quem a conhece sabe como às vezes é trabalhoso acompanhá-la e como isso vale a pena. O leitor encontrará diversos momentos de confirmação nos textos que espelham várias épocas, um amplo espectro de interesses. No centro de seu trabalho, o rigor do método e a entrega à permanente busca da impossível captura da bruxa metapsicológica. Sua espontaneidade busca a moldura teórica que trará sentido à sua presença sempre viva junto a seus pacientes. Sabemos que em psicanálise o excesso de luz interrompe os sonhos e paradoxalmente nos isola de nosso objeto. Do mesmo modo, o excesso de obscuridade fará com que a estrada nunca se defina diante de nós. Encontraremos no livro temas que se repetem e serão abordados no espectro do desenvolvimento que sua abertura ao novo busca sempre.

Apesar de termos na obra um retrospecto e um balanço de si mesma, podemos comemorá-lo por não apresentar um ponto de chegada. Em seus trabalhos clínicos recentes temos não apenas um mapeamento do seu pensamento atual, como também o ponto mais contemporâneo do que se produz em psicanálise atualmente. O território do que ainda não foi representado se apresenta no centro de suas preocupações. Assim, podemos ler em seu trabalho "Trauma e processos de mudança" que "será o trabalho de figurabilidade, desenvolvido pela mente do analista e do analisando na relação transferencial, o único meio pelo qual esses elementos e essas experiências poderão vir a ser alcançados e talvez representados" (p. 371).

A experiência psicanalítica torna-se mais radicalmente que nunca uma trajetória de vida em comum que paciente e analista percorrerão nessa situação única na experiência humana que é a situação analítica. A leitura desse livro não será diferente: na companhia de Ana percorreremos um trajeto de vida que iluminará algo do mistério que nos desafia como pacientes e como analistas. Têm a palavra a esfinge... e Ana Maria Azevedo.

Leopold Nosek

Apresentação

A autora nos oferece neste livro um panorama consistente de sua travessia pela vida e pela psicanálise. O livro é dividido em três segmentos que se relacionam dinamicamente entre si: "Reflexões teóricas", "Trabalhos clínicos revisitados e comentários atuais" e "Trabalhos clínicos recentes". No final, encontramos também as "Considerações finais", que permitem um olhar retrospectivo que abarca toda a obra, ou melhor, toda a "viagem", como nomeia a autora.

Partindo de referências teóricas iniciais sustentadas por Klein e Bion, a autora vai aos poucos redescobrindo Freud, que, como ela mesma diz, já estava lá em essência, como um fio condutor, percorrendo "o caminho de certa forma presente em nossa alma" (p. 28). Faz também observações sobre a formação analítica que viveu, enfatizando a relação do paciente com o analista, a relação transferencial, em detrimento da relação do eu com ele mesmo.

Em seus trabalhos teóricos encontramos reflexões sobre o método psicanalítico e sua especificidade, questionando as noções de objetividade e neutralidade e colocando a psicanálise como uma ciência viva e inacabada, com o objeto psicanalítico emergindo da experiência emocional, da relação intersubjetiva e da observação da dupla analítica e da própria mente do analista dentro do *setting*. Enfatiza ainda a necessidade da dúvida e do constante questionamento, utilizando o termo "reflexão do analista" para se referir ao que considera uma ampliação do campo de observação: "a relação do analista com a psicanálise se propõe como um novo objeto de observação" (p. 85).

A autora menciona a liberdade interna do analista e o uso da imaginação, da criatividade e do sonho como fatores essenciais ao trabalho analítico. Reflete também sobre o tempo e a temporalidade, sobre as relações corpo-mente, em que nos recorda saudosamente Armando Ferrari, com sua noção original de que a mente nasce do eclipse do corpo e supõe necessariamente este substrato somático, que ele chama de objeto originário concreto.

A obra traz importantes considerações sobre a autonomia e a originalidade da psicanálise latino-americana, para além de referenciais calcados na noção de colonização. Discute em profundidade a importância e a atualidade da noção de pulsão e suas relações com o somático, a busca por representação e constituição do psiquismo, colocando o sonho como elemento fundamental desse processo, fruto do trabalho psíquico.

Nos textos mais recentes surgem outros autores com muita relevância: André Green, com sua teoria da representação e a compulsão à repetição, e Botella e Botella, com a noção de "irrepresentável". O fracasso das palavras abre espaço para a importância do sonhar e das imagens, agora nomeadas como figurabilidade. Novos autores surgem na tentativa de dar conta da complexidade da vida mental.

A especificidade da pulsão de morte na obra freudiana também é abordada, bem como as questões ligadas à representação e seus limites, de onde surge a noção do irrepresentável. A autora reafirma a importância da teoria pulsional para a psicanálise, implicando tanto a intersubjetividade como a intrassubjetividade, embora, nos textos atuais, fique clara a prevalência do intrapsíquico em sua maneira de conceber o trabalho psicanalítico. Considera a centralidade da noção metapsicológica de pulsão de morte, baseando-se em Green para enfatizar a importância do narcisismo nessa luta entre as pulsões de vida e de morte, e determinar a noção de ligação/desligamento como básica na constituição do psiquismo. Define também a noção de renúncia ao objeto pulsional, enfatizada por Rolland, como elemento essencial da possibilidade de vida psíquica, concluindo com peculiares clareza e convicção sobre a necessária atualidade deste conceito na clínica atual: "Mais ou menos a mesma que está presente quando avaliamos a quantidade de oxigênio presente no ar que respiramos; é fundamental" (p. 120).

Reafirma em outros trabalhos a relação entre a teoria de transferência e a compulsão à repetição, utilizando os escritos de Freud e Green, mostrando que as vivências transferenciais, em vez "do modelo do aborto" (p. 105), contido na repetição, podem favorecer a reconstrução histórica ou mesmo a convicção numa construção surgida na sessão analítica, quando a repetição "alcança certo êxito, pois comunica, relaciona e discrimina" (p. 143).

Traz ainda importantes reflexões sobre o papel da memória, da percepção e da alucinação, evidenciando a influência que a vida emocional exerce sobre elas. Comunga com Green e Donnet a ideia de que a transferência é repetição, mas também envolve algo novo: a redescoberta, a retranscrição e o rearranjo presentes na "busca incansável do objeto de satisfação perdido" (p. 138).

A possibilidade de o psiquismo se constituir, segundo a autora, terá várias formas de compreensão, desde a ligação/desligamento, como propõem Freud e Green, o irrepresentável de Botella e Botella, até a noção de Bion de que os restos mnêmicos e as marcas da experiência psíquica precisam ser conservados e transformados para dar origem ao psíquico. Utiliza a noção bioniana de *caesura*, o espelho transparente no dizer de Bion, mostrando a importância desse autor em seu pensamento, a utilidade clínica do conceito, bem como a presença de Bion na Sociedade Brasileira de Psicanálise de São Paulo (SBPSP) trazendo uma *caesura*, um momento de mudança entre o antes e o depois de Bion.

A autora aponta as consequências desse conceito, que rompe a noção tradicional de interpretação, de objeto psicanalítico, trazendo ampliação ao psicanalista. Menciona ainda pontos de confluência entre esses autores, embora de linhagens psicanalíticas diferentes, todos eles fazendo parte de seu percurso psicanalítico e permitindo-lhe uma identidade própria, criativa e consistente.

Os trabalhos clínicos da segunda parte do livro nos trazem uma analista sensível, criativa e algumas vezes poética, sempre incluída na relação analítica, "sem pretensões a uma impossível neutralidade" (p. 189). Revelam a ideia de que os escritos psicanalíticos são autobiográficos, pois "Na verdade . . . escrevemos sempre sobre o que nos interessa, e o que mais nos interessa é o que vivenciamos e precisamos elaborar" (p. 189).

Esses trabalhos utilizam-se predominantemente de um referencial kleiniano-bioniano: o duplo imaginário, o uso de modelos, o equilíbrio entre identificações projetivas e introjetivas, as oscilações entre continente/contido e PS↔PD, a noção de evolução e a importância da observação dos movimentos psíquicos da dupla na sala de análise. As mudanças psíquicas vividas pelo analisando são consideradas também na dupla analítica e no analista.

Debruça-se longamente em considerações sobre o mito de Édipo, universal, relacionando-o ao complexo de Édipo, individual e pessoal, enfatizando a relação entre sexualidade e pensamento, e considerando o mito edípico como fundante do psiquismo humano e, portanto, indissociável da sexualidade.

Ainda neste segmento, encontramos a ideia do sonho como validação do processo psicanalítico, sua relação com o objeto psicanalítico e com *insights* vividos nas sessões, bem como seu papel na elaboração de angústias e fantasias, como uma representação simbólica da experiência emocional do sujeito consigo próprio e com o analista, capaz de se aproximar da emoção como núcleo significativo da experiência. Não só o sonho noturno, mas também o sonho alfa, que surge na relação intersubjetiva da dupla, possibilitando uma construção de sentidos.

As reflexões atuais sobre esses trabalhos buscam novamente um retorno a Freud, trazendo o inquietante, a rememoração, a importância da imagem como elemento de contato com o inconsciente, e seu uso na clínica como forma de favorecer o sonhar e o contato do paciente consigo próprio. Traz também considerações sobre as noções freudianas de narcisismo e de narcisismo de morte, que enriquecem o trabalho, clarificando de outros pontos de vista o funcionamento mental dos pacientes voltados para si próprios, com enorme dificuldade de investimento objetal. Nessas reflexões, além de Freud, surgem referências a Green e Rolland, autores que despertam muito interesse atualmente na autora.

Com relação ao Édipo, a autora revisita em suas reflexões a importância da sexualidade infantil, sua intensidade e sua relação com a crueldade, elementos que precisam ser elaborados para permitir o desenvolvimento psicossexual de cada um de nós.

Nas reflexões atuais sobre a validação científica do processo psicanalítico por meio dos sonhos, a autora enfatiza a ideia de que uma interpretação é uma hipótese que precisa ser testada e verificada pelo prosseguimento do trabalho analítico, alertando-nos sobre as limitações da pesquisa em psicanálise e convidando-nos a manter vivo o "espírito da psicanálise, . . . [o] específico estado mental que habita os psicanalistas durante seu trabalho" (Green, citado por Azevedo, p. 358) de contínua investigação.

No trabalho "O mesmo e o outro", a autora vai deixando clara a importância do silêncio do analista, oferecendo a ideia de que a transferência favorece uma indiferenciação eu/outro que precisa ser trabalhada e discriminada. Baseando-se nas ideias de Rolland, menciona que a renúncia ao objeto original edípico nunca se faz inteiramente, sendo os objetos "definitivos" criados a partir de um deslocamento virtual desse objeto originário. Essa renúncia vai permitir o nascimento da identidade psíquica individual, utilizando-se de lembranças e rememorações. Surge o outro, mas que é ao mesmo tempo o mesmo, contendo em si o objeto original.

A autora ainda retoma nessas reflexões atuais o modelo do sonho como elemento fundamental do psiquismo, que traz em si um complexo conjunto de memória, percepção e traços mnêmicos, colocando a especificidade de seu olhar de psicanalista sobre o mundo intrapsíquico: "Os processos utilizados pelos sonhos, basicamente deslocamento e condensação, são suficientes para mostrar como a mente humana, longe de estar determinada por objetos e fatos externos, é na verdade uma indústria criativa inimaginável de formas, figuras, sons etc." (p. 325).

Nos trabalhos clínicos recentes, a autora revisita a noção de trauma, considerando-a o excesso de imposição e violência não simbolizáveis, com explosão do continente-mente. Propõe pensar os limites da representação, numa "lógica de esperança" da experiência simbólica, apontando também para o irrepresentável. Nesse sentido, propõe, com Botella e Botella, o trabalho de figurabilidade do analista, na assimetria interna à relação analítica, para permitir a construção do psíquico e não apenas a reconstrução histórica.

Coloca ênfase também na noção de terceiro analítico (Green) e sugere que a representação psíquica se cria a partir da conjunção entre intrapsíquico e intersubjetivo.

Nesse ponto de amadurecimento e consistência de sua identidade psicanalítica, propõe como objetivo de uma psicanálise a ampliação do espaço psíquico, em concordância com Ferrari, Bion, Botella e Botella e Green, todos eles participantes da sua "família interna psicanalítica", como nos lembra Bolognini. Discute também a questão dos limites do analisável, que associa à dor mental, e supõe a necessidade de tolerância por parte de analista e analisando. Alerta-nos sobre os desejos do analista de "salvar o paciente" quando em presença de desinvestimento maciço, extremo narcisismo destrutivo e presença imperiosa das pulsões de morte.

Encerra o livro com chave de ouro: "O barulho do silêncio". Neste trabalho, baseado numa lembrança pessoal e autobiográfica, a autora nos lembra da importância do silêncio na relação analítica. Coloca em dúvida o saber consciente e a crença no poder da palavra para retomar o modelo do sonho, tantas vezes nomeado por ela, estendendo-o ao sonho diurno e à capacidade de imaginar. Na dança entre os silêncios podem surgir lembranças em imagens, próximas aos processos inconscientes, que evoluem para a captação da dor e da emoção ligadas aos objetos inconscientes. A noção de experiência, antes alocada no primeiro plano, passa a ser secundária se pudermos reconhecer a enorme dificuldade de expressá-la por meio da palavra.

Para finalizar, eu diria que este livro é de leitura extremamente útil ao psicanalista praticante e também ao iniciante, por trazer um harmonioso equilíbrio entre teoria e prática clínica, constituindo-se num belo exemplo de pensamento clínico e numa magnífica ilustração da travessia de construção de uma identidade psicanalítica, com a liberdade de não se enclausurar num único autor e mantendo a criatividade pessoal, sem perder de vista a importante e fundamental especificidade da psicanálise.

Boa leitura a todos!

Ana Maria Stucchi Vannucchi

Introdução

> *O esmaecimento dessa memória é necessário, para que seja possível escrever . . . a subjetividade pode ser concebida como uma temporalidade, poder-se-ia dizer, a temporalidade da metáfora (Fédida, 1985, p. 78, tradução minha)*

É com o passar do tempo que nos voltamos com maior interesse para o que foi nossa vida, talvez como uma forma de tentar entender melhor quem somos agora, no futuro de nossa existência, esta muito mais curta do que poderíamos imaginar no passado.

As referências ao tempo ficam difíceis, pois, muitas vezes, o distante nos parece tão próximo, e o ainda não acontecido, inimaginável! Na verdade, a escolha e a proposta deste título, *Passado e presente*, só podem ser concebidas e agora compreendidas se levarmos em conta a ideia de tempo.

No entanto, não é desse tema que tratará este escrito, embora implicitamente ele esteja presente o tempo todo. Pois escrever se trata sempre de um "passado-presente", uma vez que é uma transposição para o papel daquilo que já foi, e que é recuperado para imediatamente de novo se tornar passado. Esta é a ideia deste pequeno livro – recuperar para, ao rever o já feito, retomá-lo e dizê-lo de outra forma, remetendo-o imediatamente ao passado.

Ao iniciar esta empreitada, recuperando meus escritos antigos, chamou minha atenção o primeiro deles: ao relê-lo há poucos dias, vivenciei um sentimento agradável, de surpresa e de um certo espanto! Cheguei mesmo a duvidar do exato momento dessa produção, pois sua atualidade, as preocupações que aí se delineavam, as hipóteses contidas em suas palavras diferenciavam-se pouco do que 40 anos depois, no futuro do passado, se mostraria presente nesta mesma mente, já envelhecida, mas também enriquecida pelo contato com tantas outras ideias, personagens e teorias psicanalíticas.

Considerando essa surpresa e esse espanto que de mim tomaram conta na releitura das minhas origens, surgiram-me na mente as figuras de meus mentores psicanalíticos, de meus colegas e também das minhas atividades, essas últimas responsáveis por grande parte de minhas andanças pelo mundo, que sem dúvida possibilitaram que, no longo prazo, a "viagem" se tornasse interessantíssima e valiosa. No entanto, não é disso que se trata aqui, de minhas experiências de vida, de meus contatos com o mundo, que, apesar de terem sua importância, não são, nem serão, objeto de qualquer interesse dos colegas e daqueles que possam vir a se interessar, no agora, por esta tentativa de comunicação.

O impacto da teoria freudiana, no meu ponto de vista, é, e foi, equivalente ao da descoberta do átomo, a menor das partículas, porém a mais importante na constituição de qualquer estrutura, de qualquer corpo existente. Percebo que hoje, após tantos anos, consigo não apenas conhecer melhor esse iniciador das minhas pretensões, Sigmund Freud, como também admirá-lo mais ainda, reconhecendo em sua genialidade a origem de todos os questionamentos e de todas as hipóteses e as teorias por mim constantemente formuladas.

Essa origem no passado não era tão clara, e levou muito tempo para que se delineasse à minha frente o fio condutor existente, sem que dele eu me desse conta até há pouco. Penso que é a essa descoberta que devo a ideia de escrever alguma coisa que pudesse ser minimamente interessante para aqueles que tiverem a paciência de me acompanhar.

A proposta não é fácil: falar do que sempre esteve presente, mas nunca pôde ser considerado, a não ser longinquamente, abstratamente, como o trópico de Capricórnio, anunciado por uma placa ao lado de uma rodovia. Ninguém discute sua existência, tampouco se preocupa muito com ela, pois essa presença estará sempre lá, não se move, não se questiona, a não ser que a existência do globo terrestre, seus parâmetros e suas coordenadas se alterem. Para isso, sem dúvida, mais que a duração de uma vida, como a minha, seria necessário.

Os primeiros autores psicanalíticos que chamaram minha atenção foram Melanie Klein e Wilfred Bion. A leitura de Freud já vinha sendo feita há bastante tempo, no entanto, sua obra parecia-me tão extensa e tão complexa que não conseguia aventurar-me em hipóteses clínicas a partir de suas propostas teóricas.

Equívoco enorme, mas de fato foi isso o que aconteceu, e hoje penso que talvez minha precaução e meu medo em relação à transposição na clínica de seus conceitos eram, e são, compreensíveis. Freud, durante sua magnífica obra, se contradiz em muitos momentos, se revê e modifica suas posições, enquanto em outros formula novas hipóteses; de fato, ou se conhece muito Freud ou é melhor continuar a estudá-lo e aguardar uma apreensão mais ampla, antes de tentar fazer uso de suas colocações e ideias!

Já a teoria kleiniana parece quase como se nascesse da clínica, seus conceitos e suas colocações têm correlações clínicas, sua linguagem é mais acessível, e, pelo menos para mim, foi mais possível começar com Klein. Na verdade, acredito que eu tenha mais afinidade com a escrita de Klein que com Freud, que é um autor denso, ligado às questões de seu tempo e da humanidade, incansável leitor dos autores clássicos. A clínica sempre foi preponderante em meu trabalho, nunca tive dúvidas de que esta deveria ocupar a maior parte de minhas atividades.

Como mencionei antes, a releitura de meu primeiro trabalho, "Considerações em torno de uma experiência", publicado neste livro, pareceu-me tão estimulante que poderia aproximá-lo aos textos escritos 30 anos depois, como "Mudança psíquica e sonhos", em 1990, ou "Interpretação: revelação ou criação", em 1996. Aproximá-lo e, principalmente, reforçar minha hipótese de que nossos interesses, nossas aproximações à experiência, nada mais fazem senão percorrer o caminho de certa forma presente em nossa alma desde muito tempo. Escrevemos sempre sobre aquilo que precisamos elaborar e conhecer.

Desenvolverei no decorrer deste livro mais algumas ideias sobre esse ponto; no momento, pretendo apenas considerar o desenvolvimento apresentado em meus trabalhos, que se aproxima do que Wilfred Bion denominou "transformações" (1965), ideia esta já tratada por Freud, embora de outra perspectiva, quando ele nos propõe considerar e pensar na filogênese e na ontogênese.

Ao fazer uso do termo desenvolvimento, suponho a ideia de que não necessariamente este signifique progresso. O desenvolvimento de um tema musical, por exemplo, numa sinfonia ou num concerto, se refere às inúmeras variações que o autor consegue criar: é nesse sentido que faço uso da palavra desenvolvimento, como "variações sobre um tema", sendo o tema "o humano".

No início do trabalho clínico revisitado, "Considerações em torno de uma experiência", uma epígrafe menciona o trabalho freudiano *O "estranho"* (1977/1919). Durante o desenrolar do texto não são apresentadas outras citações ou ideias desse mesmo autor, e fica aqui a indagação: por que iniciar um texto com Freud se dele não se iria falar? Ou será que em algum momento falamos de outra coisa que não de Freud?

A partir dessa perspectiva, optei por selecionar e apresentar inicialmente nesta publicação algumas das reflexões teóricas que elaborei em meu percurso, para em seguida revisitar os textos clínicos escritos no decorrer de minha trajetória, aqueles que mais aprecio e que me parecem interessantes. Posteriormente, acrescento a cada um desses textos uma reflexão a partir de outro vértice, preponderantemente freudiano. Denominei a essas reflexões "comentários atuais", pois o tema que será aí desenvolvido decorre de uma nova leitura minha.

Agradeço principalmente a Marina Massi, dedicada colega da Sociedade Brasileira de Psicanálise de São Paulo, responsável pelo projeto e pela criação de uma coleção psicanalítica constituída por obras dos analistas brasileiros paulistas, que sem dúvida muito me encorajou e contribuiu para o sucesso deste projeto. Agradeço também a Ester Zita Botelho, que me ajudou na construção e na edição deste novo volume da série *Escrita Psicanalítica*.

A viagem foi longa, empreendida com o auxílio das colegas mencionadas, porém o mais interessante e o mais rico dessa experiência, penso eu hoje, é provavelmente a descoberta de ter percorrido o texto freudiano sem o saber, de quase tê-lo redescoberto enquanto passando pelos meandros da clínica e da teoria psicanalítica, tendo sido necessário para isso toda uma vida de estudo e de trabalho.

PARTE I

Reflexões teóricas

Investigação e processo analítico[1]

> *Apesar dos avanços da ciência recentemente, os métodos empregados pelo trabalho científico estão sob escrutínio crítico . . . nas ciências naturais, as teorias da mecânica quântica têm perturbado o conceito clássico de um mundo objetivo de fatos estudados objetivamente. (Bion, 1992, p. 84, tradução minha)*

Cem anos atrás, quem caminhasse pelo campo numa noite de verão, pouco além de Bromley, no Kent, poderia presenciar uma cena notável. Na estufa de uma das maiores e mais feias casas do bairro, veria um homem alto, com cerca de 60 anos, curvado sobre vasos de plantas. A seu lado, um homem mais moço também absorvido tocando fagote. Eram Charles Darwin e seu filho Frank fazendo uma experiência científica.

---

1 Uma versão anterior deste capítulo foi apresentada em 1990 em mesa redonda durante o XVIII Congresso Latino-Americano de Psicanálise da Federação Psicanalítica da América Latina (FEPAL).

Darwin queria saber exatamente por que uma planta carnívora fecha suas folhas para aprisionar uma mosca, e para isso examinava metodicamente causa por causa. O som não parecia uma causa provável, mas poderia explicar a reação da planta, e Darwin não era homem de deixar sem investigação qualquer hipótese. Já tentara a areia, a água e agora era a vez do fagote de Frank.

Darwin não chegou a identificar o mecanismo pelo qual a planta carnívora aprisiona suas vítimas, mas quase o conseguiu e a geração seguinte completou a investigação. Isso era o bastante para ele.

O método utilizado por Darwin vem sendo chamado de procedimento científico de investigação. É o método da experimentação, das tentativas de acerto e erro, da verificação das hipóteses pela lógica da observação e pelo acompanhamento de seus efeitos. Um fato é observado e considerado, uma relação de causa e efeito é estabelecida, e uma teoria é criada e desenvolvida a partir daí.

Todo raciocínio relacionado com causa e efeito se baseia na experiência, em sua observação exaustiva e constante, e toda reflexão ou conclusão fundada nessa experiência admite a pressuposição de que o curso dos fenômenos continuará se repetindo de forma imutável. Um hábito se cria, um ponto de vista se desenvolve considerando que o futuro será como o passado.

A ciência nos séculos XVIII e XIX em grande parte seguiu esse modelo, considerando como procedimento científico o que incluísse em seu método experimentação, verificação e prova. Sabemos, no entanto, que muito vem se acrescentando a esse modelo, que basicamente brotou e se desenvolveu em relação às ciências naturais, e que o século XX o alterou substancialmente.

Não falamos apenas de uma mudança do método dedutivo para o indutivo, nem mesmo da preocupação atual de nossos métodos científicos com as relações entre os fatos, com sua forma, sua estrutura e seu funcionamento. Consideramos que o grande salto dado pela ciência no século XX liga-se à inclusão, em seu campo, da criatividade e da imaginação como valores substanciais. Quem propõe uma teoria faz uma escolha, mas uma escolha que, além dos fatos ou junto à observação dos fatos, é uma opção criativa formulada a partir de hipóteses especulativas.

Para usar uma linguagem mais formal, diríamos que não é mais possível elaborar uma teoria científica a partir dos fatos mediante um procedimento postulado, *a priori*, maquinalmente. Para quem propõe uma teoria, sua conclusão parece ser inevitável. Mas a teoria é inevitável apenas para quem a sugere, porque foi escolhida pessoalmente dentre muitas alternativas possíveis.

Quando Max Planck sugeriu a descontinuidade da radiação térmica, não foi guiado apenas por fatos experimentais. Estes mostravam apenas que a radiação térmica não é contínua, mas não indicavam como única alternativa de interpretação e formulação os *quanta*. Planck foi guiado pela sua imaginação criativa e pela história, alcançando o que poderíamos chamar de uma teoria original. A originalidade ao lado da criatividade pode ser considerada um dos valores mais altos da ciência na atualidade.

Jacob Bronowski (1973), historiador da ciência inglês, ao referir-se a Planck, diz o seguinte:

> *Uma analogia que nasceu na mente de Planck, criada pela imaginação, levou a um conflito posterior na física quântica, entre o comportamento da matéria como onda e como partícula, e este pode ser visto como um conflito entre analogias, entre metáforas poéticas; cada metáfora enriquece nossa compreensão do mundo, sem chegar a completá-la. (tradução minha)*

Retomando o tema proposto, investigação e processo analítico, perguntariam provavelmente nossos leitores: como toda essa preleção e discussão quanto a métodos científicos pode contribuir com nossa exposição?

A epígrafe que apresentamos no início desta exposição ilustra, como já mencionamos, um determinado procedimento científico característico das ciências naturais e predominante nos métodos de investigação do século XIX. A psicanálise surge no final do século XIX, formulada magistralmente por Sigmund Freud, e sem dúvida sob a influência desse modelo científico.

Sabemos que Freud foi o gênio criador da psicanálise, capaz de, fazendo uso de sua experiência pessoal e sua criatividade, desenvolver ideias e proposições formuladas numa teoria que escapa e supera a tentativa de enquadre da psicanálise no cientificismo do século XIX. De 1895, quando fez sua tentativa de elaborar o primeiro modelo teórico da psicanálise, até 1938, um ano antes de sua morte, Freud parecia determinado a construir uma disciplina que correspondesse ao modelo das ciências naturais (Bowlby, 1989).

No decorrer de sua vida, apesar de se reformular constantemente, de alterar substancialmente suas teorias e suas concepções, Freud manteve sempre presente a tentativa de ajustar a psicanálise ao modelo científico vigente. Esta, sabemos, é uma questão complexa e não pretendemos expandi-la aqui. Certamente Freud tinha seus motivos para tentar afastar a psicanálise das ciências humanas, da literatura e da arte e aproximá-la às ciências naturais e exatas.

Sem dúvida, proteger a psicanálise de uma dispersão e uma difusão exageradas e resgatá-la à área médica e científica foi uma de suas preocupações, considerando que lançava a semente de uma grande investigação que, além de necessitar de seriedade e dedicação para prosseguir, requeria também uma certa privacidade para se desenvolver. No entanto, apesar dos esforços de Freud e de muitos de seus seguidores, o *status* científico da psicanálise continua equivocado até hoje.

Freud, como Darwin, não era homem de deixar qualquer hipótese sem investigação e sabia que o campo que propunha necessitaria de muito trabalho, da contribuição de outros analistas e de outras áreas do conhecimento para que pudesse ser expandido e aprofundado. Apesar de fazer incursões pelos terrenos da literatura, da história e da mitologia e de ter podido desenvolver e fazer um uso criativo e original de outros modelos científicos, como os da física e da arqueologia, de certa maneira orientado e influenciado pela perspectiva positivista da ciência de seu século, Freud insistia em adequar a psicanálise a algum dos modelos científicos já existentes, sem considerar a ideia de que a psicanálise necessitava criar seu próprio modelo metodológico.

Nossa proposta neste trabalho é considerar que, apesar de todo o desenvolvimento que mencionamos ter ocorrido nos procedimentos científicos no século XX, muitos de nós, analistas, permanecemos de certa maneira ainda atrelados a essa posição de Freud, sem de fato ultrapassarmos a preocupação de alcançar um *status* científico "à la século XIX" em nosso trabalho. Essa preocupação pode ser evidenciada, por exemplo, em trabalhos que buscam alcançar uma validação empírica da teoria psicanalítica, considerando a situação clínica como um laboratório interpretativo (Klein, 1948), ou enfatizando uma técnica de observação sistemática como capaz de verificação das propostas referentes ao desenvolvimento emocional (Spitz, 1960).

A dificuldade em tolerar a ambiguidade e a relatividade contidas em nossa disciplina pode ser talvez considerada responsável pela adoção do modelo científico que exige a verificação, a validação e a exatidão. Não é nossa intenção produzir um trabalho que discuta e problematize a questão epistemológica da psicanálise, seja por falta de espaço nesta apresentação, seja por nos faltar a competência necessária para adentrarmos essa área. No entanto, consideramos impossível não colocar essa questão e pensamos que a proposição de Sandler (1977) de pensar a psicanálise como estando sujeita a um estado de "contínuo desenvolvimento orgânico", desde seu início, pode ser útil.

Um estado de "contínuo desenvolvimento orgânico", utilizando a terminologia de Sandler, ou de "contínua revolução paradigmática", como proposto por Cruz Roche (1988), possibilitaria não só incluirmos a ambiguidade, a multiplicidade de sentidos e versões, como também considerarmos a psicanálise uma disciplina viva, não acabada, que a cada nova experiência pode ser expandida e ampliada.

Embora o corpo teórico da psicanálise seja construído em torno de alguns conceitos fundamentais, que necessitam ter definições precisas e claras, vemos que cada novo movimento, cada nova ideia concebida exerce pressão na teoria original, que poderá ser expandida se os avanços propostos forem considerados e incluídos em seu campo. Para que isso aconteça, é fundamental que os conceitos psicanalíticos e a própria conceitualização da psicanálise e de seu método sejam suficientemente flexíveis e permeáveis.

Considerando a psicanálise como disciplina viva, não acabada, em estado de contínua evolução e revolução, propomos a investigação de todo campo do pessoal e do interpessoal que se apresente como opaco e desconhecido como tarefa. Sabemos que é na clínica que os movimentos acontecem, é a partir daí que algumas colocações teóricas e técnicas passam a ser questionadas, ou seja, é a partir da experiência que movimentos inovadores ou questionadores da psicanálise evoluem.

Acreditamos que, levando em consideração a especificidade e a peculiaridade da psicanálise, podemos alcançar ainda um *status* de disciplina científica. Embora não adaptada a nenhuma das áreas científicas conhecidas e delimitadas, a psicanálise, por se constituir no exercício peculiar de uma disciplina que ainda está elaborando sua metodologia própria, busca definir-se mais claramente.

São exatamente essas peculiaridade e especificidade que pretendemos abordar, examinando como concebemos na realidade da clínica psicanalítica, no processo psicanalítico, a produção do conhecimento analítico. Como concebemos o método psicanalítico? Como o conhecimento analítico é obtido? Poderíamos observar o "inconsciente" como se este se aproximasse a uma planta carnívora? Que condições e ferramentas possuímos nesse processo de observação? Um laboratório?

E quando obtemos algo que consideramos um conhecimento verdadeiro sobre os fatos, estabelecemos causas e efeitos, podemos verificar e comprovar esses efeitos no tempo, construir teorias gerais a respeito da experiência?

Propomos muitas questões, sugerimos alguns caminhos, e certamente não pretendemos responder ou esclarecer todas essas dúvidas, mas, sem dúvida, discutir alguns desses pontos, tentando verificar se estamos caminhando em direção ao prosseguimento da investigação, como propôs e fez Sigmund Freud, ou se andamos por caminhos equivocados e estéreis.

Partimos da definição que propõe ser o processo psicanalítico um método de investigação da mente humana e de suas relações. Que a observação dos fatos se constitui num elemento fundamental dessa investigação não há dúvida, porém que fatos observamos? Em outras palavras, qual o "objeto" da observação e da investigação psicanalítica?

Podemos dizer que o objeto da psicanálise se inicia com a conceitualização do inconsciente e evolui no estudo deste e das características dos relacionamentos humanos que possibilitariam alcançá-lo. Ou seja, a transferência constitui-se no meio pelo qual podemos ter alcance ao objeto inconsciente.

O *status* científico da psicanálise poderia, então, estar conquistado caso se considere que esta estuda, nas relações de transferência e contratransferência, os fenômenos mentais humanos conscientes e inconscientes, sua origem e seu desenvolvimento numa rigorosa metodologia propiciada pelo *setting*. Este, sem dúvida, ao lado de certas condições propostas como disciplina para o analista, se constituiu no núcleo fundamental da metodologia psicanalítica.

Essa colocação pretende se mostrar neutra e objetiva; sendo os fatos captados, o objeto psicanalítico inconsciente desnudado, tornando-se possível a elaboração de uma interpretação, só restaria ao psicanalista comunicá-la adequadamente a seu analisando, que, vencendo as resistências, alcançaria a desejada mudança. Até esse ponto, dentro de uma perspectiva que propositalmente caricaturamos, as exigências propostas pela metodologia das ciências naturais seriam preenchidas e o *status* científico da psicanálise seria afirmado.

Em nosso ponto de vista, acreditar na possibilidade de neutralidade e objetividade da observação em psicanálise seria confundir o método com a própria essência da psicanálise, transformando-a numa ciência de laboratório, sendo o acontecer da experiência emocional equiparado à experiência de Darwin com o fagote de Frank e o inconsciente aproximado a uma planta carnívora, cujas leis de funcionamento necessitaríamos investigar.

Questionamos essa colocação em toda a sua extensão considerando que a posição e as condições do observador, a natureza do objeto psicanalítico e a produção do conhecimento em psicanálise constituem-se pontos que requerem maior especificação. Tentando expandir algumas das perguntas que fizemos, vamos nos deter em considerações sobre essas questões, numa tentativa de contribuir para a compreensão do processo de investigação em psicanálise.

Considerando a psicanálise um processo de investigação, salientamos a importância da observação como um instrumento fundamental de trabalho. No entanto, enfatizar a observação da experiência, propô-la como um dos aspectos importantes do método psicanalítico não basta.

Sabemos que partimos da observação dos fatos como uma espécie de mola propulsora, para em seguida adentrarmos o terreno do que propriamente poderíamos chamar de psicanalítico. A própria conceitualização de "fatos" em psicanálise é polêmica. Certamente, em algum nível, lidamos com fatos, mas estes não se equiparam aos fatos da ciência tradicional. Visando enfrentar esse problema, alguns autores propuseram ser melhor conceitualizar nossos fatos como "relatos", "experiências compartilhadas" (Ricoeur, 1991) ou "construções narrativas" (Schafer, 1983; Spence, 1982).

Na verdade, sempre estivemos às voltas com a necessidade de considerar as hipóteses psicanalíticas como equivalentes a qualquer outra hipótese científica, estando estas, assim, sujeitas a revisões e reformulações quando novos "fatos" surgissem. Estaríamos, então, próximos de acreditar que nosso objeto se assemelharia àquele da ciência em geral, um objeto que poderia ser observado como fato.

Consideramos, no entanto, que em psicanálise nos defrontamos com uma situação bastante diferente. Nosso objeto não apenas parece diferir fundamentalmente daquele descrito pela ciência tradicional, como mostra características que consideraríamos hostis a esta. Dotado de uma peculiaridade talvez única na história da ciência, constitui-se num objeto que se apresenta ao observador de forma imprecisa e fugaz, permanentemente buscando a penumbra e o esquecimento, dificultando não só a possibilidade de observação como sua captação.

A partir do momento que tentamos caracterizar nossa observação e nosso objeto, percebemos como a psicanálise se separa radicalmente de qualquer outra investigação científica, principalmente daquela conduzida por Charles Darwin.

Diferentemente do observador naturalista, o psicanalista precisa participar da experiência emocional psicanalítica, é um dos membros ativos da relação, e a sua apreensão desta vai ser importante elemento na captação e na elaboração do objeto psicanalítico. Melhor seria dizer que o psicanalista, munido de seus referenciais teóricos e de sua bagagem de experiências, constrói e organiza junto com seu analisando uma experiência emocional, em que o objeto psicanalítico emerge e pode ser captado.

Totais objetividade e neutralidade, valores tão caros à ciência tradicional, bem como a universalidade e a generalidade, certamente tornam-se impossíveis. Porém, longe de considerarmos essa situação defeituosa ou deficiente, acreditamos que essas são as características que vão definir a natureza de nossa disciplina e reforçar a necessidade de buscarmos uma metodologia própria e peculiar, que atenda de fato aos problemas que enfrentamos.

Nossas observações são, sem dúvida, únicas e particulares, não se repetindo. Contudo, apesar de únicas, nossas observações e, mais tarde, nossas conceitualizações apontam para determinadas configurações. Estas, sim, se repetem, e a partir delas derivamos nosso conhecimento teórico e clínico.

Posicionamo-nos ao lado daqueles que defendem a participação ativa do psicanalista no processo psicanalítico e propõem ser a partir do encontro psicanalítico que pode surgir a possibilidade de contato e captação do objeto psicanalítico. Acreditamos, dessa maneira, estar oferecendo apenas um esboço para uma metodologia própria, que de forma imperfeita, mas eficiente para seus objetivos, propõe a experiência emocional, a relação intersubjetiva e sua observação como as condições de suporte para o alcance do objeto psicanalítico.

Neste momento, nos defrontamos com uma séria dificuldade, a de colocar em palavras, de forma adequada e eficiente, nossas ideias, para que tenhamos êxito nesta exposição. Este é sem dúvida um dos maiores problemas da psicanálise: encontrar, como menciona Bion (1969), uma "linguagem de êxito" que não só possibilite nosso alcance ao analisando, mas corresponda de fato à experiência que vivenciamos e queremos nomear.

Decidimos, então, recorrer novamente ao uso de um modelo. Em psicanálise, os modelos podem ser definidos como "construções hipotéticas" que emergem da dialética entre a experiência clínica do analista e sua necessidade de organizar os dados em um sistema referencial abstrato.

Para alcançar o objetivo desejado, iniciamos este trabalho com uma epígrafe em que o modelo das ciências naturais, como proposto por Charles Darwin, era evidente. Pretendemos agora, para finalizar, propor outra experiência como modelo, que possibilitará talvez considerar a questão do objeto e do observador de outra perspectiva.

> *Num dia aprazível e brilhante, nos defrontamos com um lago, que reflete em suas águas a imagem de árvores que se encontram perfiladas na margem oposta ao observador. A imagem oferecida pelas árvores havia sido transformada em seu reflexo e este era constantemente transformado pelas mudanças atmosféricas e*

> *pelas mudanças de posição do observador. (Bion, 1965, p. 47, tradução minha)*

Percebemos que, numa experiência assim, o observador seria capaz de reconhecer com certa facilidade o objeto que está refletido na superfície e caracterizá-lo como "árvores". Desde que as condições que alteram o reflexo, as atmosféricas, não sejam muito adversas, e que não seja requerido ao observador que se pronuncie sobre detalhes que estejam além de sua possibilidade de especificar, não lhe será difícil discorrer sobre seu objeto de observação.

> *As mudanças atmosféricas, da luz para a obscuridade, ou da calma para a turbulência, influenciariam sem dúvida a transformação, às vezes de forma tão intensa que o observador teria de exercitar sua capacidade de percepção ao máximo para poder deduzir a natureza do objeto . . . No modelo proposto, as árvores à beira do rio são tidas como manifestações do O (objeto desconhecido) . . . qual a contraparte deste objeto em psicanálise? . . . "O" pode ser qualquer circunstância da vida do analisando . . . eu postulo então que O (objeto desconhecido), em qualquer situação analítica, está igualmente disponível para a transformação tanto pelo analisando como pelo analista. (Bion, 1965, p. 47, tradução minha)*

Nesse modelo oferecido por Bion, a noção de transformação é explicitada: o reflexo no lago, embora distorcido pela brisa, continua a ter relação com o objeto. A experiência original, a realização, é transformada numa representação e numa posterior enunciação.

Pensamos que esse modelo, embora simples, principalmente se contraposto ao modelo de Darwin, pode oferecer uma visão adequada e muito significativa do que queremos oferecer aqui como proposta para o prosseguimento da investigação psicanalítica. Reconhecemos nele uma origem diferente daquela das ciências naturais e exatas. Estas, poderíamos dizer, partiram de Aristóteles, enquanto a ideia de reflexo e transformação, sem dúvida, remonta a Platão.

Embora pudéssemos começar dessas origens para caracterizar as diferenças e buscar as semelhanças, pretendemos apenas salientar alguns aspectos desse outro modelo que caracterizam bastante bem nossas propostas.

Um observador em psicanálise só pode ter alcance ao reflexo, ou seja, à transformação que inicialmente seu analisando faz e que, num segundo momento, ele, analista, norteado por sua bagagem experiencial e teórica, transformará novamente. Não temos dúvida de que a cada novo passo as transformações se afastam do objeto original, ou seja, da experiência mesma que foi vivida e sobre a qual tentam conjecturar algo. Porém, embora por um lado se afastem, por outro ampliam e expandem, num movimento espiral, a possibilidade de conhecimento sobre aquele objeto, aquela experiência.

Como mencionou Bronowski (1973), citado no início do trabalho, as metáforas e as analogias não alcançam a completude daquilo a que se referem, porém esse é seu objetivo: revelar e, ao mesmo tempo, deixar algo do objeto ou da situação considerada escondido (o princípio da tolerância). As árvores à beira do lago são manifestações do objeto desconhecido que se pretende descobrir. As perturbações, as turbulências externas e internas, procuram esconder e deformar esse objeto que se mostra e, ao mesmo tempo, se esconde.

Nesse modelo apresentado, é evidente que as condições para a observação vão ser fundamentais. Frente a uma tormenta, quase nada ou nada pode ser observado do reflexo na água. Sabemos que tormentas e turbulências são estados comuns e constantes em uma psicanálise, tanto para o analisando como para o analista. Como já mencionamos, a posição do psicanalista é ativa e participante, suas intervenções alteram e modificam o objeto. E, dentro dessa perspectiva, quanto mais a superfície do lago estiver tranquila, quanto mais claro o dia e mais nítido o reflexo, mais próxima, embora nunca completa, será a transformação do objeto mesmo. Mas, é útil reafirmar, continuará sempre sendo apenas uma transformação, e não outra coisa.

Freud recomendou que o psicanalista adotasse a "atenção flutuante" em seu trabalho, de maneira que suas associações livres complementassem as do analisando, sendo até mesmo provocadas por estas. Sem dúvida, as interpretações formuladas pelo psicanalista também repercutirão provocativamente no analisando. Dessa maneira, se estabelece uma cadeia sequencial associativa na qual os participantes da relação, vivenciando a experiência emocional do momento e sendo afetados por esta, encontram-se num processo dinâmico, capaz de conduzir à aproximação e à evolução do conhecimento.

O conhecimento psicanalítico emerge no contexto dessa relação intersubjetiva, que busca sempre o alcance ao novo, ao nunca antes formulado, o "incognoscível" que nos desafia permanentemente com suas infinitas transformações.

Estamos cientes de que a todos aqueles ainda tomados por certa "nostalgia positivista", ou talvez por uma espécie de lealdade incontestável a nossas origens psicanalíticas, nossas colocações parecerão frouxas e pouco acrescentarão ao já existente. Essa posição de "nostalgia positivista" fala-nos dos primórdios da psicanálise, quando o próprio Freud ainda lutava em busca de uma psicanálise científica, nos moldes do século XIX. Talvez até hoje sejamos muitas vezes tomados por uma necessidade de nos preocuparmos com a "objetividade" de nossas percepções "subjetivas", produzidas em sua maior parte pela empatia e pela intuição, sabendo que estas seriam repudiadas pela ciência tradicional.

Quando mencionamos as mudanças que ocorreram nos modelos científicos no século XX e fizemos uso do exemplo de Planck e das observações de Bronowski, pretendíamos exatamente apontar para a possibilidade de avançarmos em nossa disciplina fazendo uso da imaginação, da criatividade, sem o temor de estar com isso infringindo padrões científicos ou abandonando pretensões metodológicas. Propomos justamente o abandono dessa preocupação, considerando que só poderemos prosseguir no caminho da investigação iniciada por Freud levando em conta e expandindo ao máximo nossa experiência emocional, nossa capacidade de reflexão criativa e imaginativa.

Cada experiência psicanalítica dentro de uma perspectiva assim se propõe como detonadora de uma "crise" no que consideraríamos a teoria do conhecimento estabelecida e vigente. Cada psicanálise que realmente promova e proponha a evolução do conhecimento, o alcance a algo novo e desconhecido, termina por exigir do psicanalista que coloque seu saber em dúvida, que acolha a "revolução paradigmática" como inevitável.

Para realizar uma investigação da mente humana e de suas relações, como propõe a psicanálise, o investigador necessita estar num estado de constante questionamento. Embora não possa alterar todos os dias seus referenciais teóricos, sua técnica e seu estilo, estes devem ser colocados em dúvida e revistos constantemente.

A experiência clínica e o contato com as diversas e diferentes teorias que fazem parte do complexo campo psicanalítico não param de nos desafiar. Aceitar esse desafio provavelmente significa levar adiante a investigação e o conhecimento. Afinal, não foi esse o caminho trilhado por Sigmund Freud?

O modelo da colonização na psicanálise latino-americana[1]

> *Desde cerca de dois séculos se acumulam os equívocos sobre a realidade histórica da América Latina. Nem os nomes pelos quais se pretendeu designá-la são exatos. América Hispânica, Ibero-América, América-Latina, Indo-América etc., cada um desses nomes deixa de lado uma parte da realidade. Tampouco são fiéis as etiquetas econômicas, sociais e culturais. A noção de subdesenvolvimento, por exemplo, bastante usada, pode ser aplicada talvez à economia e à técnica, porém não se aplica à arte, à literatura e à moral filosófica. Mais vaga ainda é a noção de Terceiro Mundo. Essa denominação não é imprecisa apenas, ela é também enganosa. (Paz, 1994, p. 74, tradução minha)*

1 Uma versão anterior deste capítulo foi apresentada em 2000 no XIII Congresso Latino-Americano de Psicanálise da Federação Psicanalítica da América Latina (FEPAL).

Fazendo uso deste pequeno trecho de Octavio Paz, contido em suas *Obras completas*, e buscando expandir seu significado, pretendo criar outra metáfora que, acredito, seja interessante à consideração da psicanálise latino-americana e possibilite aproximá-la do modelo de colonização.

Questiono inicialmente se é possível pensar o modelo psicanalítico, já em si mesmo tão complexo e diversificado, em termos da relação colonizador-colonizado, tão presente no modelo histórico da América Latina. Acredito que isso seja possível desde que se considere o modelo psicanalítico como se constituindo num processo em que constante e continuamente as questões de expansão, descoberta, conquista e comunicação estão presentes, em princípio, a serviço do desenvolvimento do conhecimento e do bem-estar.

Digo em princípio por considerar que, muitas vezes, correm de forma paralela e sutil desejos não tão altruístas, de domínio, controle e supremacia, ligados muito mais ao desejo de poder que à ideia de expansão e crescimento. Aí está, então, o paralelo com a ideia de colonizador-colonizado, e o motivo da aproximação dos dois modelos.

Sem dúvida é a condição humana sujeita às paixões, permeando e estando presente tanto no modelo da colonização como naquele da situação psicanalítica, que determina as vicissitudes e as dificuldades que podem vir a deteriorar o objetivo e a meta proposta inicialmente pelo grupo, meta esta que pretende o desenvolvimento e a expansão.

Em a *Conquista da América – a questão do Outro*, o linguista e filósofo búlgaro Todorov (2019/1982) discute aspectos muito interessantes que se apresentam quando do contato entre duas civilizações diferentes que se encontram. Em princípio, diz ele, cada uma dá à outra o que tem e recebe o que não tem. No entanto, a história mostra também que essa possibilidade de entrar em contato com o novo, o diferente, desperta quase que inevitavelmente o desejo de posse e de domínio. No dizer de Todorov, a capacidade de reconhecer o outro pode ser imediatamente colocada a serviço da conquista.

No caso específico da América Latina, acredito que o encontro colonizador-colonizado, entre um que empreende a conquista, por acreditar ser superior e mais desenvolvido, e outro que se deixa conquistar por sentir-se maravilhado e seduzido pelas ofertas, produziu e deixou, ao lado dos inegáveis resultados positivos e desejáveis, inúmeras marcas e feridas que talvez até hoje não tenham cicatrizado completamente.

Quando Paz (1994) refere-se à dificuldade e aos equívocos encontrados desde o início, até na própria designação de nosso território, está indiretamente referindo-se não apenas às lutas contra o controle luso, hispânico, holandês, inglês, francês etc., que por tanto tempo foi manifestado de várias maneiras, mas também a situações mais recentes em que sutil e subliminarmente continuam a vigorar e a prevalecer os mecanismos de domínio e de subjugação, que dificultam enormemente o desenvolvimento dos aspectos mais genuínos, promovedores do alcance a uma identidade verdadeiramente latino-americana. Como Terceiro Mundo, só nos resta imitar, às vezes apreender, mantendo e perpetuando a maior parte do tempo o conhecimento adquirido, sem possibilidade de desenvolver muita originalidade.

A verdade é que apesar de já terem se passado mais de 500 anos, continuamos a ser vistos e considerados como Terceiro Mundo, como subdesenvolvidos. De certa forma, parece que aceitamos essas condições e nos identificamos com a suposta inferioridade de nossas culturas, ignorando e até certo ponto desprezando tudo aquilo que nos é particular, original, genuíno, e que poderia constituir peculiaridades determinantes de nossa identidade.

Que relação poderia haver entre a Argentina e a Argélia, entre a Indonésia e o Peru, ou entre o Brasil e a Índia? Apesar de mais de dois séculos de domínio europeu, nem a Argélia, nem a Indonésia, nem a Índia mudaram seus dialetos originais, sua religião e sua cultura de base. Certamente o inglês foi incluído nas escolas, mas muito da cultura original, principalmente a língua, foi mantido. Já entre nós, Peru, Argentina, Brasil etc., a situação foi bem diferente. Não estou aqui querendo valorizar ou desvalorizar essas possibilidades, mas apenas chamar a atenção para as diferenças.

Nós, latino-americanos, adotamos a língua da metrópole, espanhol ou português, tornamo-nos maioria cristã (fomos catequizados), nossos costumes institucionais, legais e culturais, em sua maior parte, foram substituídos e atualmente ligam-se à civilização europeia, em especial Espanha, Portugal, Itália e França.

Não pretendo aqui exagerar uma uniformização que sei que não existe. As diferenças e as peculiaridades entre nós latino-americanos existem e são decisivas. De certa maneira, no entanto, desde o início, "europeizar" foi sinônimo de "modernizar e melhorar". Mais recentemente verifica-se o deslocamento da influência europeia para o modelo de cultura norte-americana, que vem penetrando cada vez mais violenta e intensamente em nossos hábitos, em nossa cultura e, principalmente, em nossa língua.[2]

Até aqui me detive nos aspectos mais gerais e históricos ligados ao modelo da colonização na cultura, porém, como o objetivo desta apresentação é enfatizar a importância desse modelo na psicanálise, tentarei agora estabelecer algumas pontes com esta. Por

2 Questões ligadas à assimilação histórica da cultura e aos efeitos traumáticos da conquista foram bastante estudadas por Max Hernandez.

falta de suficiente conhecimento do assunto, deixarei de lado as questões mais profundas e específicas de nacionalidade, identidade cultural, influências e pressões externas na história, para tentar me aproximar do que denominei "a criação de outra metáfora", que ajude a pensar a psicanálise.

Em seus primórdios, a psicanálise de certa forma também consistiu num avanço da civilização sobre a "barbárie". Seria possível dizer que ofereceu aos homens a possibilidade de "controle" sobre novos aspectos, a conquista e o alcance a novas descobertas internas, tratando e considerando o mundo interno como territórios a serem ampliados e colonizados.

Nesse sentido, a psicanálise, e mais especificamente seu fundador, Sigmund Freud, ocupou o lugar da metrópole, num movimento desbravador de novos territórios e "mares nunca d'antes navegados". Essa é a metáfora que construo nesse momento, e que permite aproximar a psicanálise ao modelo histórico da colonização. É possível constatar que essa metáfora, em seu início seguindo os mesmos ideais e força desbravadora dos espanhóis e dos portugueses, também foi aos poucos, com o passar dos anos, perdendo contato com alguns de seus mais nobres objetivos.

A construção freudiana, oferecendo uma nova imagem do homem, propunha, e, talvez em menor escala, até hoje ainda propõe, como meta fundamental, a busca do desconhecido (inconsciente), a incessante luta contra as dificuldades e as barreiras (a repressão e a resistência), visando à recuperação histórica dos conflitos e das proibições e à sua consequente elaboração. Com o passar dos anos, verificam-se modificações nessa proposta inicial, que se constituirá, até certo ponto, numa subversão aos valores morais e culturais do século XIX. Como diz Roudinesco (1999, p. 19):

> *Em outras palavras, a concepção freudiana de um sujeito inconsciente, consciente de sua possibilidade de liberdade, mas atormentado pelo sexo, pela morte e pelas proibições, foi sendo substituída por uma concepção mais psicológica de um indivíduo imerso num mundo atormentador e ameaçador, que se preocupa em retirar de si a essência de todo conflito.*

Aos poucos, o ideal revolucionário da psicanálise, a metáfora criada a partir das grandes descobertas, foi se perdendo, bem como a sua força inicial de subversão. O pai fundador, Freud, foi preservado, muitas vezes numa tentativa de continuar a ser o único e inimitável criador da psicanálise.

Tendo se originado em Viena e se espalhado rapidamente por alguns países europeus em virtude das ameaças da Segunda Grande Guerra, a psicanálise se expande para Londres, na Inglaterra, para onde Freud emigra e é bem acolhido, começando a difusão de suas ideias. Já em 1909, Freud havia viajado para a América do Norte, onde a psicanálise também havia sido introduzida, apesar do grande temor de Freud de que os conceitos psicanalíticos pudessem sofrer nos EUA uma ruptura de base.

Na verdade, os norte-americanos adaptam logo a psicanálise a seus hábitos, sendo ela incluída culturalmente e rapidamente assimilada, ainda que estereotipadamente. A partir dos anos 1940 e 1950, o cinema norte-americano começa a mostrar a influência da psicanálise na cultura local, por exemplo, no filme *Amar foi minha ruína*.

Constituída então nos EUA, inicialmente, depois em toda a Europa pós-guerra como cultura da metrópole, a língua da psicanálise, seu dialeto, transforma-se em idioma comum, falado tanto pelas massas quanto pelas elites. Hoje raramente alguém desconhece o vocabulário freudiano, a linguagem psicanalítica vem se estereotipando e descarnando-se cada vez mais (superego, inconsciente, histeria, fantasia etc.).

Voltando ao modelo histórico, o que passou e até hoje vem passando com a "metrópole", com os conquistadores e com os povos colonizados, principalmente aqueles que sofreram a influência ibero-americana? Não preciso dizer aqui que estou simplificando muito toda a questão, buscando mesmo uma certa uniformização que me permita prosseguir, refletindo e expandido a metáfora recém-proposta e criada para pensar a psicanálise.

Segundo Paz (1994), Espanha e Portugal, pouco depois dos grandes descobrimentos e conquistas, iniciaram um movimento de fechamento que determinou uma grande dificuldade frente à nascente modernidade (o movimento de contrarreforma seria um exemplo disso). Esse clima de "claro-escuro", como denomina Paz, teve sérias e violentas repercussões na América.

Não vivenciamos na América do Sul nem a revolução intelectual nem a revolução democrática nos séculos XVII e XVIII entre a burguesia e a intelectualidade latino-americanas. O modelo filosófico tomista e neotomista, bastante forte em Portugal e na Espanha e muito influente na época, foi um pensamento destinado a defender a ortodoxia frente às heresias luteranas e calvinistas, que foram as primeiras expressões de modernidade nos campos filosófico, social e religioso da época.

Diferentemente de outras tendências filosóficas desse momento, a ortodoxia não foi um método de exploração do desconhecido, e sim um sistema utilizado com a finalidade de defender o já conhecido e estabelecido. A Idade Moderna começa com a crítica aos princípios: a neoescolástica se propunha a defender esses princípios e demonstrar seu caráter necessário, eterno e intocável.

No final do século XVIII, essa forte tendência filosófica, conservadora, começa a se desvanecer no horizonte intelectual da América Latina, porém muitos dos hábitos que lhe eram consubstanciais parecem ter persistido até os dias atuais. Entrou-se numa modernidade paradoxal. Aos poucos, as ideias pertencentes à atualidade, ao liberalismo, à busca da liberdade e da individualidade foram tomando lugar e prevalecendo, enquanto muitas atitudes se mantiveram idênticas às do passado. Perpetuou-se, assim, talvez até recentemente, uma atitude que privilegia as ideias estabelecidas à realidade experiencial, e os sistemas intelectuais à crítica destes.

Acredito que, neste ponto, é possível fazer um gancho com a situação e o desenvolvimento da psicanálise, desde seu início até os dias de hoje. Historicamente, quando as colônias latino-americanas iniciaram seus movimentos separatistas, buscavam, no meu ponto de vista, não somente a separação e a libertação da metrópole, mas também a separação de uma condição de subjugados ou explorados, desejando acesso a melhores condições de vida, ao desenvolvimento (a modernidade), numa ânsia de busca da identidade própria (nacionalismo).

A psicanálise, uma vez que pertence ao terreno das ideias e das proposições, ressalta que o homem é livre e que seu destino não se restringe ao seu ser biológico. Propõe e pressupõe a existência de um sujeito capaz de apossar-se de sua identidade, internalizando tanto as proibições como as aquisições alcançadas pela sua experiência subjetiva (e objetiva) com o mundo.

Freud, no entanto, foi talvez um exemplo do que se denomina "modernidade paradoxal" na história. Enquanto por um lado suas propostas e suas hipóteses se mostravam bastante contestatórias, rebeldes em relação ao modelo social, moral e cultural de sua época (por exemplo, a importância dada por ele ao desejo e à satisfação sexual), por outro pregou na prática da psicanálise (em seus artigos técnicos) procedimentos bastante repressores, demonstrando uma preocupação com a busca da objetividade, de uma verdade com V maiúsculo, demonstrando claramente seu apego ao modelo cientificista do século XIX. As supostas rebeldia e subversão encontradas no terreno das ideias e da descoberta empírica vieram acompanhadas de uma variedade de "conselhos e preceitos técnicos", que talvez nem o próprio Freud utilizasse em suas investigações e sua prática.

Esse paradoxo, repleto de conteúdos contrastantes contidos no paradigma psicanalítico, foi aos poucos dando lugar a uma situação um tanto confusa, na qual um conjunto de práticas e tendências bastante díspares predominando criaram um universo "psi" bastante incômodo para nós, psicanalistas. Segundo o colega Mario Lucio Baptista, a psicanálise e a bruxaria são as duas únicas formas profissionais que obrigam seus discípulos a se submeterem antes de formados ao que vão praticar depois de formados. Dentro desse cenário, creio que não seja difícil pensar a enorme necessidade de autonomia e individualidade que passa a ser experimentada por cada analista, cada analisando, cada grupo psicanalítico.

Claro, estou supondo que continuamos imersos no paradoxo. Livres, buscando desenvolvimento emocional e autonomia psíquica, e aprisionados em sistemas e procedimentos teóricos e técnicos que nos identificam com o pai da psicanálise, com a metrópole, com seus ideais e seus objetivos, o que acaba por dificultar enormemente a função crítica e o desenvolvimento criativo da própria psicanálise.

Sem conseguir se transformar e se adaptar às sociedades e às culturas latino-americanas, mantendo, de certa forma, o modelo europeu do começo do século XX, a psicanálise corre o risco de se transformar numa "psicanálise para psicanalistas", isto é, em análise de formação. Longe de mim, no entanto, duvidar da eficiência e da profundidade da psicanálise. Após 30 anos de atividade clínica e de aprofundamento teórico, tenho suficientes motivos e uma casuística razoável que me permitem afirmar que a psicanálise funciona e que as propostas incluídas no *setting* analítico são válidas e úteis.

As regras e as normas, quando são impostas e apenas exigidas sem muita explicação (por exemplo, o número de sessões de análise), provocam apenas uma repetição estereotipada por parte do analista, impedindo que este seja capaz de, fazendo uso de seu desenvolvimento interno, refletir e significar seus procedimentos. Acredito que, desde que seja possível o alcance de um estado de liberdade e autonomia interna, cada analista será capaz de, fazendo uso de sua experiência, decidir e desenvolver o método psicanalítico dentro de seu próprio estilo.

No fim de sua vida, Freud tinha consciência de que um dia os avanços tecnológicos e farmacológicos imporiam talvez um limite à técnica do tratamento pela fala.

> *O futuro pode ensinar-nos a exercer influência direta, através de substâncias químicas específicas, nas quantidades de energia e na sua distribuição no aparelho mental. Pode ser que existam outras possibilidades ainda não imaginadas de terapia. De momento, porém, nada temos de melhor à nossa disposição do que a técnica da psicanálise, e, por essa razão, apesar de suas limitações, ela não deve ser menosprezada. (Freud, 1977/1938a)*

Por muito tempo, a International Psychoanalytical Association (IPA), criada por Freud e Ferenczi em 1910, teve como uma de suas primeiras funções "impedir que um império em declínio, cujas minorias eram protegidas por uma autoridade imperial que as reunia a despeito das diferenças, se desintegrasse. Freud recusou-se a assumir sua direção para encarnar nela a figura socrática de um mestre sem mando" (Roudinesco, 1999, p. 150).

A formação de analistas, talvez o aspecto mais colonizador de todos, pretendeu, e talvez em alguns momentos ainda proponha, afastar os analistas selvagens, transgressivos, buscando uma prática que siga convenientemente os preceitos psicanalíticos. Mas, se esses procedimentos são justamente paradoxais e muitas vezes conflitivos quando aproximados às ideias teóricas, como seria possível pretender unidade e normatização sem violência, sem controle e submissão?

Penso que um esforço no sentindo de cultivar a originalidade e a independência em lugar de privilegiar a normatização e a globalização pode ser importante neste momento. Um modelo único de instituição provavelmente reforça a ideia de colonização e restitui o poder à metrópole.

Como psicanalista, sei da ameaça que constantemente acompanha a questão da alteridade e das diferenças. Esta abala os aspectos familiares e conhecidos, propondo o novo, o estranho como a meta privilegiada. As identidades nacional, profissional e institucional obviamente dependem, e se interligam, à identidade interna de cada um de nós, o que só pode se desenvolver e se caracterizar na medida em que houver condições para tal.

Leon Grinberg (1979), ao considerar o sentimento de identidade, vincula-o aos estados de luto determinados pelas perdas de objeto. A identidade de uma pessoa nunca pode ser abstraída de sua "identidade para os outros". Há uma complementaridade que, na verdade, determina um estado interno dinâmico e em constante mutação. Somos o que éramos no passado e o que seremos no futuro.

Em virtude dessa complementaridade e desse dinamismo, o modelo de relação de objeto estabelecido se torna importantíssimo para a discriminação interna de cada um, de quem de fato é. A relação colonizador-colonizado é, sem dúvida, um modelo complementar que determina formas específicas de ser, que vão de totais indiscriminação e submetimento até subversão e extremo individualismo.

Novamente, a história mostra como às tentativas de libertação, de subversão e de independência frente à ordem estabelecida se alternam momentos de intenso sofrimento: da satisfação e do orgulho diante da possibilidade de libertação ao sentimento de perda e subjugamento.

Na verdade, a identidade não é um estado, é busca, é movimento em constante mudança. Paz (1994) faz comentários que me parecem preciosos quando diz que a liberdade e a autonomia não são uma consequência da democracia, muito pelo contrário, a democracia só pode ser praticada quando há liberdade. Fazendo uso das mesmas ideias, diria que a psicanálise só pode ser verdadeiramente desenvolvida e praticada em um clima de liberdade interna.

De certa forma, diferencio a psicanálise e seu fundador, Freud, da instituição psicanalítica, acreditando que Freud, enquanto representante da metrópole psicanalítica, foi de fato um desbravador em busca da descoberta, da expansão de um novo mundo, de novas oportunidades e conhecimentos. Como seres humanos, no entanto, os navegadores, em busca de um novo mundo, em muitos momentos cederam a seus desejos de controle, de exploração e de domínio. Essa é uma situação compreensível, porém ao mesmo tempo intolerável, principalmente se esse modelo se apresentar à instituição psicanalítica.

O mesmo se deu em relação as religiões. Seus preceitos, suas proibições e suas exigências ultrapassaram em muito as propostas de seus mestres. Colonizados e colonizadores, mestres e discípulos, talvez esse seja o destino inevitável dos movimentos que dão vazão às pulsões humanas sem questioná-las, sem desenvolver uma crítica constante, que vise manter presentes, ao mesmo tempo, a subversão e a adequação.

Espero sugerir e propor formas diferentes, talvez categorias metafóricas expressivas, que permitam pensar e refletir sobre situações que analistas e analisandos enfrentam numa psicanálise. Acredito que essas categorias metafóricas também podem nos ajudar a pensar a psicanálise, seu desenvolvimento e sua relação com a instituição psicanalítica. Dentre essas categorias metafóricas expressivas, proponho algumas como colonização *vs.* individuação, colonização *vs.* assimilação, colonização *vs.* liberdade de pensamento.

Finalizando com o modelo histórico, lembro o que Oswald de Andrade chamou de "antropofagia": os indígenas tupis-guaranis, em meio à colonização levada a cabo pelos portugueses, num certo momento deglutiram (comeram) o colonizador. Dessa forma, concretamente, como descreveu Freud em *Totem e tabu* (1973/1912-1913), assimilaram e se apossaram do elemento estranho, controlador e ameaçador. Posso concluir, neste momento, que provavelmente já é possível a criação, a transformação e a caracterização de uma produção psicanalítica latino-americana, com características tanto pertencentes aos nossos colonizadores deglutidos como desenvolvidas por nós mesmos.

Corpo, fantasia, representação[1]

> *Na hipótese do Objeto Original Concreto, a corporeidade, no sentido de presença ativa em sua complexa organização, dá vida ao processo mental. A expressão OOC qualifica e dá relevo à unidade constituída por um corpo no sentido físico, e por um aparato que percebe e anota. (Ferrari, 2004, p. 21)*

Iniciaremos este trabalho fazendo uso do modelo mental desenvolvido por Freud, para em seguida passar a apresentar e discutir o tema a partir de noções oferecidas por Bion e por Armando Ferrari, analista didata da Sociedade Brasileira de Psicanálise de São Paulo (SBPSP) e membro da Società Psicoanalitica Italiana (SPI), atualmente residindo em Roma, na Itália. De forma breve e

---

1 Uma versão anterior deste capítulo foi apresentada em 1994 em mesa redonda no Encontro Bienal de Psicanálise 2: O Corpo Psicanalítico e publicada em 1995 como um capítulo de Junqueira Filho; Uchôa, L. C. (Orgs.). *Corpo--mente: uma fronteira móvel* (pp. 393-406). São Paulo: Casa do Psicólogo.

sucinta, pretendemos também expor nosso posicionamento frente ao tema.

O título deste trabalho, talvez pela ordem de apresentação de seus elementos - corpo, fantasia e representação -, nos sugere de imediato a noção de evolução, do mais primitivo e concreto, no sentido do mais inicial no desenvolvimento, ao mais abstrato e supostamente mais evoluído.

Como Bion salienta ao longo de sua obra, pensamos a evolução como o momento em que os elementos aparentemente não relacionados e incoerentes se aproximam, permitindo então que a coerência e a significação emerjam. É um conceito que fala mais de desenrolar que propriamente de desenvolvimento. É nesse sentido que concebemos o tema, como apontando para a expansão de uma personalidade, durante o processo analítico ou na vida mesmo, do mais primitivo e concreto ao mais complexo e abstrato. Podemos talvez propor o alcance e a significação simbólica a partir da aquisição da capacidade para a simbolização.

A própria psicanálise, a partir desse ponto de vista, vem sofrendo uma evolução. Freud nos deixou um legado possível de ser expandido e apreciado de várias maneiras. Na verdade, consideramos que a psicanálise evoluiu da noção de trauma psíquico e se desenvolveu até alcançar a noção de psíquico, o momento em que Freud formula a noção de fantasia inconsciente e escreve *A interpretação dos sonhos* (1977/1900), contrapondo-a à concretude e à concepção de fato real histórico. É o nascimento do "psíquico", que se constituirá na meta essencial do trabalho psicanalítico.

A teoria do trauma é até hoje estudada e considerada por muitos colegas; inclusive, apresentarei um trabalho sobre esse tema mais adiante. No entanto, acreditamos que a possibilidade de formular a noção de fantasia inconsciente e conceber a "vida onírica" como expressão do movimento do psíquico permitiu que Freud seguisse pelas direções e pelos caminhos que atualmente conhecemos, e que são muito diferentes daqueles que ele inicialmente pensava poder alcançar. A noção de fantasia inconsciente não só inaugura a psicanálise, em nosso ponto de vista, como a arranca do terreno do concreto e do factual, afastando-a da biologia e da medicina.

Em 1911, em *Formulações sobre os dois princípios do funcionamento mental* (1977/1911), Freud propõe a consciência como instância capaz e apta à apreensão das qualidades sensoriais e psíquicas, tanto em relação ao mundo externo como ao interno. A atenção é o aspecto privilegiado como função importantíssima e a reflexão a segue, caracterizando o fato mental e o trabalho realizado pelo psíquico.

A partir desse momento, a psicanálise se ocupa cada vez mais com os processos de pensamento e as situações conflitivas do sujeito, que interferem no trabalho mental e na associação livre. O intrapsíquico adquire cada vez mais importância, e as relações externas e internas, como concebidas intrapsiquicamente, constituem-se em objeto a ser estudado e considerado na relação psicanalítica.

Essas formulações, sem dúvida, estão bem distantes daquelas colocadas por Freud em seus primeiros trabalhos, como o *Projeto para uma psicologia científica* (1977/1895a) e os *Estudos sobre a histeria* (1977/1895b), nos quais claramente prevaleciam as ideias que buscavam encontrar uma ponte com o somático, buscando a correlação corpo-mente, bem como relacionando os conflitos internos a acontecimentos externos.

Sabemos que Freud, durante sua vida e em sua obra, nunca abandonou totalmente seu desejo de aproximar a psicanálise ao modelo das ciências naturais e da biologia. No entanto, a maioria dos analistas, na qual nos incluímos, desenvolveu uma valorização acentuada do mental, do psíquico, em contraste a certo afastamento de seu contraponto – o corpo.

Mais recentemente, alguns estudos e pesquisas sobre o autismo e a observação de bebês começaram a retomar o tema do corpo e da origem corporal da mente, buscando uma revisão. Queremos dizer que realmente retomam o tema, não no sentido que foi tratado outras vezes pela psicanálise, ou seja, a parte dos distúrbios psicossomáticos, levando em conta um corpo que sofre por razões psíquicas, ou uma mente que reflete questões orgânicas, como se só no patológico fosse possível considerar a presença concomitante de um corpo e da mente, como uma unidade.

Falamos da revisão e da retomada do tema "corpo e mente" no sentido de buscar sua inclusão nas teorias do funcionamento mental e emocional, desde o início da vida. Nossa intenção de trazer aqui as ideias de Armando Ferrari liga-se exatamente à tentativa que este autor e colega vem realizando no sentido de formular uma hipótese teórica que inclua o corpo como elemento fundamental na origem do mental em psicanálise.

De certa maneira, consideramos que Bion também o tenha tentado, e essa afirmação talvez surpreenda alguns colegas, já que o autor é conhecido por sua investigação dos processos de pensamento, da realidade não sensorial e do psíquico. Em *O aprender da experiência* (*Learning from Experience*, 1962), no entanto, há menção aos dois fatores presentes na relação de um bebê com sua mãe, sendo o primeiro deles o seio, que brinda o afeto, o amor, uma ideia do abstrato, e o segundo, o leite, que alimenta e satisfaz a fome concretamente, como necessidade. Também ao propor o modelo da grade, em *Elementos de psicanálise* (1968), Bion nos oferece a possibilidade de considerar uma escala completa, que vai dos elementos beta, os aspectos sensoriais, até o mais abstrato e generalizado, o cálculo algébrico.

Ao lidar com pacientes psicóticos ou com os aspectos psicóticos de uma personalidade, que podem prevalecer em momentos da análise, é frequente que Bion chame nossa atenção para *splittings* (cisões), que apontam para o distanciamento destas duas noções: a do seio que brinda o amor e a do leite que alimenta.

Nesses *splittings* é possível, por exemplo, manter uma relação boa com o leite que alimenta, isto é, com o aspecto que concretamente atende às necessidades biológicas, e projetar todo o ódio, a inveja e a persecutoriedade sobre a mente (seio materno). A própria conceitualização desse *splitting* nos fala da existência de uma unidade corpo-mente, e das possibilidades e das funções que esse inter-relacionamento pode vir a ter, sendo uma delas a cisão. Bion considera o dado sensorial como ponto de partida para o pensamento, embora saliente que a realidade psíquica abandona o dado sensorial quando alcança sua representação.

Em seu conceito de *rêverie* como função materna, Bion diz que é a fonte que provê a necessidade de amor e compreensão ao bebê (mãe). O que segue é a distinção entre o componente físico, o leite e a saciedade, como resposta concreta da mãe às necessidades do bebê, e o amor e o acolhimento, como resposta à angústia pela precariedade das condições mentais. Só podemos pensar em cisão, *splitting*, a partir da noção de uma unidade corpo-mente.

Ribeiro e Ferrari (1975), sem dúvida inspirados no modelo de Bion, vêm desde muito tempo propondo ideias interessantes sobre a questão corpo-mente. Em seu artigo "Contribuição ao estudo de uma função", propõem que, em pacientes *borderline* ou regredidos à presença de somatizações, descargas motoras e *acting-outs*, sem a presença de palavras ou pensamento, são observáveis, com evidente participação do biológico. Ribeiro e Ferrari propõem chamar estes resultantes psicobiológicos irracionais de "aspectos animalísticos", por sua proximidade com as raízes animais do ser humano.

Esses aspectos animalísticos, que são manifestações incoativas da mente, ligam-se ao ego corpóreo apenas, sem palavras, e podem ser aproximados aos elementos beta propostos por Bion. Decorrem de um não funcionamento ou não desenvolvimento da função alfa, o que determina que as impressões e as sensações permaneçam inalteradas, em bruto. Não há transformação. Haveria também, na proposta de Ferrari, uma função beta que corresponderia à parte animal do humano que nunca alcançou representação mental, responsável pela expressão dos elementos beta.

A prevalência da função beta, por inoperância da função alfa, leva a uma quebra de harmonia psíquica na representação (corpo-mente) resultante da derivação anômala de elementos beta não metabolizados, apenas descarregados motoramente. Não é pensar que o corpo só nos interessa como representação, mas dizer que a harmonia entre corpo e mente depende da possibilidade de metabolização constante.

Em trabalhos posteriores, Ferrari formula ideias e hipóteses ainda mais claras sobre o binômio corpo-mente. Em seu livro *O eclipse do corpo: uma hipótese psicanalítica* (1995), é proposta a noção de "objeto originário concreto" (o corpo e suas emanações). Esse objeto solicita e estimula o desenvolvimento das funções mentais, propondo à mente a tarefa de dar conta das emanações e das vivências corpóreas, contendo-as e buscando representações fantasmáticas e ideacionais.

Ao lado desse objeto imaginário concreto (o próprio corpo), existe também desde o início, etiologicamente, uma mãe (preconcepção no sentido bioniano) que desempenhará a função de *rêverie*: é na presença e no envolvimento produzido pela *rêverie* materna que a mente do bebê, sob pressão das sensações físicas violentas, inicia suas funções de contenção e registro. Aos poucos, a intensidade desses primeiros momentos dá lugar a outro estado, no qual uma possibilidade de contenção e de representação dará lugar à área mental e ao eclipse do objeto originário concreto.

É na contenção e na representação que se harmonizam os aspectos concretos (corporais) e abstratos (emocionais). Nessa harmonia se insere a noção belíssima de Ferrari do eclipse do objeto originário concreto, como ele mesmo diz:

> *A imagem de sombra é observável não somente ao atenuar-se a luz (presença do objeto), mas também no sentido de um resfriamento benéfico. Com efeito, é somente numa situação de luz menos ofuscante e num clima menos intenso (ausência do objeto) que é possível visualizar linhas mais finas e complexas, jogos de claro–escuro e sensações mais tênues e articuladas podem ser discernidas.* (Ferrari, 1995, p. 36)

Porém, eclipse não significa o desaparecimento do objeto, apenas seu obscurecimento em virtude da escuridão (a ausência de objeto). Entendemos que o eclipse do objeto concreto coincide com a possibilidade de desenvolvimento do que será a função alfa. A contenção resulta na atenuação da presença e da pressão para a possibilidade de representação fantasmática e fantasiosa. A partir daí, começa a ser possível não só a discriminação de uma área do mental como, graças à *rêverie* da mãe, a produção de elementos alfa para o início do pensamento onírico.

A área antes ocupada pelo corpo e por suas emanações vai sendo cada vez mais "mentalizada" durante toda a vida de um indivíduo, buscando alcançar um estado de harmonia entre corpo e mente. No entanto, esse estado apresentará oscilações e perturbações, isto é, o corpo, a *fisicitá*, como diz Ferrari, continuará presente, nos propondo o tempo todo sua mentalização. A quebra na harmonia trará de volta o "animalístico", o sem palavras e sem representação.

O eclipse do objeto original concreto, que permite a criação da área do mental, abre também as possibilidades para o desenvolvimento simbólico.

> *. . . o OOC nada tem a ver com o processo de introjeção. Não é formado por contribuições externas que, ao ocupar a psique, lhe dariam forma; ao defini-lo pensamos antes em um núcleo originário específico que diferencia, desde o nascimento, o indivíduo de qualquer outro ser humano . . . a hipótese do OOC considera os fenômenos físicos e psíquicos como num continuum. (Ferrari, 1995, pp. 39, 58)*

Entramos no terreno da fantasia e da representação. Considerando algumas ideias kleinianas, em especial as formulações de Hanna Segal (1981), podemos dizer que a capacidade para o fantasiar simbólico advém de uma evolução da diferenciação entre o externo e interno e do êxito dos mecanismos de projeção e introjeção, em particular da possibilidade de identificações introjetivas suficientemente fortes, de forma a produzirem um certo nível de integração do ego.

Sabemos que, para a teoria kleiniana, o bebê desde o início tem de lidar com a fantasia inconsciente, representante mental dos instintos (Isaacs, 1952). São fantasias primitivas, dinâmicas e ativas. Sabemos também que Melanie Klein fala dos objetos internos e pouca menção faz aos objetos externos, concretos. Para Klein (1948), os objetos internos se caracterizam basicamente como objetos carregados emocionalmente (configurações emocionais).

Onde estarão esses objetos? Em Klein, esses objetos estão sempre e dinamicamente em relação, daí a noção da teoria de relação de objeto. No entanto, serão sempre esses objetos subjetivos, emoções e sentimentos, que, em virtude do intenso e constante jogo entre projeção e introjeção, estarão ora fora, ora dentro do sujeito. A ideia da posição depressiva supõe que esse constante interjogo sofra uma modificação pela predominância dos sentimentos de consideração, apreço e culpa pelos danos causados aos objetos. Nesse momento da posição depressiva se dá o reconhecimento do objeto como tal, isto é, como tendo existência fora do sujeito. A partir desse momento, pode se desenvolver o processo de simbolização.

A capacidade para a simbolização tem ocupado a atenção dos analistas kleinianos desde algum tempo. Para estes, o simbólico deverá representar o objeto, reconhecer suas características, ser visto como separado e autônomo frente ao ego. Só a predominância dos sentimentos depressivos sob a angústia esquizoparanoide permitirá a separação do objeto e o surgimento de sentimentos de ambivalência e culpa. Só nesse contexto a formação de símbolos se tornará possível e a comunicação será simbólica. Na ausência dessas condições, Segal (1981) nos propõe a ideia de "equação simbólica", ou seja, de estados em que não há diferenciação no ego entre o objeto concreto e o simbolizado. A não diferenciação entre a coisa simbolizada e o símbolo propriamente dito será exemplo de uma perturbação do ego em relação aos objetos e à realidade.

Ferrari (1995, p. 94) discorda de algumas dessas colocações kleinianas ao dizer:

> *... nós não pensamos em um objeto externo introjetado (o seio materno), pensamos em uma sedimentação da experiência da qual o corpo é elemento sinal contínuo. Um corpo em suma, que tenha podido ter desde o início da vida neonatal, uma experiência de "rêverie", materna, ... deixando-lhe liberdade de realizar suas próprias experiências mentais, ou então liberando-o do peso da*

> *mente, permitindo-lhe viver as experiências por si, A experiência de sensações físicas, como fome, frio, etc., nas quais o correlato psíquico é a angustia de aniquilamento e de morte, impõe a criação do espaço mental, para contenção da angústia e requer a presença de uma mãe com "rêverie" para possibilitar a sobrevivência.*

Segundo Ferrari (1995), discordando um pouco de Bion e Klein, a sensação física é sempre um correlato fantasmático. Para Bion, é dado sensorial e ponto de partida para a realização e a representação simbólica. Para Ferrari (p. 52), o dado sensorial é o organizador mental (coordenador):

> *... nossa hipótese coloca o problema em termos mais amplos, uma vez que a significação do eclipse é de supor um processo contínuo, sem fim, onde o aspecto da percepção sensorial pode, em parte ou em sua totalidade, ser eclipsado pela atividade de pensamento ou vice-versa.*

Estamos expondo as ideias desses autores, comuns em alguns pontos e discordantes em outros, sem pretender valorizar um em detrimento de outro, mas apenas apontar muito de relance, pois seriam necessários anos de estudo para realmente poder contrapor esses autores, como a questão corpo-fantasia-representação é complexa, e como autores podem desenvolver teorias e hipóteses diferentes, porém muito próximas, considerando o mesmo objeto – o papel do corpo no desenvolvimento de uma mente.

Tentando caminhar um pouco mais, buscamos em Bion uma formulação que nos parece atender a vários pontos aqui levantados. A proposta de Bion (1962) que considera a existência de uma função alfa produtora de elementos alfa, que podem ser utilizados para o pensamento, o sonho e a criação estética, em contraposição aos elementos beta, que só podem ser utilizados para identificação projetiva e descargas motoras e emocionais, serviria como uma espécie de mapa organizador e delimitador de áreas nesta apresentação.

Na verdade, Bion nos ofereceu muitas outras noções fundamentais para a compreensão e o alcance do desenvolvimento de uma mente e da relação que se estabelece desde o início entre corpo, fantasia e representação. As noções de continente-contido, *rêverie*, barreira de contato e aprender com a experiência são alguns exemplos. Sua obra nos brindou também com a noção de "transformação", elemento que consideramos um instrumento de nosso trabalho clínico.

Quando mencionamos, no início desta apresentação, que o título corpo-fantasia-representação nos remetia à noção de evolução, estávamos exatamente pensando no desenrolar de uma transformação que se iniciaria nos elementos beta, nos aspectos animalísticos, como propõe Ferrari, que seriam transformados em elementos categoria C (sonhos, fantasias e mitos) graças à formação da área do mental e da presença de *rêverie* materna, para chegarem a se caracterizar como elementos alfa (hipóteses definitórias) e, a partir daí, seria possível à função alfa operar em todos os níveis do pensamento representacional.

Poderíamos, melhor dizendo, gostaríamos de nos deter mais nas questões ligadas à representação, trazendo algumas ideias de Ferrari quanto às representações de imagens, aos sonhos e à representação em palavras. Brevemente, podemos dedicar algumas palavras às colocações de Ferrari em relação a esses temas, sempre lembrando que as teorias de Bion o nortearam em suas pesquisas.

Ferrari (2004) propõe uma teoria geral da representação, que caracterizaria todas as atividades mentais do espírito, como imagens, pensamentos etc., ligadas à percepção. Segundo ele, o que é uma representação para uma pessoa pode ser totalmente diferente para outra, desde que percebamos o mundo individualmente. Nessa ideia há certos determinismo e intencionalidade, daí pensador e pensamento serem de difícil diferenciação. Na verdade, para ele, podemos ter acesso aos resultados, aos produtos dos processos mentais, mas não aos processos em si.

> *Acolhemos com interesse as propostas de Damásio, ao destaque que ele dá à ideia de a gênese das representações estar vinculada à corporeidade, com o mesmo significado que nós lhe atribuímos. É dessa corporeidade que fazemos nascer o "sentido de si". (Ferrari, 2004, p. 31)*

Segundo Ferrari (2004), as representações mentais são muito semelhantes às oníricas: ambas ocupam o espaço que denominamos psíquico, ambas são transformações daquilo que internamente é considerado pela mente, e ambas serão expressões do mundo intrapsíquico, veiculadas pela linguagem. Claro que, sem pretender igualar as semelhanças e desprezando as diferenças, Ferrari propõe de fato a consideração desses processos como parte de um todo, o ser humano. Essas são apenas algumas das ideias desenvolvidas por Ferrari, que, numa discussão mais ampla, poderão adquirir mais consistência e ficar mais claras.

A reflexão do analista: a ampliação do campo de observação em psicanálise

Uma caracterização clara e definida do campo de observação em psicanálise constitui no momento uma das tarefas fundamentais que necessitam ser levadas adiante, para o prosseguimento da investigação psicanalítica tanto em seus aspectos teóricos como clínicos.

Expusemos algumas de nossas ideias sobre o assunto em "Investigação em psicanálise" (Azevedo, 1990). No referido trabalho, propomos a consideração do processo clínico psicanalítico como um método de investigação da mente humana e de suas relações. Dentro de uma perspectiva que privilegia o campo da observação psicanalítica como abrangendo as áreas do pessoal e do interpessoal, salientamos a necessidade da consideração de todo aspecto que se apresenta como opaco e desconhecido como objeto de investigação.

Num primeiro momento, tal posição nos pareceu ampla e suficiente. No entanto, ao pretendermos particularizar melhor o problema, percebemos que estávamos nos aproximando da questão com definições muito gerais, que permitiam apenas uma caracterização vaga e imprecisa do campo de observação em psicanálise, de suas possibilidades e seu objeto. Decidimos, então, retomar a questão e tentar especificar mais nossas ideias, explicitando como concebemos no trabalho clínico psicanalítico a posição do psicanalista e a relação deste com a observação do objeto psicanalítico em seu campo.

Nosso posicionamento, como se pode depreender dessas colocações, é eminentemente clínico, restringindo-se à experiência psicanalítica que se desenrola entre analista e analisando, e não pretende neste momento abordar outros aspectos ou possibilidades que não aqueles com os quais temos contato diretamente por meio das relações de transferência e contratransferência.

O campo de observação que nos propomos a caracterizar é o da relação emocional psicanalítica, que se manifesta por meio das relações de objeto internas e externas, conscientes e inconscientes, explicitadas na transferência/contratransferência e em suas consequentes formulações e interpretações. Propomos como hipótese de trabalho que o campo de observação em psicanálise vem se ampliando significativamente das primeiras colocações de Sigmund Freud até hoje.

Essa ampliação, em grande parte determinada pelo que chamamos de "reflexão do analista", vem produzindo profundas alterações tanto na caracterização do objeto psicanalítico como na função do trabalho psicanalítico. A produção do conhecimento em psicanálise vem sendo colocada em questão, exigindo uma conceitualização cada vez mais apurada de seus métodos e seus objetos.

Nesse sentido, entendemos que a reflexão do analista o coloca em contato com pontos nodais da questão, desde que, nessa reflexão, o analista examine a relação que desenvolve com a própria psicanálise enquanto objeto e meio para o alcance do conhecimento. Tentaremos explicitar melhor essas colocações levando em consideração o próprio desenvolvimento histórico da psicanálise e algumas das oscilações e das modulações que vêm ocorrendo entre a área da teoria e da clínica até hoje.

Desde seu início, a psicanálise enfrentou problemas quanto ao seu *status* científico, à definição de seus procedimentos e à verificação de suas hipóteses e seus postulados. Ao longo de sua magistral obra, Freud nos permite entrever com certa frequência sua preocupação com a tradição científica positivista dominante no século XIX, tentando aproximar a psicanálise do modelo das ciências naturais e exatas, procurando, assim, garantir a ela um lugar de importância e respeito no cenário científico mundial.

Movido por um forte impulso para investigar e pelo amor à verdade e ao conhecimento, Freud, desde suas primeiras colocações, vai apontando para muito além do que lhe seria possível conceber a princípio. Talvez a densidade e a profundidade de sua obra, aliadas ao *status* ambíguo que a psicanálise ocupou no cenário científico desde seu início, tenham sido fatores importantes para que suas concepções não se cristalizassem rapidamente e, muito pelo contrário, continuassem a evoluir e a se desenvolver abrangendo uma área no campo do conhecimento cada vez maior.

Freud iniciou suas incursões pela mente humana por meio da observação de doentes psiquiátricos, fazendo uso dos métodos hipnótico e catártico, caracterizando a "análise" em seus primórdios como uma subespecialidade da medicina, um método de investigação dos sintomas, das anormalidades e das exceções não explicáveis por nenhuma outra área médica ou científica. No entanto, Freud se considerava um mau hipnotizador, o que talvez tenha contribuído para que tentasse buscar outras técnicas que o aproximassem das origens dos sintomas e das "doenças nervosas".

Neste primeiro momento, podemos então dizer que a psicanálise surge, e suas primeiras conceitualizações são desenvolvidas (a dissociação da consciência, a teoria do trauma psíquico, a resistência) apoiadas na observação do paciente, em sua sintomatologia bastante misteriosa. Aproximar-se e desvendar o mistério é a meta por excelência, e ampliar a área de conhecimento consciente, repondo falhas mnêmicas e sugestionando o paciente, é o meio para que a cura seja alcançada.

Para escapar da magia e da superstição, para aproximar a psicanálise, o método recém-criado, às concepções científicas vigentes, é necessário continuar a investigação, justificar e explicar algumas das hipóteses levantadas. Os sintomas, principalmente histéricos, são explicados como decorrentes de um trauma psíquico, ocorrido na infância, relegado à inconsciência; a reconstituição desses traumas, o estabelecimento de uma relação de causa e efeito significativa e uma convincente explicação poderiam devolver à normalidade e restituir a função perdida.

A teoria da sedução, a sexualidade infantil, o inconsciente com suas leis começam a serem formulados como produtos emergentes da investigação. Inicialmente, são ideias sugeridas e alcançadas pela hipnose, depois, pelo método de associação livre (*talking cure* ou *chimney sweeping*) (Freud, 1977/1898, 1977/1899, 1977/1901b).

A "reconstrução" é elevada a uma função importantíssima na análise: a "interpretação" visa alcançar as conexões reconstrutivas. Sobre uma causa e um efeito, uma hipótese é levantada, sendo sua verificação buscada junto ao paciente até a cura ser obtida, graças ao preenchimento e à recuperação das falhas mnêmicas. A psicanálise, a exemplo da arqueologia, da medicina e da biologia, pode chegar às origens, desvendar as causas misteriosas e solucionar os enigmas.

Mas esse primeiro momento, no qual o campo de observação está claramente delimitado no paciente – primeiro em suas ideias conscientes e, em seguida, em suas associações inconscientes obtidas por meio de hipnose –, dura pouco tempo. O trabalho com pacientes e as revelações obtidas em sua autoanálise levam Freud a considerar que os traumas relatados pelos pacientes, especialmente os de natureza sexual, interpretados reconstrutivamente por ele, na verdade não se constituíam em lembranças de fatos reais.

Numa carta datada de 1897 a seu amigo W. Fliess, diz Freud: "Depois, a surpresa de que na totalidade dos casos, o pai, sem excluir o meu, tinha que ser acusado de pervertido . . . essas perversões tão generalizadas contra a criança não são muito prováveis" (citado por Masson, 1986, p. 265). Freud (1977/1892-1899) chega ao que ele denomina a "chave da fantasia": "À pergunta: 'O que aconteceu nos primórdios da infância?', a resposta é 'nada'. Mas o embrião de um impulso sexual estava lá". A *phantasia* e a realização dos desejos fantasiados passam a ser consideradas um forte elemento na criação dos sintomas.

Uma aproximação do caso Dora (Freud, 1977/1901b) nos oferece uma ilustração interessante de um primeiro salto dado, que decorre, em nosso ponto de vista, das reflexões desenvolvidas por Freud como observador: um salto que traz consigo uma ampliação do campo observacional. A transferência é formulada, inicialmente, como algo inevitável, mas indesejável, e, em seguida, como um elemento importante a ser considerado, elaborado e explicitado. Nesse momento, acrescenta-se algo à teoria inicial e à clínica, o procedimento técnico começa a ser alterado. O analista é incluído no processo, a objetividade e a neutralidade das colocações têm de ser questionadas, já que o analista também reage à transferência de sua paciente.

A imediata repercussão da teoria de transferência sobre a conceitualização da psicanálise é uma reformulação da relação analítica. O enquadre (*setting*) torna-se necessário e é definido por Freud (1977/1912-1913, 1977/1913) de forma mais rigorosa. A regra da abstinência e a atenção flutuante são propostas que devem ser seguidas. Sua alteração sugere e aponta para a presença da contratransferência.

Em sua autoanálise, Freud também passava por momentos difíceis, de reformulações e descobertas. Seu caminho pessoal contribui para o alcance a áreas mais profundas e inacessíveis da mente humana. A reflexão se impõe a ele como instrumento na investigação mental e emocional, ao mesmo tempo que seu interesse se expande ao campo da arte, da literatura, da mitologia e da religião. A compreensão dos fenômenos humanos universais passa também a se constituir em objeto de estudo da psicanálise. É outra ampliação no campo da observação, agora fora da situação clínica.

Enquanto a transferência continuou a ocupar um lugar de destaque na teoria psicanalítica, sendo responsável por deformações, idealizações e transformações na relação analista-analisando, servindo à resistência e à repressão, a contratransferência fica um tanto de lado nos trabalhos posteriores de Freud. Em 1910, Freud a define em função do paciente, isto é, como um resultado da influência deste sobre os sentimentos inconscientes do analista (Freud, 1977/1910).

Acreditamos, no entanto, que a formulação da contratransferência, embora não desenvolvida plenamente por Freud, constituiu-se num exemplo de como conceitos amplos e complexos já alcançados por ele aguardaram anos para se desenvolver. É possível até conceber, em nosso ponto de vista, que a ideia de uma "reflexão do analista" tem origem nesse momento, considerando que, se a contratransferência se constituía num acontecimento indesejável e estranho à análise, o analista necessitaria elaborá-la e superá-la para prosseguir em seu trabalho.

Assim, desde o início, o conceito de contratransferência inclui os processos e os estados emocionais do analista no processo analítico, como objeto da reflexão do analista e elemento na investigação analítica. É importante salientar aqui os trabalhos de 1914, *Sobre o narcisismo*, e de 1915, *Luto e melancolia*, em que as relações internas de objeto passam a ser consideradas e, a partir daí, surge a possibilidade de um desdobramento dentro de uma mesma pessoa, das funções de observador e de objeto da observação.

A reflexão do analista (*self-reflection*) visa basicamente se referir a essa configuração interna, um analista que é objeto e agente da observação de si mesmo. Essa noção de objeto dentro do sujeito é mais tarde retomada e desenvolvida em termos de objetos internos pela escola kleiniana (Klein, 1952), permitindo uma aproximação mais ampla e importante da questão da reflexão do analista. Por exemplo, a partir do trabalho de Paula Heimann (1950b), a contratransferência passa a ser considerada como uma possibilidade a mais a ser investigada na busca do conhecimento do acontecer analista-analisando.

Propomos justamente que as reflexões do analista, incluindo sua vivência na contratransferência, se constituem, quando elaboradas, num poderoso elemento de conhecimento não só em relação ao que se passa no analista, na sessão, mas também no analisando e na dupla analítica. A observação do que caracterizaríamos como um terceiro momento da ampliação do campo psicanalítico dirige-se agora ao analisando, ao analista enquanto tal, e ao que acontece entre eles, ou seja, a experiência emocional do momento que gera significados e efeitos.

O analista, tanto quanto o analisando, presente e participante do encontro analítico, introduz e agrega elementos com sua pessoa, suas concepções teóricas e existenciais, sua vivência do momento. A ampliação do campo observacional interfere imediatamente na caracterização do objeto psicanalítico. O acontecer da experiência emocional constitui-se no objeto de observação por excelência.

Sendo então o objeto analítico caracterizado como todo esse acontecer analista-analisando, será a experiência emocional que, nessa relação, produzirá o terceiro analítico (Ogden, 1982; Green, 1975), como um produto da relação que a observação do analista pode vir a captar e formular. O "objeto analítico" criado entre analista e analisando será produto da experiência emocional.

O analista, para poder desempenhar seu papel, tem de se colocar nos dois lugares, de observador e de objeto participante da experiência analítica. A contratransferência não será mais vista como algo apenas do paciente projetado no analista. Inclui-se aí a ideia de que também elementos do analista produzem reações contratransferenciais, independentemente do desejo do paciente (Money-Kyrle, 1978). A reflexão é fundamental para que o analista possa perceber e, então, interpretar.

As ideias desenvolvidas por Wilfred Bion ilustram, a nosso ver, bastante bem a questão da reflexão criativa do psicanalista. Bion refere-se à capacidade de *rêverie*, presente no relacionamento mãe-bebê, como uma das condições para um desenvolvimento emocional satisfatório do bebê. A mãe processa pela sua função alfa desenvolvida os elementos de que o bebê, ainda incapaz de elaborar, necessita para se desenvolver.

O psicanalista, quando com seu paciente, também necessita processar os elementos da experiência emocional, que são projetados em sua pessoa e na relação analítica, para assim poder levar adiante o processo psicanalítico, conceitualizando o objeto analítico.

A *rêverie*, não mais no sentido de uma mãe com seu bebê, mas na análise, corresponde de certa maneira ao que denominamos a reflexão do analista; difere do que concebemos como contratransferência (que seria uma falha na função de "reflexão" do analista) e se caracteriza como uma possibilidade de elaboração. Mas tanto um conceito como outro implicam na inclusão do analista no campo de observação analítica, como um participante ativo e criativo.

Heinz Kohut (1979), em seu artigo "The two analysis of Mr. Z", propõe como reflexão desse tema a experiência de dois períodos de análise de um analisando com um mesmo analista, porém em momentos diferentes de seu desenvolvimento pessoal e do posicionamento teórico adotado. O artigo propõe ideias muito interessantes e descreve como a posição teórica e o momento vivido pelo psicanalista serão determinantes nos resultados obtidos com o analisando na relação analítica.

Uma nova perspectiva desenvolvida pelo analista, num segundo momento de análise, leva o paciente ao alcance de novos significados e permite que ele progrida e se desenvolva além do que já havia conseguido. Diz Kohut (1979, p. 60, tradução minha):

> *O segundo período então coincide com o tempo em que eu estava começando a testar um novo quadro de referências, um novo ponto de vista o qual, colocando em poucas palavras, me permitia perceber o sentido, ou o significado do sentido, que eu inicialmente não tinha percebido conscientemente . . . a mudança em minha visão teórica permitiu-me, para benefício do paciente, dar-lhe acesso a setores de sua personalidade, que não tinham sido alcançados na primeira fase de seu tratamento.*

Ao que acrescentaríamos: aspectos da personalidade do analista que também não haviam sido desenvolvidos até aquele momento.

Essa experiência nos fala com clareza da evolução do psicanalista num processo de análise e aponta para o fato de que, dependendo de seu desenvolvimento teórico, técnico e emocional, a evolução do analisando também sofrerá alterações. Na verdade, são desenvolvimentos interdependentes. Propomos, a partir daí, justamente a consideração e o surgimento de um quarto movimento na observação psicanalítica, mais uma vez determinado pela reflexão do analista.

O que caracterizará esse quarto momento será não apenas a atenção e a elaboração dos dados fornecidos pela observação do analisando ou do analista, seja na transferência ou na relação emocional da dupla, mas muito mais o tipo de relação que o analista manterá internamente com as teorias psicanalíticas e o poder de influência que essas relações exercerão neste, na sua conceitualização dos fatos, que necessitarão ser avaliados sob o risco de perpetuarem um viés pessoal e talvez pré-conceituoso da observação.

Uma vez que o psicanalista entra em cena com seus limites, suas dificuldades e suas características pessoais, surge a questão da interferência de sua identidade, de suas crenças e suas teorias nas condições de observação e na consequente elaboração teórica alcançada. "O analista impessoal é apenas um mito."

Sugerimos e propomos, então, que a filiação teórica do psicanalista a determinada escola de pensamento psicanalítico pode produzir nele uma identificação com os valores e as ideias dessa escola ou teoria, identificação esta que será possível observar como uma relação de objeto interno, que pertence ao campo da observação psicanalítica. O grau de liberdade do psicanalista, sua criatividade e sua autonomia, ou, por outro lado, seu aprisionamento e sua submissão a determinados conceitos e teorias, dependerão da possibilidade e da capacidade de reflexão que este poderá desenvolver. A relação do psicanalista com a psicanálise se propõe como um novo objeto de observação.

No trabalho clínico psicanalítico, a formulação das interpretações e das construções nos permite avaliar o grau de liberdade exercido pelo psicanalista, bem como distinguir se a autorreflexão ocupa um espaço importante em seu trabalho, capaz de torná-lo mais livre e mais rico, isento de pré-conceitos ou preconcepções, causadores de limitações no trabalho da dupla.

Talvez em virtude de uma antiga tradição que vinha propondo uma aproximação da psicanálise às ciências naturais e exatas, não foi até agora suficientemente enfatizada a importância da subjetividade do analista e de suas crenças e suas preferências no campo psicanalítico. Esse aspecto, só alcançado mais recentemente pelo que denominamos "reflexão do analista", talvez possa no momento contribuir muito para que caracterizemos melhor o "como e com o que" trabalhamos.

O que vem do analista, não apenas suas elaborações conscientes e suas associações, mas também e principalmente suas preconcepções, seu posicionamento frente às teorias, seu estilo, necessitam ser investigados. Esses fenômenos considerados "subjetivos", indesejáveis e inapropriados ao modelo científico do século XIX, constituem-se, no momento, numa chave para a compreensão do que se passa no campo psicanalítico, e sua consideração é o que nos permitirá conceber o objeto psicanalítico e caracterizar melhor o campo observacional em psicanálise.

A representação das pulsões nos sonhos

> *As vozes da infância não são jamais totalmente esquecidas ou abandonadas. Cada um traz em si, à sua maneira, a totalidade de sua história. A história mais profunda, a menos esquecida, a menos superada, é aquela de nossos desejos, ancorados em nossas pulsões, impregnantes de nosso pensamento . . . O sonho nos mostra isto a cada noite. (Green, 1995, p. 305, tradução minha)*

A pulsão é um dos conceitos da metapsicologia freudiana bastante atacado pelos autores modernos. Contesta-se até sua utilidade, mesmo quando seu estatuto de metáfora teórica é aceito.

Em 1915, o conceito como proposto por Freud referia-se a fonte, impulso, objetivo, objeto. Uma definição mais tardia que faz justiça à sua complexidade propõe estar a pulsão ancorada no somático, sendo, no entanto, um elemento que pode também alcançar o psiquismo, sob uma forma ignorada por nós. Como propõe André Green (1995), há uma espécie de intencionalidade pré-subjetiva corporal.

Para Freud, como para Green, o inconsciente, em última instância, é formado pelo universo pulsional, pelas forças que aspiram à satisfação e à realização, sendo toda atividade psíquica consistente situada a partir desse fundo primordial, pulsional. Apesar dos ataques e das contestações feitos ao conceito de pulsão, parece-nos que nem a passagem do tempo, nem as novas formulações teóricas conseguiram invalidar essa formulação.

O conceito de pulsão, como já dissemos, pretende situar a questão na fronteira entre o psíquico e o somático. Sua consideração representa um aspecto importante para a teoria psicanalítica, pois propõe que o pensamento psicanalítico tem como finalidade a ligação entre soma e psique, evitando assim o conhecido dualismo que se propõe comumente entre corpo e mente.

Novamente relembramos Green (1990), concordando com ele quando propõe a hipótese de que a pulsão forma a matriz originária, fonte e fundamento de toda subjetividade. É a atividade pulsional que forma a base do psiquismo.

Essa consideração das pulsões como formadoras da base do psiquismo e da subjetividade imediatamente nos propõe a questão da investigação de suas manifestações e suas transformações. Na verdade, o pulsional só pode ser apreendido dedutivamente, e não de forma direta, pois para ser percebido necessita ser representado. Acreditamos que esse tema propõe exatamente essa tarefa: tratar da questão da representação das pulsões.

Freud nos descreveu, em vários de seus trabalhos, como a energia manifestada pela pulsão busca uma satisfação imediata, sendo seu objetivo uma descarga ou alguma forma de representação.

Por um lado, poderíamos interpretar esse fato considerando que se trata de dar algum sentido às expressões e aos desejos inconscientes, por meio do processo de representação. Ao propor esse ângulo, estamos de acordo com Freud, que desde o início nos sugeriu a importância de a psicanálise oferecer à psiquiatria a base psicológica (significativa) que lhe falta. Freud esperava descobrir o terreno comum que possibilitaria compreender a relação entre um problema somático e um problema psíquico (Freud, 1977/1915- 1917).

Outra possibilidade seria, ao considerar a referência biológica, pensar o conceito de pulsão como um conceito-limite entre o soma e a psique, que define os processos pelos quais o desejo se manifesta. As necessidades ascendentes ao psiquismo vão requerer um trabalho por parte deste, em virtude da sua relação com o corpo. Satisfação de desejos e alcance à representação são, sem dúvida, os principais objetivos atribuídos às pulsões, desde Freud até hoje.

A teoria das pulsões teve sua origem como tal no estudo dos sonhos, considerado desde o início como a expressão mais direta e evidente da pulsão. Até então, prevalecia no trabalho de Freud o modelo proposto pelo *Projeto para uma psicologia científica* (1977/1895a), a grande obra econômica de Freud, que é abandonado para dar lugar ao nascimento de um novo modelo teórico a partir de *A interpretação dos sonhos* (1977/1900).

No *Projeto*, o modelo preponderante é o do arco reflexo e das relações entre o organismo e o meio ambiente, porém de alguma forma, já nesse momento, Freud nos propõe a ideia de um psiquismo de natureza inconsciente, ligado ao consciente pela linguagem. Essa colocação vai ser preponderante no futuro pensamento de Freud, principalmente quando, na *Interpretação*, é reforçada a ideia da natureza inconsciente do psiquismo, sendo então concebidas também as noções de realidade psíquica e de espaço psíquico.

No *Projeto*, a fonte de energia maior vem do exterior (quantidade externa), enquanto no modelo da *Interpretação* a fonte maior virá de dentro do próprio corpo, isto é, das pulsões. A publicação da *Interpretação*, em 1900, oferece a base para o modelo topográfico do funcionamento mental. O modelo mental é então concebido como contendo impulsos e fantasias que são provenientes de dentro do si mesmo.

Outro elemento importante nesse momento é a substituição da teoria do "trauma" como acontecimento real pela formulação da noção de fantasia inconsciente. Ambas as noções, a de realidade interna e a de fantasia inconsciente, serão determinantes na formulação do modelo mental proposto na *Interpretação*.

A referência ao trabalho do sonho nos leva à estrutura pulsional inconsciente. Com os conceitos de realidade psíquica e de espaço psíquico, é o inconsciente que se exprime, constituindo-se no fundamento de toda a subjetividade, e é nessa dimensão psíquica que se dá a transformação pulsional, tornando visível o sonho.

Entre o processo secundário que é o pensamento propriamente dito e o sono, situa-se o sonho, que, embora atividade do processo primário, se constitui em outro tipo de pensamento, cuja lógica Freud nos chama a descobrir. Na verdade, Freud propôs a rota do instinto como a gênese de todo o pensamento humano (Sandler, 1976; Green, 1995; Widlöcher, 1996; Meltzer, 1984; Segal, 1981; Grotstein, 1981; Bion, 1965, 1992).

Na *Interpretação*, em que todos esses pontos (o sonho é uma realização do desejo, ele é outra consciência ou uma consciência diferente) são retomados, Freud, dando um salto, nos mostra sobretudo o aspecto positivo dos sonhos e a sua função como pensamento. Para fazê-lo, ele tem de considerar a consequência de um duplo corte no espaço psíquico: corte no nível do polo perceptivo, que suprime as informações do mundo exterior à percepção, e corte no nível do polo da motricidade, que interdita a ação motora. O mundo exterior é colocado entre parênteses, o que permite que o estudo do inconsciente se torne possível.

O processo de representação partindo do inconsciente pulsional opera como uma espécie de diplomata e mediador, representa, sendo aquilo que é representado, mas é um representante também. É a representação da pulsão e sua figuração na cena que traduzem esse representante psiquicamente (aspecto e função semântica).

Como dissemos anteriormente, para a representação das pulsões ser alcançada, um trabalho vai ser imposto ao psiquismo. Para a realização de tal tarefa, que na verdade coincide com o processo de elaboração do sonho (*working through*), é fundamental a consideração de três zonas fronteiriças, verdadeiros espaços de elaboração onde o trabalho psíquico tem lugar:

1. A fronteira somatopsíquica, na qual precisam ser mediadas as excitações endossomáticas para que as pulsões se manifestem psiquicamente (espaço psíquico).
2. A fronteira do pré-consciente, que separa consciente de inconsciente (mentalização como proposta pela Escola Psicossomática de Paris). Na nomenclatura bioniana que apresentaremos mais tarde, propomos aqui a noção de barreira de contato.
3. A fronteira entre o interno e o externo, entre o eu e o não eu, entre indivíduo e realidade externa.

Essas três fronteiras equivalem a três ordens diferentes, com formas heterogêneas de elaboração psíquica necessárias para a comunicação, seja interna, seja externa. Na verdade, são essas as condições que, aliadas a um mínimo de tolerância à frustração, fazem com que um movimento provindo do pulsional, em lugar de ser descarregado como um ato motor, exija um trabalho por parte do psiquismo e passe a ser representado simbolicamente (mudança de força e de direção).

A representação, como já dissemos, além de representar a pulsão, supõe a busca e o alcance a um sentido e a uma satisfação. Trata-se da intencionalidade pré-subjetiva corporal de que nos fala Green (1973), do inconsciente psicanalítico, como proposto por Widlöcher (1996), sempre em busca de imagens, analogias, que possibilitem à atividade mental se desenvolver e alcançar algum contato com o real externo.

Alguns pontos aqui são fundamentais, como considerar que a pulsão exerce uma espécie de pressão em busca de uma solução, e que esse trabalho imposto ao psiquismo, por sua relação com o corpo, tem de ser realizado intrapsiquicamente.

É de particular importância lembrarmos que o sonho, sendo uma forma de expressão, um derivativo dos impulsos e dos desejos, das profundezas para a superfície (forças instintivas), funciona como se num movimento "centrífugo", em direção à periferia do aparelho mental. Desse ponto de vista, o sonho é consistente com a teoria de descarga psíquica de energia.

No entanto, há um sentido na satisfação dos desejos que provém da percepção de que a experiência subjetiva foi vivenciada. Há uma função de observação do sonho que o sonhador precisa desempenhar intrapsiquicamente. Como menciona Sandler (1976, p. 38, tradução minha): "O que eu quero dizer é simplesmente que um sonho seria inútil para o sonhador a não ser que, em algum momento, ele também pudesse funcionar como observador do seu próprio sonho".

A situação psicanalítica recria de várias maneiras o estado do sonho; basicamente, é na transferência, em que há uma tentativa de busca de compreensão psíquica, muitas vezes encoberta pela repetição, que a externalização (sonho relatado) e a revivência emocional encontram um sentido e uma significação para os acontecimentos intrapsíquicos. É na experiência emocional analítica que muitos significados são gerados e novos sentidos podem ser alcançados.

Donald Winnicott (1988) reconhece a importância da base biológica da atividade pulsional, propondo que a pulsão é a chave da saúde na infância. Para esse autor, a função da ilusão liga-se a estabelecer uma área intermediária entre soma e psique, que, ao lado dos aspectos imaginativos e fantasiosos construídos sobre as funções corporais, constituirá a base sobre a qual o psiquismo se formará. A elaboração imaginativa será, então, a fantasia construída sobre as atividades erógenas do corpo.

A ilusão, portanto, nasce de um movimento pulsional, dando em seguida lugar ao surgimento de uma representação afetiva. Winnicott parece reconhecer e propor que a atividade psíquica a partir do polo subjetivo cria um objeto subjetivo, que segue o princípio do prazer, enquanto num outro polo o objetivo se dirige para fora em busca de um objeto real. Com essa reformulação, Winnicott está nos propondo duas formas de representação que se dariam quase ao mesmo tempo: uma representação do objeto interno, subjetivo, e outra do desejo, que se dirige para o exterior em busca de um objeto real que a corresponda.

Susan Isaacs (1952), em seu conhecido trabalho "A natureza e a função da Fantasia", propõe a equação pulsão-*phantasia*, sugerindo que a pulsão atuada não é outra coisa senão a fantasia inconsciente. Será especialmente na relação emocional do analisando com seu analista que as *phantasias* representadas na transferência poderão ser compreendidas e significadas. Para Isaacs, não há pulsão ou impulso que não seja experimentada como fantasia inconsciente, esta é a expressão mental dos impulsos. As primeiras *phantasias* provêm dos impulsos físicos e estão interligadas com as sensações e os afetos físicos, expressando primordialmente a realidade interna e subjetiva.

Não tarda para que as fantasias se apoiem nas imagens plásticas, nas sensações e nas imagens visuais, auditivas etc. Essas representações precoces das *phantasias* são progressivamente elaboradas, articulando-se aos poucos à realidade externa. Mas sua fonte será sempre os impulsos instintivos (pulsões).

Essas *phantasias* iniciais, vinculadas ao sensorial e ao corporal, caracterizam o que Freud chamou de processo primário. No entanto, sabemos que o processo primário não é o único a governar a vida mental desde o seu início. Como o próprio Freud propõe, até onde sabemos, um mecanismo psíquico que funcione unicamente no processo primário não existe, é apenas uma ficção teórica.

A fantasia inconsciente é praticamente uma linguagem, a linguagem das pulsões. Ela participa no desenvolvimento de todas as funções mentais e também no desenvolvimento inicial do ego. Tanto nas fantasias inconscientes como nos sonhos, uma mesma forma de representação e transformação caleidoscópica é revelada, na qual prevalecem os mecanismos da condensação, do deslocamento e da simbolização.

Do ponto de vista do modelo estrutural proposto na terceira fase do desenvolvimento psicanalítico de Freud, a formação das fantasias inconscientes e em grande parte dos sonhos é atribuição do ego inconsciente. Nesse momento, a *phantasia* é um derivativo e um produto dos impulsos mais primitivos, e também expressão das relações internas de objeto inconscientes, sendo constantemente modificada pelo fluxo dos movimentos psíquicos. É uma forma de expressão inconsciente.

Sandler (1976), como já dissemos, propõe que o sonho, como a fantasia inconsciente, de certa forma satisfaz aos desejos e aos objetivos das pulsões, na medida em que no indivíduo funcione uma capacidade para reconhecer o sentido simbólico de seus sonhos. Esse é um ponto interessante que nos levaria à discussão e à consideração da questão da comunicação no inconsciente, o que, no entanto, está fora do escopo deste trabalho.

Até agora, nos referimos mais diretamente à questão das pulsões, de sua força em direção à representação e da obtenção de alguma forma de satisfação e significação psíquicas. Enfatizamos o sonho como o processo que mais se aproxima e melhor reflete esse processo, revelando em sua elaboração todo o trabalho realizado pelo psiquismo. Propusemos também ser o sonho, desde Freud, considerado uma forma diferente de pensamento inconsciente, com características próprias e especificidade de processos.

Numa direção diferente, Klein (1948), dando ênfase à ideia de realidade psíquica e de mundo interno, descreve um funcionamento mental e emocional que estabelece relações de objeto desde o início. O mundo interno é visto como o lugar onde os significados são gerados, sendo na realidade psíquica que esses processos têm lugar. Numa psicanálise, a possibilidade de ter acesso a essa significação é o que conhecemos como "experiência emocional".

Para Klein e também para Segal (1981), o processo do sonho e a sua elaboração (*working through*) são características da representação simbólica dessas relações de objeto externas e internas. Não apenas o reprimido, o instintivo, precisaria ser simbolizado e representado: para essas autoras, todas as relações afetivas e emocionais também seguirão esse processo, desde que seja possível o contato e a tolerância com a posição e a angústia depressivas.

A experiência do sonhar reflete o modelo do processo primário em funcionamento quando no espaço psíquico são projetadas imagens, ideias e palavras que, graças aos mecanismos peculiares do sonho (condensação, deslocamento, transformações no contrário e simbolização), produzirão uma cena ou uma sequência interna de imagens e impressões. Posteriormente, na vigília, essa cena ou sequência pode ser relembrada e novamente elaborada para que seja transmissível em palavras.

Uma nova obra é construída, baseada naquilo que havia sido vivenciado à noite. O fundamental, no entanto, é que a atividade representacional prossegue e diferentes níveis simbólicos podem ser alcançados (processo secundário).

Sem dúvida, Bion (1965) e Meltzer (1984) foram dois autores que muito avançaram no que diz respeito aos processos oníricos. No entanto, esse avanço segue uma orientação e uma direção diferentes daquelas até agora descritas por nós, no que diz respeito à representação da pulsão. Nos sonhos, seriam considerados mais detalhadamente os processos de elaboração e suas funções em relação ao desenvolvimento emocional psíquico.

Bion destaca o sonhar como uma função de transformação dos elementos psíquicos, tanto conscientes como inconscientes. Essa função, denominada por ele função alfa, será responsável pela transformação e pelo armazenamento de elementos na psique, elementos estes que se constituirão na memória. Um posterior processo de pensamento e reflexão, quando tem lugar, fará uso desses elementos alfa armazenados. Tudo o que não puder ser transformado pela função alfa, permanecendo em nível de elemento beta, só poderá ser descarregado pela motricidade ou pelas identificações projetivas.

Na verdade, Bion não faz referência à pulsão, e sim aos elementos da experiência e às preconcepções como características básicas do mundo psíquico. De certa forma, a noção de preconcepção dispensa a referência aos elementos instintivos inconscientes. Refere-se à bagagem constitucional do indivíduo e às suas ligações com o "psíquico" enquanto elemento humano. Por exemplo, a preconcepção do seio como objeto nutridor e amoroso.

A questão da representação para esses autores liga-se à noção de transformação. Serão representados simbolicamente aqueles elementos inconscientes que, tendo tido acesso ao psiquismo, atravessando a barreira de contato, serão posteriormente elaborados pela função alfa, adquirindo então significado e constituindo-se em representantes psíquicos. Para Bion, é na experiência emocional que todo esse processo de transformação e elaboração pode vir a ter lugar. Ele se dá intrapsíquica e intersubjetivamente.

As intensidades psíquicas demandam representação. No sonho, isso se dá graças a um esforço do ego inconsciente e do funcionamento da função alfa trabalhando os elementos alfa. O resultado desse processo são as experiências afetivas, as manifestações e os continentes dos sentidos e as significações vivenciadas no espaço intrapsíquico.

Podemos então, neste momento, propor que as pulsões buscam, via uma intencionalidade pré-subjetiva corporal, o alcance ao espaço psíquico onde podem se unir a elementos armazenados psiquicamente e tornam-se visíveis e sensorialmente apreensíveis. Nesse movimento, não apenas se ligam aos elementos sensoriais como também à afetividade, que imediatamente confere significação às imagens. Posteriormente, sendo todo o processo colocado em palavras, um novo esforço de representação é feito, que na verdade tem de se submeter às mesmas restrições e limitações que a experiência do sonhar sofreu, isto é, à pressão das resistências e aos mecanismos encobridores constitutivos do sonho.

O produto final, representante das pulsões em relação aos afetos, é o sonho, experiência ímpar, não apenas veículo de significações e sentidos inconscientes como também função criativa de novos significados.

Representação/ato: a representação e seus limites[1]

> *Sonhos, fantasias, seu universo comum é o da representação . . . a presença do conceito de representação é praticamente sinônimo de psíquico. O psiquismo é o espaço no qual o representável pode surgir.* (Green, 1995, p. 313-314, tradução minha)

É difícil quando falamos em representação não nos lembrarmos de André Green, um dos mais importantes autores da contemporaneidade. Acredito que uma teoria sobre a representação e seus limites propõe falar sobre o aspecto econômico, dinâmico e simbólico da mente, caracterizando as transformações que tornará possível à energia (penso aqui na noção de pulsão), que se encontra presente no mundo físico/psíquico, encontrar formas de manifestação e descarga.

---

1 Uma versão anterior deste capítulo foi apresentada em 2015 no Evento Preparatório para o XXV Congresso Brasileiro de Psicanálise.

No entanto, assim como é difícil não se lembrar de Green ao pensar nesse tema, acho que é impossível não levar em consideração o trabalho fundador de Sigmund Freud a esse respeito. Dentre os vários problemas que se colocam ao tentar encontrar um recorte que possibilite trazer algo de minhas considerações atuais sobre o tema, esse é talvez o mais complexo, pois acredito que fazer uma revisão das propostas freudianas sobre representação seria uma tarefa muito extensa.

Penso que Green, com toda a sua competência e a sua disciplina, ao tratar da importância da representação, na verdade consegue realizar um levantamento criativo e uma nova síntese das ideias de Freud que se encontravam dispersas por toda a sua obra. Digo isso para talvez dispensar-me da tarefa de "rever" Freud, coisa que Green faz muitíssimo melhor que eu jamais faria, permitindo-me então trabalhar a partir do proposto por ele.

A representação psíquica veio desde sempre ocupando um lugar importantíssimo no pensamento psicanalítico. Enquanto a "pulsão", considerada um conceito-limite entre o soma e a psique, atraiu significativamente a atenção de Freud, foi sobre o representante psíquico, e não sobre o somático, que a psicanálise se desenvolveu.

O inconsciente, objeto e meta por excelência da investigação psicanalítica, não podendo ser alcançado diretamente, só pode ser inferido por suas manifestações. Essas manifestações, que estão na base de nosso pensamento, se constituíram no primeiro objeto de estudo e até hoje são presença constante em nossas discussões psicanalíticas. Nesse sentido, um estudo da teoria da representação é fundamental, na medida em que só por essas vias poderemos ter acesso a algo do inconsciente.

Desde o início da psicanálise, Freud fez uma distinção clara entre as representações de coisa e de palavra, constituintes de dois sistemas formados por traços mnêmicos. As representações de palavra estão associadas às de coisa apenas por seus aspectos de som e de imagem (aspectos sonoros e visuais das representações). As representações de coisa como traços mnêmicos apenas estão no inconsciente, enquanto a palavra faz parte do sistema pré-consciente. As imagens podem estar em qualquer um desses sistemas (mais tarde voltaremos à questão da imagem).

Quando nos referimos ao representante psíquico da pulsão, estamos nos referindo às demandas feitas pelo corpo sobre o psíquico; estamos, portanto, fazendo alusões às excitações e às manifestações do corpo na mente. As representações são sempre produzidas pelo sistema perceptivo – o que está fora (ou às vezes dentro) do psíquico –, o que necessariamente nos leva a considerar a importância dos sistemas de memória e de percepção, que na verdade serão fundamentais para o processo de reconhecimento e remanejamento dos dados.

O trabalho dos sonhos, os atos falhos, os sintomas etc., como processos de representação psíquica nos permitem considerar as vicissitudes, a elaboração e a transformação psíquica da pulsão em representação. Temos de entender bem que, ao falar de representação psíquica, não estamos nos referindo unicamente às palavras.

Numa primeira observação, Green nos chama atenção para o caráter investigativo presente na abordagem inicial de Freud, em que o relato em palavras de um sonho pode vir a dar acesso ao trabalho onírico subjacente ao sonho. Podemos dizer que é uma primeira teoria da representação de 1900, na qual o sonho como representação de coisa é transformado em representação de palavra.

Isso porque a única forma de ter acesso à pulsão, que está no soma, será por meio do trabalho de representação em imagens e linguagem, sempre pensando no domínio do princípio do prazer sobre o da realidade neste momento. O modelo psíquico do consciente/pré-consciente/inconsciente nos permite compreender o trajeto da pulsão em busca de uma forma de representação, que nesse instante também significará descarga de intensidade e satisfação de desejo. A interpretação agindo sobre a representação de palavra, por meio da associação livre, poderá chegar à representação de coisa (desejo) inicial, rearticulando e transformando essa relação.

No entanto, o modelo topográfico da primeira tópica e de *A interpretação dos sonhos* (1977/1900), o primeiro modelo de uma teoria de representação psíquica, apresentará problemas na clínica e na observação cuidadosa de Freud. O uso da hipnose já havia se mostrado incapaz de produzir modificações significativas nos pacientes e a fórmula "tornar consciente o inconsciente", fazendo também uso da "terapia pela palavra" não será suficiente para explicar várias das dificuldades enfrentadas pela psicanálise em seu começo.

Será com os trabalhos sobre a metapsicologia e sobre *O ego e o id* (1977/1923a) que veremos surgir a psicanálise que conhecemos hoje, o modelo da segunda tópica, em que mudanças vão surgindo exigidas por formulações teóricas, acompanhando os principais casos clínicos de Freud.

A partir desse segundo momento, o da segunda tópica, enfatizando o trabalho de 1920, *Além do princípio de prazer*, Freud recoloca toda a questão do modelo mental e pulsional proposto até então. Green (1990, 2010) focaliza também esse trabalho freudiano de 1920, privilegiando e discutindo a noção da representação psíquica, que lhe parece sugerir uma nova problemática; segundo ele, será necessário, em virtude do precário alcance que a representação em palavras encontra frente à força incontrolável dos impulsos internos, fazer uso da compulsão à repetição para pensar um novo modelo mental.

Considerando a formulação da pulsão de morte por Freud, sua força e sua presença na transferência negativa e na linguagem do ato (*Agierem*), Green caminha em direção a um questionamento da noção do "representável", acrescentando a natureza dupla do sistema e da teoria da representação. A partir do mundo externo, teremos a "representação de coisa e de objeto", produzida pela percepção e mediada pela memória, que pode ser capaz de produzir a satisfação; são os representantes da pulsão, geridos pelo princípio do prazer/desprazer. Quando emanando do próprio corpo, é a "representação psíquica da pulsão" e exige satisfação. A diferença é que uma consegue a satisfação por si mesma, a outra, a "representação psíquica", demandará a satisfação.

Aí está, então, a proposta de um sistema complexo que parte do representante da pulsão, estreitamente ligado ao corpo, que se expandirá em "representação psíquica de coisa" e de "objeto" (inconscientes e/ou conscientes). Esses representantes se associam às representações de palavra, no pré-consciente, e se voltam para o consciente, onde se ligarão aos representantes de realidade no ego. Só a partir daí será possível o pensamento.

No entanto, para Green, as forças emocionais e os processos mentais nunca poderão ser totalmente apreendidos e/ou expressos em palavras. A linguagem, embora esteja incluída numa teoria da representação psíquica, não é suficiente para conter sozinha os diversos registros que caracterizam uma enorme heterogeneidade de material.

Talvez aqui seja necessário um esclarecimento. São dois tipos de inscrição: se uma criança tem fome (pulsão-corpo, exigência), é fundamental a existência de um objeto (mãe) que ofereça alimento e do alimento (o leite, coisa), assim produzindo um amálgama que permita a satisfação do duplo investimento. Sem isso, que na verdade é o modelo de uma experiência de satisfação, o estado psíquico seria de total desorganização.

Assim, segundo Green, teremos: o representante psíquico, de coisa e de objeto, o representante da pulsão, o representante do afeto (representante representativo), o representante de palavra e o representante da realidade.

Nessas categorizações, a representação de coisa ocupa um lugar muito importante. É ela que permitirá a passagem de um sistema para outro, pois dará figurabilidade às marcas deixadas pelo objeto, possibilitando a transformação da energia da pulsão.

Os traços mnêmicos assim criados, as marcas mnêmicas, são conservados no aparelho psíquico como memória, enquanto o afeto é eliminado após o investimento no objeto ou situação; no entanto, atualmente é reconhecido que os afetos também produzem uma espécie diferente de memória, talvez relacionada às marcas deixadas pelos processos de descarga.

O fracasso da palavra como um representante confiável, após a formulação da segunda tópica, mostra que na verdade a pulsão é muitas vezes incontrolável, e que encontra mais que um caminho em sua busca de descarga: não só o da representação e o do ato (ou descarga, o *Agierem*), mas também um caminho em que surgirá a tentativa do "ligar", que também é regida pelo princípio do prazer (por exemplo, a compulsão à repetição).

Se na busca por uma representação e pela descarga, seja ela qual for, a ligação falhar, principalmente em virtude de seu excesso, acontecerá uma dispersão da quantidade de pulsão e a necessidade de repetição do processo. A própria capacidade de representar fica aniquilada, e a figurabilidade, diminuída em suas possibilidades.

A compulsão à repetição é um exemplo disso. No momento que há o acontecer traumático, a intensidade não pode ser ligada em virtude do excesso. A repetição compulsiva torna-se o possível, e, como no sonho traumático, em que há figurabilidade até certo ponto, verifica-se um ponto importantíssimo: o que não foi inscrito (ligado) não pode ser relembrado, pois nunca foi representado.

Ora, se o traumático não foi ligado, a "construção" (analítica, artística ou literária) será a única possibilidade. No entanto, a compulsão à repetição é também uma tentativa de retomar o elemento perdido. Trata-se de uma intensidade não capaz de solução e de figuração que se repetirá (Green faz uso do modelo do aborto/concepção, no sentido de que, para ser abortado, precisará ter sido concebido).

A questão fundamental se desenrolará em torno da problemática "pulsão/descarga ou representação psíquica", ou no dizer de Green, nas questões de ligação/desligamento. Ligar e desligar, assim, passam a ser elementos reconhecíveis no trabalho psíquico. Só o que foi ligado pode ser reprimido e/ou recuperado.

São as denominadas "moções pulsionais", isto é, a pulsão que, tendo alcançado um estado "ligado", poderá vir a ser representada, portanto tem seu lugar no psíquico. Essas moções pulsionais, elementos ligados que não alcançam a representação em palavras, podem ser descarregadas no corpo e no ato (*Agierem*). É um equívoco pensar que o "ato", ou o corpo, descarregarão o irrepresentável ou o negativo.

A partir desse momento, o "irrepresentável" e o "negativo" são formalmente considerados como pertencentes a outra categoria e passam a ocupar um espaço enorme na psicanálise, sendo mesmo entendidos como o ponto nevrálgico principal de toda análise. No entanto, tanto um como o outro dependem de uma "teoria da representação" para serem formulados.

Seriam então esses os limites da teoria da representação?

A partir do modelo inicial proposto, que, podemos dizer, foi o modelo do funcionamento do sonho, da associação livre, da dialética entre consciente-inconsciente, da repressão e do recalque, talvez o limite da representação tenha se tornado mais facilmente concebível. *O que não puder ser tornado consciente não poderá ser representado.* Poder sonhar (ser figurado) é poder representar em imagens; e, pelo trabalho da elaboração onírica a partir daí, representar conscientemente e/ou colocar em palavras para um outro dependerá da censura do ego e do superego.

O inconsciente é de certa forma o limite do representável na primeira tópica, e justamente porque na clínica isso se tornou insuficiente é que a pesquisa de Freud e de outros autores teve de prosseguir em direção à segunda tópica, em que a noção de inconsciente como Id transforma em apenas qualidade os atributos de consciente/inconsciente.

Após o trabalho *Além do princípio de prazer* (1977/1920), muitas outras mudanças se seguiram. O impulso de morte, formulado por Freud diante de fenômenos clínicos não explicáveis, e, mais tarde, as questões do irrepresentável (Botella e Botella, 2002) tornam o modelo da compulsão à repetição o mais importante para a compreensão dos processos de representação, bem como o modelo do negativo (Green, 1999), que colocará em primeiro plano a revisão de todo o processo de representação simbólica.

A representação parece se tornar cada vez mais importante. Do negativo como estruturante do aparelho psíquico no recalque, passamos ao negativo do irrepresentável e da compulsão à repetição (com a possível destruição do próprio aparelho psíquico e do pensamento).

No tema proposto, pensamos a "representação" sempre como uma relação na qual o psíquico, como um dos polos desse processo, busca um caminho para estabelecer um padrão que possibilite contato com o que se passa, seja no próprio sujeito, seja fora dele, num outro semelhante ou no mundo externo de objetos e situações (soma – real).

A representação é por definição uma espécie de relação que caracterizará o funcionamento psíquico, de forma heterogênea e variável. Green fala da "diversidade dos significantes", dos "diferentes registros", a partir do que surgirá algum sentido, para que estes venham a ser utilizados como dados psíquicos (lógica da heterogeneidade, em que a diversidade dará lugar ao conflito ou à transformação). Nossa memória abriga os diferentes significantes em diferentes registros, de forma que, ao nomear e falar, estaremos sempre fazendo uso desses dados.

A questão do "irrepresentável" se apresenta nesse cenário com toda a sua força. O "irrepresentável", como já dissemos, não é aquilo de que o sujeito não tem consciência, nem o que não conseguiu pôr em palavras na sessão, nem as representações ligadas a fantasias recalcadas. O irrepresentável é o não ligado, o nunca representado. A representação será um trabalho possível, não garantido.

Já o "não representável", ligado ao traumático, propõe uma situação diferente do "irrepresentável". A intensidade da estimulação pulsional (trauma) é que determinará a existência desse "não representado", que, não tendo alcançado uma representação psíquica, se aproximará da ideia de "buracos" numa continuidade rompida.

No trabalho de Green "Compulsão à repetição e o princípio de prazer" (2007a), esse tema é tratado. Esse é um trabalho recente e atual em termos da psicanálise, portanto, não podemos dizer que a representação tenha perdido sua importância, mas que ela tem limites. A representação é sempre um "resto mnêmico", o elemento visual, olfativo, sensorial que desempenhará um papel importantíssimo na construção do psíquico, do subjetivo, da matriz e da cadeia de simbolização.

Foi com o estudo da compulsão à repetição que Green pôde considerar, no contexto de uma proposta de funcionamento interno, as relações entre a pulsão e o psíquico e a consequente estruturação da mente. Com algumas exceções, Green, nesse momento, não leva muito em consideração o "intersubjetivo", e sim o "intrapsíquico", o que se passa internamente, ficando a relação de objeto e a importância do objeto nesse processo um pouco obscurecidas. É claro que o autor não ignora as diversas e diferentes teorias a respeito, porém sua proposta, que tem forte influência de Winnicott, privilegia mais fortemente a relação interna, como a realização do sujeito em seu "espaço potencial".

Nesse sentido, para ele, cada um dos elementos da intersubjetividade, ou seja, da dupla analítica, nos remeterá sempre a cada uma das intrassubjetividades presentes. Para Green, a origem do psiquismo é essencialmente o "retorno", isto é, a capacidade de, na ausência, trazer de volta um elemento inscrito na memória, e não a "projeção", o expelir, que de fato supõe a intolerância ao excesso. Nesse sentido, a possibilidade de "satisfação alucinatória de desejos", como origem da figuração e do sonho (área da ilusão de Winnicott), se constitui num requisito da representação psíquica.

A pulsão de morte[1]

> *O fenômeno da vida é muitas vezes descrito como sendo o efeito de uma interação constante entre a força de onde vem a excitação e o tumulto – a libido –, que causa o problema e que fornece ao mesmo tempo a energia a Éros, o novo princípio de coesão – e uma nova força que, enquanto instinto de morte, quer sempre desfazer e restituir aquilo que vive, ao estado inanimado. (M'Uzan, 1977, p. 54, tradução minha)*

A pulsão é um dos conceitos mais atacados e controversos dentro da metapsicologia freudiana. Ao falar em metapsicologia, temos em mente quase sempre os trabalhos de Freud de 1915. No entanto, uma concepção mais tardia do autor sobre a pulsão, que leva em conta sua complexidade, propõe que esta, ancorada no somático, está já presente no nível do psíquico desde o começo da vida,

1 Uma versão anterior deste capítulo foi apresentada em 2015 no V Fórum Teórico-Clínico.

podendo ser considerada um aspecto de "intencionalidade corporal pré-subjetiva" (Green, 1995; Freud, 1977/1920, 1977/1923a).

A clínica psicanalítica nos remete cada vez mais a situações e estruturas em que predomina a presença de problemáticas que poderíamos caracterizar como *borderline*, narcísicas, perversas, características estas marcadas por profundos distúrbios na subjetividade e na organização do sujeito consigo mesmo e com o mundo.

Podemos considerar que uma ênfase na teoria das pulsões, e não na constituição do eu a partir das relações objetais como elemento organizador do psiquismo, tenta lidar com as dificuldades e as insuficiências iniciais, primárias, não relacionadas à presença do objeto, que podem ser consideradas apenas a partir de uma abordagem pulsional. A teoria pulsional, na verdade, é uma construção imaginativa ou, como menciona Green (1995), um conceito "metafórico", que tentará dar conta dos fenômenos considerados inalcançáveis, impossíveis de serem objetiva e externamente definidos. Consideramos a hipótese da pulsão como a matriz originária, fonte e fundamento de toda a subjetividade.

Acreditamos, assim, que a consideração da teoria pulsional é fundamental para uma aproximação que leve em consideração os dois níveis do funcionamento psíquico: o da intrassubjetividade e o da intersubjetividade. Neste momento, nos deteremos nas expressões mais intensas e características da "pulsão de morte", levando em conta que esta, em princípio, é muda, e que só temos, na verdade, acesso a suas manifestações dedutivamente, nunca de maneira direta.

Podemos considerar a importância e a centralidade da violência e da destrutividade como manifestações da "pulsão de morte", observáveis em vários níveis. Tentaremos abordar a questão a partir do vértice psicanalítico, embora seja possível pensá-la de perspectivas diferentes, não menos importantes ou interessantes que a que privilegiaremos.

Será adequado se referir à violência e à destrutividade como paixões? Mas o que pode mobilizar e fanatizar mais que a violência? Não são as paixões caracterizadas pela intensidade, pela insistência e pela tenacidade com que buscam seus objetivos? E não será um prazer descarregar, liberar-se das forças que internamente pressionam o ser, que buscam a satisfação, e que se tornam intoleráveis nesses momentos?

> *A paixão nem sempre é amorosa; no entanto, o costume tende a identificar o amor e a paixão, a ponto de confundi-los. A transferência também está longe de ser amorosa . . . o ódio pode ser tão ou mais intenso do que o amor, o ódio liga e aprisiona aqueles envolvidos em sua trama . . . (Rolland, 1999, p. 15).*

Ligar, possuir, controlar, submeter, aprisionar, matar. Talvez não seja tão fácil como imaginávamos distinguir entre as manifestações de amor e de ódio, entre as paixões amorosas e as destrutivas. O amor se contrapõe ao ódio como a ternura se contrapõe à agressão. Já a questão que separa as pulsões de vida das de morte é de outra natureza, como tentaremos explicitar mais adiante.

Parafraseando as ideias de Bion (1992), diríamos que o fundamental no processo de desenvolvimento, ou mesmo da sobrevivência, de um psíquico será a possibilidade de conservar e reter uma experiência, e não "expeli-la" ou "cuspi-la" quando incomoda. A formação do psíquico dependerá da possibilidade de "reter".

Essa colocação, embora a partir de uma perspectiva teórica, nos faz pensar na violência das intensas projeções das moções pulsionais incontroláveis, como reação aos sentimentos persecutórios e à intolerância às frustrações, como um "cuspir" que impede a retenção e privilegia a descarga como movimento básico. Amor e ódio, vida e morte. Reter ou expelir. Comecemos por Freud, já que é a psicanálise que nos interessa aqui, sendo ela nossa referência mais importante.

Em seu trabalho de 1920, *Além do princípio de prazer*, Freud abre um caminho espetacular e ao mesmo tempo assustador quando nos propõe considerar a pulsão de morte em contraposição à pulsão de vida, aproximando aquela à necessidade de repetição, voltada para a tentação de um retorno a um estado anterior de não vida. A pulsão se define como "o que pulsa", e que está sempre em busca do estado anterior. Ora, antes da "vida", só podemos pensar na "não vida".

Pensamos que é importante aqui uma clarificação que pode ajudar: a morte e a pulsão de morte são coisas diferentes. A morte é um fato, a pulsão de morte é um constructo teórico, que fala da eliminação da vida, da destruição do psiquismo, do retorno ao inorgânico.

A hipótese da pulsão de morte sempre provocou questionamentos, desde quando proposta até hoje. O retorno a um estado anterior à vida, visto como o objetivo central de toda pulsão, tornou necessária a revisão de muitas questões, dentre elas a consideração de que as pulsões de vida e de morte, estando presentes desde o início da vida, procedem de uma perspectiva filogenética e ontogenética, diacrônica e sincrônica.

Freud, no início de *Além do princípio de prazer* (1977/1920), deixa clara a natureza especulativa e a inspiração ficcional de seu trabalho, assumindo, como o faz outras vezes, a necessidade de buscar fora do campo das ciências modelos que o ajudem a pensar e a conjecturar o ainda desconhecido.

Inspirado e movido pela questão da "compulsão à repetição" e pelo enigma dos "sonhos traumáticos", Freud vai buscar no modelo que havia apresentado no *Projeto para uma psicologia científica* (1977/1895a) e no capítulo VII de *A interpretação dos sonhos* (1977/1900) uma explicação histórica, econômica e genética para dar conta das questões que quer investigar. Levando às últimas consequências essa investigação, Freud acaba formulando a pulsão de morte, pois a ampliação das questões da repetição e do retorno a um estado anterior, presentes quando pensamos no "traumático," se impõem.

Será a vida humana norteada por algo além da busca do prazer? Será possível imaginar que, além deste prazer que conhecemos ligado à vida, possa haver um insistente movimento também prazeroso em direção à imobilidade e ao retorno a um estado anterior de não vida? Estas parecem ser as duas indagações principais presentes no trabalho de 1920.

Não foi à toa que André Green denominou esse trabalho como "a grande virada do pensamento freudiano", para ele tão ou até mais importante que a formulação da segunda tópica.

Green (2007a, p. 11, tradução minha) coloca a questão: "Poderíamos conceber a morte como o objetivo da pulsão?". Não é nada fácil admitir a ideia de ser portador de uma força de morte dirigida fundamentalmente contra si mesmo, mas, Green continua, é "menos difícil talvez do que pensar que somos todos assassinos, sempre prontos a invocar a legítima defesa ou a necessidade de sobrevivência quando tomados pela destrutividade".

A questão, na verdade, diz respeito à relação entre pulsão de morte, narcisismo e pulsão de vida, fundamental para a compreensão da diferença entre pulsão de morte e destrutividade.

Retomando o pensamento freudiano: ao propor a dualidade pulsional, Freud está de fato buscando uma nova dialética que virá a substituir a antiga colocação de instintos sexuais *vs.* instintos do ego, libido de objeto *vs.* libido narcísica. Nessa nova dialética entram em relação a pulsão de morte, por um lado, e a libido narcísica (objetal), por outro. Esta terá um papel muito importante a partir da formulação das pulsões, diferentemente do postulado anteriormente, em 1914.

O narcisismo, na verdade, será a pedra angular na construção da pulsão de morte. Depois do trabalho de 1920, cada vez ficará mais clara na obra freudiana a convicção de que o homem traz dentro de si mesmo um componente de ódio (pulsão de morte) que se inclina à agressão, à destruição de si mesmo, portanto, um componente que poderíamos chamar de "crueldade" (Freud, 1977/1914b, 1977/1915b).

Inicialmente será a libido narcísica que, exercendo sua força, vista como um agente de unificação, deslocará a pulsão de morte de dentro do sujeito para o mundo exterior, possibilitando assim a sua preservação e a continuação de sua vida. "O sadismo da pulsão sexual é afastado do sujeito com o desenvolvimento da libido narcísica" (Green, 2007a, p. 28, tradução minha).

Na verdade, é o poder narcísico que faz triunfar a vida, uma vez que seu movimento é em direção à defesa do eu, ligando-se desde as fases iniciais ao eu, impedindo a destruição deste pela pulsão de morte e colocando em evidência a pulsão de vida.

> *O narcisismo é, pois, o grande vencedor no conflito entre a pulsão de morte e de vida, em favor das pulsões de vida . . . passamos historicamente de um narcisismo inicialmente mortífero (as psicoses) a um narcisismo integrador de vida, o que dá uma justificativa à minha*

> *teoria dos dois narcisismos, um de vida e outro de morte. (Green, 2007c, p. 31, tradução minha)*

Aqui, surge um elemento importante para a discussão de nosso tema. Nessa colocação, ou seja, após 1920, é o masoquismo que será considerado o primeiro, na origem, e não o narcisismo. Este masoquismo primário será visto como a expressão central da pulsão de morte; a agressão, e não a destrutividade, se definirá então como a parte da pulsão de morte projetada no exterior. Destrutividade como o *quantum* de pulsão de morte voltada para o sujeito, agressividade como a projeção para fora do sujeito dos componentes da pulsão de morte.

É claro que, como observadores, temos contato apenas com aspectos intrincados dessas duas pulsões. Movimentos de maior ou menor integração se sucederão, sempre sob essa ótica de uma ameaça interna, desorganizadora e aniquiladora, que sempre que possível será evitada e deslocada para fora do sujeito. Observações clínicas desses movimentos serão a reação terapêutica negativa e a presença da negação (forclusão), ambos elementos fundantes nas estruturas não neuróticas, ou limítrofes.

Em seu trabalho sobre *O "estranho"* (1977/1919), tratando dos aspectos não ligados (não domesticados), Freud associará esses movimentos ao "incontrolável" dentro do ser humano, em busca de um prazer imediato, louco e destemido. Green (2007c, p. 159, tradução minha), se referindo a esse incontrolável, comenta: "O sentimento de prazer que se segue após a satisfação de uma moção pulsional selvagem, não permitida pelo ego, é incomparavelmente mais intenso que o prazer de uma pulsão domesticada".

Acredito que aqui está um dos principais elementos presentes no recrudescimento da violência e da destrutividade não apenas externalizadas, mas principalmente atuadas internamente sob a forma de incapacidade para pensar e intolerância às situações de dor e de angústia. Acrescentaríamos aí uma ausência de "culpa" e de "compaixão", ou de sentimentos reparadores, o que tornará essas manifestações mais terríveis, mais próximas à crueldade.

A tolerância a um mínimo de tensão, tema já presente em Freud no *Projeto* (1977/1895a), retorna à nossa mente nesse momento, pois não será apenas a descarga, com o objetivo de busca de prazer, que estará presente, mas também a necessidade de "ligar" os impulsos, num esforço pela manutenção de um mínimo tolerável de tensão, o que atenderá às exigências da vida (homeostase). A necessidade de "reter" para que um psíquico se forme!

Sem o "ligar" e o reter, que na verdade são as bases da possibilidade de representação, estaríamos condenados a uma repetição sem fim do traumático, do intolerável. Essa possibilidade de "ligar" é na verdade o que torna possível a contenção dessa crueldade, que passará a ser vivenciada e transformada em atividade destrutiva, passível de representação, portanto tolerável.

Elementos não ligados, ou impulsos instintivos, como menciona Green, não se submetem à repressão ou ao recalque. Podem só ser expelidos, cuspidos e atuados para fora do sujeito, seja num objeto, seja num espaço sem fim.

Em 1930, em *Mal-estar na civilização*, a questão das pulsões de vida e de morte será retomada por Freud, numa aproximação não apenas individual ou familiar (Édipo): a questão da renúncia passará a ser levada em conta e adquirirá um lugar importantíssimo na consideração desse tema. Enquanto a repressão e o recalque dissimulam, camuflam e afastam o intolerável do consciente, diminuindo o sofrimento ou a angústia do sujeito, apenas a renúncia e a tolerância à frustração podem poupar o objeto, embora exijam do sujeito maior trabalho.

Não será possível renunciar ao não representado, ao inconsciente recalcado. Daí a força da "pulsão de morte", a intensidade de um eterno retorno da compulsão à repetição. A renúncia propõe o sacrifício do pulsional e só esta poderá contribuir para a instalação da sociabilidade e da cultura.

No entanto, longe de atender às necessidades narcísicas compensatórias do sujeito, como pensava Freud ao tratar da sublimação, a renúncia, gerando um estado de sofrimento, produz muitas vezes um estado reativo de protesto, de intolerância emocional, determinando intensas projeções e atuações e tornando impossíveis o desenvolvimento da linguagem simbólica e a construção da subjetividade.

Note-se que aqui não há nenhuma referência nossa a Freud, Green ou Rolland, no sentido de propor nos trabalhos desses autores elementos da cultura como geradores de destrutividade. Pelo contrário, minha apresentação visa chamar a atenção à importância a uma visão "metapsicológica" do conceito de pulsão de morte e à ideia de uma inclinação interna do ser humano à crueldade e à posterior destrutividade.

Embora seja verdade que as situações relacionais, emocionais e afetivas que se desenrolam entre o sujeito e seus objetos, entre o mundo interno e o mundo externo, são fundamentais para a compreensão mais ampla das situações destrutivas, não me detenho aqui nessa consideração, principalmente por não ser minha área de estudo. Estamos privilegiando os aspectos da intrassubjetividade, e não expandindo as ideias à intersubjetividade (às relações de objeto), apesar da possível artificialidade dessa posição.

Sem dúvida, é possível colocar aqui o lado pessimista ou desesperançado de Freud, em suas reflexões sobre a pulsão de morte, a crueldade e a destrutividade do ser humano. É necessário considerar a importância dos fenômenos presentes em seu tempo, principalmente a Primeira Guerra Mundial (1914-1918), no desenvolvimento de seu pensamento.

Talvez a partir disso, de sua observação da crueldade do ser humano na guerra, os temas da renúncia e da sublimação tenham alcançado em seus últimos trabalhos, e nos últimos anos, tanta relevância. Essa é uma questão importante para o tema da violência na contemporaneidade.

Em *Mal-estar na civilização* (1977/1930) e em *Moisés e o monoteísmo* (1977/1934-1938), a renúncia da satisfação pulsional (a consciência moral) apresentada como Eros, a atividade que liga se contrapõe a Thanatos, a atividade de desligamento ligada à satisfação da pulsão de morte. Freud nos alerta para a dificuldade dessa tarefa e insiste que a pulsão terá de ser "sacrificada" em função da sobrevivência do sujeito e do objeto. Não sendo possível a renúncia, surge a violência pura ou o deslocamento e a projeção. E a tendência ao deslocamento será vencedora nessa guerra.

> *Pulsão de morte é a expressão última do ódio a si mesmo. A pulsão de morte é no final das contas suicida. O que precisa ser admitido é o par construção-desconstrução, amor-ódio em antagonismo, pois somos feitos desta dupla e tudo o que fazemos não é outra coisa senão a consideração de sua intrincação e de sua desintrincação. (Green, 2007c, p. 189, tradução minha)*

J. L. Donnet (1998) trabalha justamente a questão da consciência moral (superego) em relação ao processo cultural. Salientamos aqui sua contribuição no sentido do trabalho da cultura como um trabalho de cura, que pode ser capaz, ou não, de afastar o ser humano de sua condição de origem, próxima aos animais.

Considerando que a renúncia parece nunca encontrar na atualidade uma satisfação suficiente e substitutiva para o prazer pulsional, este parece necessitar cada vez mais ser permanentemente vigiado. Em *Por que a guerra?*, Freud (1977/1932) diz:

> *O organismo preserva sua própria vida, por assim dizer, destruindo uma vida alheia. . . . Para nosso propósito imediato, portanto, isto é tudo o que resulta daquilo que ficou dito: de nada vale tentar eliminar as inclinações agressivas dos homens. Segundo se nos conta, em determinadas regiões privilegiadas da Terra, onde a natureza provê em abundância tudo o que é necessário ao homem, existem povos cuja vida transcorre em meio à tranqüilidade, povos que não conhecem nem a coerção nem a agressão. . . . Isto, na minha opinião, é uma ilusão. . . . Se o desejo de aderir à guerra é um efeito do instinto destrutivo, a recomendação mais evidente será contrapor-lhe o seu antagonista, Eros. Tudo o que favorece o estreitamento dos vínculos emocionais entre os homens deve atuar contra a guerra. . . . Tudo o que leva os homens a compartilhar de interesses importantes produz essa comunhão de sentimento, essas identificações.*

Os fatores que provavelmente conseguiriam ter eficiência nesse processo, por exemplo, a espiritualidade, a religiosidade, a arte, a ética e até o heroico, penso que não se constituem mais em valores veiculados amplamente pela cultura. Como substituí-los?

Talvez o mais importante seja reconhecer a centralidade do conceito de "pulsão de morte" no momento atual, remetendo-o a uma situação originária no próprio ser humano. Como menciona tão sabiamente Freud, é inútil tentar eliminar a destrutividade no homem, pois esta está em ligação profunda com suas próprias constituição e natureza.

Para escapar a um pessimismo, consequência natural dessa postura, o único jeito parece ser investir num bem-estar capaz de tornar a frustração e a renúncia elementos toleráveis. Bem-estar do espírito, nutrido pela estética e pela beleza, encontradas em alguns poucos lugares em situações muito especiais.

Qual a atualidade desse conceito na clínica atual? Mais ou menos a mesma que está presente quando avaliamos a quantidade de oxigênio presente no ar que respiramos; é fundamental.

O presente: *caesura* entre o passado e o futuro

> *. . . investiguemos a* caesura, *não o analista, não o analisando, não o inconsciente, não o consciente, não a sanidade, não a insanidade, e sim a* caesura, *o vínculo, a sinapse, a (contra)transferência, o estado transitivo-intransitivo. (Bion, 1989, p. 57, tradução minha)*

Bion realizou várias visitas a São Paulo, proferindo conferências e oferecendo seminários e supervisões clínicas a um grande número de colegas. A atmosfera na Sociedade Brasileira de Psicanálise de São Paulo (SBPSP), até a chegada de Bion, era caracterizada por um clima polêmico entre as ideias freudianas e a forte influência kleiniana. Basicamente, acreditamos que o objetivo era e ainda é a tentativa de encontrar na confrontação nossa identidade própria.

Como psicanalista membro desse grupo fortemente influenciado pela presença e pelas ideias de Wilfred Bion, posso dizer que a turbulência produzida pelo impacto dessa presença foi tão intensa e profunda que seus efeitos continuam a ser sentidos até hoje. Bion é uma personalidade viva e marcante entre nós, está na base de nosso passado, seja como pessoa real, seja como autor psicanalítico, é parte importante de nosso presente e possível influência em nossa evolução futura.

Poderíamos dizer que apreender o sentido de um processo em marcha é uma tarefa complicada, principalmente se aqui levarmos em conta que nós mesmos estamos em constante movimento, e que a cada instante as posições e as perspectivas podem vir a se alterar. A capacidade para contenção e para tolerância à dor e à frustração, bem como a possibilidade de desenvolver uma condição para a *rêverie*, são alguns dos elementos que acreditamos serem indispensáveis para essa apreensão.

Utilizando a terminologia proposta pelo próprio Bion no conceito de *emotional turbulence*, podemos dizer que um grupo pode evoluir se a *caesura* sofrida por este se transformar em uma ideia iluminadora. Caracterizamos sua presença entre nós como um momento no qual muitas mudanças se tornaram possíveis, como uma oportunidade que permitiu que um novo desenvolvimento positivo tivesse lugar, tendo as ideias psicanalíticas evoluído após um período de grande turbulência. Um momento que sem dúvida se constituiu numa *caesura*.

Propor a presença de Bion e o efeito decorrente desta como uma *caesura*, um momento que nos permitiu acrescentar e reformular o conhecimento psicanalítico de forma "iluminadora", pode ser entendido como uma maneira idealizada e mística de recebermos de um mestre a verdade absoluta. Cientes dos perigos de tal relação, que erroneamente pode vir a propor a ruptura como ponto de chegada, procuraremos nos referir à *caesura* como um momento de mudança, de evolução do conhecimento, de reflexão e de investigação, tentando manter presente a ideia da psicanálise como um conhecimento nunca plenamente alcançado, voltado sempre para o desconhecido, para o não formulado até então.

Propomos como tema o presente, como o momento que caracteriza uma *caesura* entre o passado e o futuro. Para adentrarmos com mais clareza nesse tema, traremos à guisa de ilustração um modelo que provavelmente poderá ser de ajuda na colocação de nossas ideias.

Janus, da literatura romana, de origem obscura e confusa, foi considerado um deus pacífico, um deus da paz. Ovídio nos conta que Janus era dotado de face dupla, tendo, portanto, visão binocular, bilateral, o que na época representava seu poder sobre o céu, o mar e a terra, isto é, sobre diferentes perspectivas concomitantemente. Diz-se que o nome do mês de janeiro vem também de Janus, representando o início do ano novo, porém ainda próximo do ano anterior, passado.

Fazendo uso do modelo de Janus, que pode manter seu olhar nas duas direções, para frente e para trás, ou para lados opostos, podemos considerar sua característica de elemento de ligação e/ou de ponto fixo. Imaginando que este esteja na posição que representa o presente, sendo o presente seu lugar, desse lugar é possível se dar conta da interrupção na continuidade e da continuidade na ruptura, podendo assim ser apreendido o sentido de um processo em movimento.

Suas duas faces voltadas para lados opostos possibilitam um olhar do presente para o passado e, concomitantemente, para o futuro; poderíamos também propor o modelo como se constituindo na membrana que separa consciente de inconsciente. Da continuidade do consciente ao corte, à descontinuidade provocada pela presença de uma barreira: a barreira de contato no dizer de Bion, a repressão e o recalque na terminologia freudiana.

Vemos Janus também com a função de prover certa continuidade na ruptura, isto é, ao considerar ambos os lados permitindo certa permeabilidade entre eles, possibilitando ter concomitantemente à disposição uma dupla perspectiva, aquela que considera o que precede a *caesura* e a outra voltada para o que a sucede.

Segundo Bion em *Atenção e interpretação* (1970), passado e futuro representam uma realização relacionada a outra realização, que podem ser representadas pelos termos "interno e externo".

O passado reflete algo contido dentro da memória, e o futuro significa algo que não pode ser contido dessa mesma forma, por não ter se realizado ainda. Poderíamos, então, considerar as memórias como possessões, o que é na verdade uma ideia corriqueira e simples, à qual sempre aludimos quando dizemos que o passado nos pertence.

Já o futuro não pode ser contido, pois está fora, no exterior, diferenciando-se da memória por não estar localizado no interior nem ser determinado espacialmente. Constitui na verdade o desejo: enquanto a memória é o tempo passado, o desejo é o tempo futuro. "O futuro só a Deus pertence" é o lugar-comum, a frase que ouvimos muitas vezes.

Ao falarmos de passado-futuro, externo-interno, memória-desejo, estamos nos referindo a diferentes tempos, diferentes perspectivas e, principalmente, diferentes estados mentais. Estamos ao mesmo tempo nos referindo à *caesura*, aos cortes muitas vezes propiciadores de mudanças e, em outras ocasiões, promovedores de catástrofe.

Como podemos perceber, trata-se de uma mudança ou de uma catástrofe, de uma evolução ou de uma paralisia, o que só saberemos depois que este movimento ocorreu.

Parthenope Bion Talamo (1997, p. 382) diz:

> *Olhando-se para trás, a experiência reveste-se de uma cor emocional específica, que pode ser diametralmente*

> *oposta à cor emocional que teríamos olhando-se para frente, a partir do mesmo ponto. Essa minha formulação que se caracteriza em termos de tempo e direção, características não universais das* caesuras, *é simplesmente uma tentativa de descrever alguns eventos que ocorrem no complexo momento que uma* caesura *tem lugar.*

Bion aproveitou o termo *caesura* de Freud (1977/1925), que o usa para se referir ao fato de que "há muito mais continuidade entre a vida intrauterina e a primeira infância do que a impressionante *ceasura* do ato do nascimento nos teria feito acreditar". Freud, no entanto, enfatizou mais a interrupção da continuidade por eventos externos. Já para Bion, a continuidade em si-mesma não tem tanta importância, e sim as mudanças que surgem, sejam internas, interpessoais ou externas, ao nos depararmos com uma *caesura*.

É o conceito de *caesura* olhado e pensado como uma espécie de vínculo, que nos convida a olhar em ambas as direções. Esse olhar será sempre *a posteriori*, pois a noção de um "antes" e um "depois" de certa forma supõe que há um ponto fixo. Propondo o presente como ponto fixo, correspondente ao momento da ruptura, sugerimos que este se constitui apenas num ponto, parte de um universo maior, que pode vir a partir daí se destacar e permitir a observação.

Bion (1989, p. 57, tradução minha) nos pergunta: "Como superar os vários obstáculos no curso de uma jornada de desenvolvimento psicológico ou espiritual?". E ele mesmo propõe: "investiguemos a *caesura*, . . . não o inconsciente, não o consciente, . . . e sim a *caesura*, o vínculo, a sinapse, o estado transitivo-intransitivo".

Considerar clinicamente o conceito de *caesura* como proposto pode ser de enorme ajuda. Caso um analista possa considerar a *caesura* um diafragma mental, ele pode vir a ter uma ideia de como diferentes posições e vértices mudam, oscilam e se alternam. As mudanças e as oscilações são perceptíveis como diferentes estados de mente.

Na verdade, nossos analisandos têm uma espécie de preconceito quando estão acordados e conscientes contra outros estados de mente do qual não têm conhecimento. A tentativa de manter a *caesura* impermeável é parte da atividade defensiva, que evita o contato com sentimentos, ideias e desejos que naquele momento não são aprovados ou tolerados.

Na clínica, para o analista, uma postura de observação e captação dos estados da mente exige uma disciplina muito estrita. Estar presente em contato com a turbulência e os movimentos dentro do analisando e dentro de nós mesmos, buscando encontrar palavras que possam vir a representar psiquicamente a experiência vivenciada, requer que utilizemos nossa empatia, nossa intuição e nossa autorreflexão (*self-reflection*).

O ser humano, por natureza, abomina o vazio, tem dificuldade para tolerar o que não conhece e não sabe. Seus movimentos são quase sempre ligados à tentativa de preencher o espaço mental psíquico com elementos que evitem o contato com o vazio e o desconhecido. Tanto analistas como analisandos estão sujeitos a essa circunstância, e Bion chama nossa atenção para essa dificuldade.

A postura e as propostas de Bion em relação à memória e ao desejo, sua ênfase na tarefa do analista como sendo a de continência, *rêverie*, ressignificação e representação, permitem uma noção dinâmica e atemporal do que denominamos espaço mental, onde se desenvolve o funcionamento psíquico.

O analista é uma pessoa que sente que compartilha com seu analisando a experiência emocional, muitas vezes turbulenta e tempestuosa. Ele também precisa estar treinado a pensar enquanto envolto nessas emoções tempestuosas. A questão básica é a relação analista-analisando e, dentro desta, o que está entre vai apontar para o acontecer presente.

Em 1978, Bion propõe considerar a *caesura* como um espelho transparente, membrana permeável que permite o contato em ambas as direções. Utilizei essa colocação de Bion no trabalho "Interpretação: revelação ou criação?", publicado em 1997.

Nesta apresentação, caracterizamos o trabalho analítico do analista da seguinte maneira: sendo o analista um processador e um dos participantes da relação analítica, e sendo na transferência que um contínuo fluxo emocional tem lugar, a observação da evolução do processo analítico permitirá a ele metabolizar e transformar a experiência subjetiva vivenciada junto a seu analisando. As formulações e as interpretações que podem surgir deste encontro analista-analisando serão sempre sobre o que se passa entre e com esses dois participantes da dupla, no presente da relação analítica.

A ideia da *caesura* como espelho transparente sugere o encontro entre dois universos, o real e o não real, o consciente e o inconsciente, a vida mental e psíquica do analista e aquela do analisando. É transparente porque não só reflete, mas permite a penetração, o ter alcance a algo não sabido antes, possibilitando uma experiência intersubjetiva nova.

Para que haja evolução e para que uma interpretação possa ser alcançada e construída, é necessário poder transitar entre o real e o não real, entre o ser e o não ser, entre o estado de sonho e o de vigília. A *caesura* como um espelho transparente permite suficiente permeabilidade para que seja possível transitar entre a relação intrapsíquica e a intersubjetiva.

Interpretar, então, passa a ser muito mais que desvendar o passado ou tornar consciente o inconsciente. Interpretar supõe ser capaz de formular em palavras, representar o que se passa somente entre analista e analisando, o produto da vivência emocional analítica, antes desarticulada e sem forma.

Desses elementos desarticulados e sem forma, surge na relação emocional uma configuração, o que Bion chamou de "fato selecionado".

> *Se um resultado novo deve ter algum valor, ele deve unir elementos há muito conhecidos, mas até então fragmentados e aparentemente estranhos uns aos outros, e subitamente introduzir ordem onde reinava desordem. O fato novo (selecionado) não só tem valor em si mesmo, como confere valor aos fatos antigos que ele une. (Bion, 1962, p. 72, tradução minha)*

Continuando em nossa elaboração, propomos que a interpretação para Bion é uma consequência natural de um fato selecionado que emerge na *caesura* (entre analista e analisando). Gostaríamos de apontar o tema da interpretação como um momento em que claramente podemos observar a presença das propostas e das ideias de Bion, provocando mudanças e levando a modificações importantes.

Em nosso ponto de vista, *caesura* e interpretação são elementos que se aproximam e se encontram interligados. A interpretação é também uma *caesura* no relacionamento analítico. Enquanto ela especifica, propõe um ângulo do acontecer presente, ressignifica fragmentos passados; ao mesmo tempo ela separa, divide num antes e num depois a experiência analítica.

O presente se destaca do passado e clarifica os desejos futuros, propondo a relação do "aqui e agora" transferencial como foco principal. O analista, tal qual Janus, representa e funciona como um ponto fixo, no presente, onde se desenrola a relação emocional, podendo, a partir desse lugar presente, distinguir junto com seu analisando as memórias, as fantasias e os desejos.

De fato, Bion propõe a interpretação como uma experiência que se assemelha ao fenômeno da transformação da posição esquizoparanoide à posição depressiva. Os elementos que surgem esparsos na fala do analisando são articulados, integrados e ressignificados na mente do analista, cabendo a ele estender essa articulação ao analisando sob a forma de palavras.

O que se inicia, pois, a partir de uma *caesura* expressiva do vínculo emocional na relação analítica pode vir a alcançar o *status* de um fato selecionado, ou seja, novas articulação e compreensão dos fenômenos, que serão, se possível, explicitadas sob a forma de interpretações – formulações

> *. . . do material que o paciente produz, de onde emerge um padrão de um caleidoscópio, uma configuração que parece pertencer não só à situação revelada, mas a uma série de outras não previamente vistas a serem conectadas e as quais não foram concebidas para conectar. (Bion, 1965, p. 127, tradução minha)*

Acreditamos que essas propostas, emergentes no estudo das ideias de Bion, rompem com o conceito de interpretação como proposto até então e exigem que nossa metodologia considere as novas contribuições, tendo em vista uma reformulação da teoria da interpretação.

Bion, de maneira espetacular, nos clarifica o objeto psicanalítico, propõe uma nova metodologia psicanalítica para o alcance a esse objeto, diferente do que habitualmente conhecemos como técnica psicanalítica. Rompe com o antigo propondo um modelo para o futuro, porém sem desconsiderar o passado. O trabalho de Bion certamente propõe uma *caesura* em relação ao conhecimento passado, o contato com algo novo. Cabe a nós, analistas, com o passar do tempo, testar e comprovar suas propostas.

Como mencionamos no início, acreditamos que a presença de Wilfred Bion entre nós, aliada ao estudo e ao interesse que nosso grupo vinha dispensando a suas ideias e suas teorias, constituiu-se num momento de mudança, de transformação e expansão. Continuamos a trabalhar buscando, no presente, detectar cada vez mais não só os elementos de nosso passado psicanalítico, mas principalmente aqueles elementos novos, diferentes, que provêm da influência dos ensinamentos de Bion, alcançando assim nossa identidade própria. Citando uma vez mais Bion (1989, p. 238, tradução minha):

> *O passado é quase que totalmente esquecido; o futuro não podemos ver. Mas, existiria algum visionário que pudesse detectar os gérmens do futuro? O que é um psicanalista, o que ele faz? O que ele se tornou? A resposta é a doença da curiosidade e de modo último a destruição da curiosidade. No entanto, a própria questão pode provocar crescimento.*

A teoria da transferência e a compulsão à repetição[1]

> *. . . a compulsão à repetição a que geralmente estão submetidos o desejo inconsciente e a exigência pulsional é substituída na análise por uma compulsão à representação . . . (Rolland, 1999, p. 180)*

Em seus primeiros trabalhos sobre técnica, Freud se preocupa em definir e considerar a relação analítica desenvolvida pela dupla analista-analisando como um aspecto importante a ser observado e pesquisado na relação analítica. Para o autor, em todas as relações terapêuticas, e a psicanálise é uma delas, desenrola-se o que ele denomina transferência positiva em relação à figura do médico, o que se constituirá em elemento importante no processo de cura (Freud, 1977/1903, 1977/1905, 1977/1910, 1977/1913, 1977/1914a).

1 Uma versão anterior deste capítulo foi apresentada no colóquio *Dai fenomeni di conversione alla funzione organizzatrice della corporeità*, em Roma, e publicada no livro homônimo editado por Paolo Bucci e Massimo Romanini (2010).

Aos poucos, conforme evolui em suas elaborações, principalmente ao observar o "amor de transferência", Freud é levado a considerar que, além da transferência positiva, também se desenvolve na relação analítica a possibilidade de uma transferência "negativa", a serviço da resistência, dificultadora e impedidora do processo de cura psicanalítica (Freud, 1977/1915b).

A transferência é por ele definida neste momento como uma situação paradoxal, que tanto pode funcionar contribuindo para o trabalho e o desenvolvimento da cura analítica, como muitas vezes pode vir a se constituir numa projeção de elementos e aspectos indesejáveis do analisando sobre o analista, dificultando a elaboração e agindo como resistência ao trabalho analítico (Freud, 1977/1914a).

De veículo facilitador do sucesso analítico a resistência ao trabalho de análise, a transferência é incluída por Freud, a partir do trabalho "Recordar, repetir e elaborar" (1977/1914a), como um elemento importante a ser observado e investigado na situação clínica e como um aspecto fundamental da técnica psicanalítica.

> *. . . a transferência é, ela própria, apenas um fragmento da repetição e . . . a repetição é uma transferência do passado esquecido, não apenas para o médico, mas também para todos os outros aspectos da situação atual. . . . Também o papel desempenhado pela resistência é facilmente identificável. Quanto maior a resistência, mais extensivamente a atuação (*acting out*) (repetição) substituirá o recordar . . . (Freud, 1977/1914a)*

Com esse trabalho, Freud inicia uma nova reflexão na psicanálise, oferecendo a noção de *acting-out* e a aproximando de alguns aspectos do processo onírico e da rememoração. O *acting-out*, como em muitos momentos o processo onírico, busca o alcance a um estado de alívio e de satisfação, descarregando por meio da atuação, seja ela interna ou externa, os elementos indesejáveis e traumáticos.

Nesse movimento, que tanto pode estar dirigido para fora, para o mundo externo, como para o próprio psiquismo e o somático, elementos da memória são utilizados numa tentativa de busca de satisfação pelo alívio e pela descarga, a exemplo do processo onírico, sem que haja o reconhecimento do que está em jogo, sendo a situação muito diferente do que se conhece como recordar ou elaborar.

> *. . . é possível que as ações do paciente, fora da transferência, possam causar-lhe dano temporário em sua vida normal, ou até mesmo terem sido escolhidos para invalidar permanentemente suas perspectivas de restabelecimento. . . . Ocasionalmente, também, está sujeito a acontecer que os instintos indomados se afirmem antes que haja tempo de colocar-lhes as rédeas da transferência, ou que os laços que ligam o paciente ao tratamento sejam por ele rompidos numa ação repetitiva. (Freud, 1977/1914a)*

Dentro de um extenso desenvolvimento levado a cabo por Freud sobre o tema "transferência" e sobre a "repetição, a recordação e o *acting-out*", gostaríamos de chamar a atenção para um aspecto particular, que no atual momento nos parece merecedor de mais atenção. Referimo-nos à relação entre a teoria da transferência e o fenômeno da "compulsão à repetição", relação esta que, em nosso ponto de vista, constitui um aspecto a ser mais bem pensado e elaborado.

Enquanto a transferência se apoia em elementos do passado distante da vida do analisando (memória), e este relembra ou revive as situações e os relacionamentos passados na relação com o analista, a compulsão à repetição, pelo menos considerada a partir do meu ponto de vista, propõe que, em virtude de uma dificuldade na elaboração dos aspectos traumáticos e no processo de armazenamento de elementos na memória, estes serão repetidos se passarem pela transferência sem que o analisando tenha contato com seus significados e seus sentidos inconscientes.

Ambos, de certa maneira, vinculam-se à memória, seja ela traumática ou não, consciente ou inconsciente, e trazem à cena presente elementos geradores de angústia e/ou conflito no passado, ou, como menciona Freud (1977/1914a), "novos e mais profundos impulsos instintuais, que até então não se haviam feito sentir".

Freud nos propõe que o que não puder ser lembrado deverá ser revivido na relação de transferência. Obviamente, refere-se ao reprimido (memória reprimida), ao traumático, que ressurgirá como revivência no processo analítico, projetado dentro ou fora deste, não se convertendo em transferência, portanto não alcançando a inscrição como memória representável, sendo seu sentido, pois, ignorado pelo analisando.

Ao serem consideradas pelo analista, essas projeções e revivências que não podem ser recordadas precisarão passar pela transferência para serem utilizadas no processo de reconstrução ou construção analítica, pois só então poderão ser interpretadas. "A transferência cria, assim, uma região intermediária entre a doença e a vida real, através da qual a transição de uma para a outra é efetuada" (Freud, 1977/1914a).

A teoria da transferência relacionada à compulsão à repetição, proposta por nós nesta apresentação, nos remete a um modelo teórico-técnico que supõe algumas reflexões e pressupostos importantes. Só para citar alguns, lembramos a necessidade de retomar as noções de reconstrução histórica, de tempo cronológico e desenvolvimento linear, de interpretação como elemento revelador e decodificador do passado, e o papel da convicção.

Na medida em que essas questões puderem ser pensadas, e esses conceitos, questionados, uma nova reflexão sobre a memória, em suas relações com a percepção e a alucinação, poderá ser desenvolvida. A discriminação entre esses fenômenos muitas vezes não parece ser muito clara, e nem sempre é tão evidente que, embora estejamos o tempo todo lidando com os elementos estocados e arquivados na memória, o que determinará as diferenças será o uso e a função que estes desempenharão no indivíduo.

A questão do *status* consciente ou inconsciente da memória, principalmente da memória afetiva, no uso corrente da noção de transferência e na distinção entre os fenômenos perceptivos e alucinatórios, é pouco enfatizada na psicanálise. Na verdade, existe no indivíduo uma disposição anterior para a repetição de um mesmo fenômeno psíquico, isto é, de uma representação já conhecida. Freud fala de representação latente inconsciente contida, porém não percebida, e chama nossa atenção para o dinamismo desses processos.

Para Green (1995), por exemplo, que se dedica a um estudo da obra freudiana, a leitura de alguns trabalhos de Freud leva a considerar a memória como um elemento consciente, que, dependendo das condições psíquicas, pode vir a se tornar consciente, adquirindo representação, enquanto a percepção faz parte dos fenômenos conscientes, associada à linguagem e à relação com o mundo exterior (sistemas de consciência e de percepção). A alucinação, como fenômeno muito mais frequente do que muitos imaginam, consegue recriar a presença das representações (armazenadas na memória) nos sistemas de percepção, sendo estas então confirmadas pela convicção.

Como se dá a estimulação da memória e como os elementos inconscientes serão percebidos e se tornarão capazes de alcançar a consciência, satisfazendo as condições necessárias para tal e superando a repressão e a resistência, é para Green algo muito importante, porém também muito enigmático. Ele chega a propor uma mudança na concepção de localização (pensando no modelo neurológico) para um modelo de estratificação, isto é, de grupos organizados, dinâmicos, em lugar de uma referência a elementos fixos isolados.

"Há certo acordo entre os autores atualmente em relação ao reconhecimento de que a percepção não é um fenômeno passivo e simples" (Green, 1995, p. 42, tradução minha). Parece haver uma série de subsistemas que agem concomitantemente para que a percepção aconteça de acordo com a situação.

Como a memória, que nunca está isolada das vivências afetivas e só existe no contexto de um presente que lhe dá um sentido, a percepção também precisa recorrer ao contexto, às situações já vivenciadas, que serão então reorganizadas e presentificadas. Na verdade, o que conhecemos como percepção e como alucinação, bem como os dados de memória, oferecem sempre elementos pouco confiáveis, tanto do ponto de vista da exatidão como da objetividade, pois é bastante evidente o papel que a imaginação, a vida emocional e a convicção exercem sobre eles (Green, 1995, 2000; Botella e Botella, 2002).

Quando percebemos algo, é porque imediatamente nossos sistemas de percepção e de memória foram ativados, isto é, a percepção se dá estabelecendo sempre uma referência ao já assimilado anteriormente. É sempre uma reapresentação, uma apreensão subjetiva gerada no interior do psíquico (Soussumi, 2001; Green, 2000).

Neste momento, estamos interessados em levantar pontos para abrir uma discussão sobre as relações da transferência com a repetição (sistemas de memórias e de percepção), propondo também algumas correlações destas com a compulsão à repetição (elementos não ligados).

No *Projeto para uma psicologia científica* (1977/1895a), ao relacionar os traumas infantis à memória, Freud diz que apenas um pequeno efeito é produzido na época em que o trauma é vivido, continuando a propor que o importante será o efeito posterior, que surgirá já numa outra etapa do desenvolvimento, quando uma nova e mais intensa relação terá lugar. Essa nova relação se origina nos traços mnêmicos anteriores, já esquecidos e deixados de lado (experiências e teorias sexuais infantis), que, quando reativados, produzem reações psíquicas intensas e muitas vezes anormais.

Green (2000) considera que a transferência, além de se constituir numa repetição, caracteriza um fenômeno novo que ele denomina "rememoração amnésica", exterior ao campo da memória, sendo mais uma atualização que uma rememoração.

No artigo de 1895, Freud já afirmava a hipótese de que os mecanismos psíquicos sofrem um processo de estratificação; portanto, o que inicialmente se caracterizava como traços de memória sofreria de tempos em tempos um rearranjo e uma remodelação de acordo com as circunstâncias mais recentes. Daí talvez a proposta de Green, de atualização em lugar de rememoração.

A referência feita por Freud a essa remodelação e esse rearranjo, segundo alguns autores (Modell, 1984), é mais bem expressa pela palavra alemã utilizada por ele, *nachträglich*, pela tradução inglesa, de Strachey, *deffered action* (ação postergada). Embora estejamos sempre lidando com reconhecimentos e rearranjos, estamos constantemente frente a fenômenos que nos confrontam com o novo, com a transformação única do momento. Nesse sentindo, não se trata de uma ação postergada, e sim de uma retranscrição, e esta reapresentação caracteriza o aspecto novo e criativo presente na experiência emocional sempre que vivenciada e elaborada.

"Você não me procuraria se já não tivesse me encontrado", diz a famosa frase de Pascal em *Os pensamentos* (2010), e como enfatizam Botella e Botella (2002), o drama da percepção é que o homem não pode usar sua percepção a não ser quando perturbado pela ausência de seu objeto de satisfação.

A redescoberta, a retranscrição e o rearranjo partem do fenômeno perceptivo, estão presentes no processo de uma "busca incansável do objeto de satisfação perdido". Essa percepção constrói algo novo, porém criado a partir do anterior (memória), do qual só é possível alcançar uma marca, um traço na busca do reencontro. E como é fácil que essa marca recuperada pela percepção seja sentida como um dado de realidade e alucinatoriamente confirmada pela convicção!

A mente, como se sabe, preenche o mundo de intencionalidade, de subjetividade e afetividade, de significados, intenções, denotações, conotações, relações variadas e flutuantes; cria representações e soluções imprevistas, alternativas, ambíguas, a serem discriminadas e selecionadas, com maior ou menor sucesso, pelas faculdades mais sofisticadas.

É óbvio que nessa busca de reencontro com o objeto, nessa tentativa de afirmar sua existência pelos sistemas de percepção/memória/alucinação, a temporalidade sofre alterações, o desenvolvimento de um espaço-tempo não corresponde mais à realidade externa ao sujeito. Passamos a lidar com construções e com um tempo, na verdade, subjetivo.

As questões poderiam se estender indefinidamente, no entanto, parece-nos que foi a partir de 1920, com a publicação de *Além do princípio de prazer*, que Freud, propondo algumas das mais criativas ideias da psicanálise, nos ajudou a continuar na reflexão desses temas. Pretendemos mencionar aqui apenas alguns pontos que se referem à nossa proposta sobre a relação da teoria da transferência com a compulsão à repetição.

Em 1920, Freud menciona como a repetição pode minar a transferência. Falando de pulsões cada vez mais violentas, ele propõe que a compulsão a repetir, característica de toda pulsão, pode vir a ser muito difícil de ser contida e mais forte que o desejo de se comunicar via transferência, estando a serviço tanto da vida como da morte. Para elaborar, transformar e evoluir, é necessário ligar (*binding*) (Green, 2007a). Ligar, automaticamente, faz parte das funções de vida (Eros) e da busca do prazer. A repetição estará ao lado da pulsão de morte, do inorgânico, da tendência à homeostase; embora sua finalidade seja também o alcance do prazer, numa tentativa de ligar o anteriormente não ligado (*binding-unbinding*) (Green, 2010).

Parece ser a natureza do prazer o que torna possível distinguir essas duas formas diferentes de ligação, embora ambas estejam vinculadas à busca do prazer pela descarga e pela diminuição de tensão. Na compulsão à repetição, a busca, o objetivo, é esvaziar o interior do aparelho psíquico, descarregar o desconforto, anular o tempo. Essa descarga pode ser muscular, atuada nas relações externas, no próprio soma, ou pode acontecer internamente, sob a forma de ataques aos conteúdos psíquicos e aos vínculos entre eles. É o modelo do ato, a impossibilidade de elaboração em virtude de quantidades excessivas de angústia, a intolerância aos conteúdos e às consequências, o que estará em jogo.

Freud fala de impulsos nunca vivenciados, violentos e incontroláveis. Botella e Botella introduzem a ideia do irrepresentável, enquanto Green nos propõe a ideia de elementos não ligados, nunca representados, portanto, sem inscrição na memória. Acreditamos que esses autores concordam com a ideia de que *o repetir é formado por um conjunto de elementos vinculados entre si de forma inconsciente*, constituindo-se num bloco sem elaboração e numa tentativa de anular toda evolução.

A compulsão à repetição pode também ser vista como uma tentativa de objetalização bloqueada, pois, na tentativa de alcançar uma ligação (*binding*), esses elementos não conseguem alcançar o psíquico, portanto, não são representáveis. Há um fracasso na possibilidade de se estabelecer a ligação e também qualquer transferência (positiva, mobilizada por Eros), com prevalência da anulação do tempo e do desinvestimento.

Bion (1992) salientou que o dilema fundamental da psique constituía em conservar os restos mnêmicos e as marcas da experiência psíquica para poder elaborá-los; caso contrário, estes só poderiam ser evacuados em direção ao exterior sob a forma de "angústia sem nome". Livrar-se da angústia, evadir-se da frustração, no dizer de Bion, corresponderá à impossibilidade de desenvolver a função que ele denominou alfa, responsável pela transformação de todo material psíquico para que este possa vir a se constituir em elementos do sonho, dos mitos e do pensamento (elementos alfa).

Para Bion, a origem e o desenvolvimento do psíquico dependerão da possibilidade de tolerância à ausência e à frustração, para que então as funções que levam ao conhecimento, e não à eliminação por descarga muscular ou mental, possam ser desenvolvidas. A intolerância a essas experiências determinará precariedades psíquicas que impedirão a assimilação e o aprender com a experiência.

Os elementos beta são inadequados para que o trabalho psíquico se desenvolva, e alcançar o nível do conhecimento impedirá o crescimento, com a identificação projetiva prevalecendo. O aprender com a experiência dependerá da capacidade de contenção e de transformação de elementos beta em elementos alfa, produzindo elementos alfa possíveis de serem pensados. A presença nesse cenário de uma mãe capaz de *rêverie*, ou seja, de um objeto capaz de desempenhar a função alfa no lugar do bebê, que ainda não pode fazê-lo, será fundamental nesse processo.

Até este momento, havíamos feito uso do referencial freudiano, acrescido das contribuições de Green e Botella e Botella, para expor nossa concordância com as relações e as ideias desses autores sobre a transferência e a compulsão à repetição. Já Bion, pertencente a outra tradição psicanalítica, a das relações objetais, certamente desenvolve ideias diferentes em relação a esses aspectos, porém, em nossa perspectiva, há inúmeros pontos em comum. Acreditamos ser interessante e importante, dentro do possível, estabelecer aproximações entre autores, principalmente aqueles do porte de Bion e Green, que ofereceram contribuições tão fundamentais à psicanálise.

No contexto de Bion (1965), a transferência faz parte dos fenômenos de movimento rígido, ou seja, movimentos de sentimentos, ideias e fantasias, transladados de um lugar para o outro com pouca deformação, fazendo parte da invariância. Já a compulsão à repetição, praticamente não mencionada por Bion como tal, corresponderia ao uso de uma tela beta, com a função de impedir a evolução na sessão e na vida, por meio da tentativa de anular o tempo e paralisar o movimento psíquico.

Bion também se refere aos ataques ao vínculo, aos ataques ao pensamento e ao *acting-out*, expressões que, na verdade, se aproximam das propostas de Green sobre a compulsão à repetição. Esta vem sendo constantemente relacionada e compreendida como uma manifestação do impulso de morte, e acreditamos que talvez essa seja uma perspectiva que Bion desenvolveria caso a questão tivesse sido objeto de suas reflexões.

Green (2007a) em alguns aspectos se aproxima de Bion, em outros tem uma posição bem diferente. Para ele, a compulsão à repetição, por exemplo, sendo uma das características de todas as pulsões, sejam elas eróticas ou destrutivas, busca incansavelmente o prazer pela descarga e o alcance ao nível do psíquico para ser representada (ligada). Portanto, a descarga ou a transformação em representação psíquica são as possibilidades presentes na compulsão à repetição. No entanto, Green acredita que o *acting-out*, seja ele menor, somático ou psíquico, não é a única forma de descarga. A alucinação se constitui também numa descarga e caracteriza uma forma importante de processo psíquico durante a vida. Esta torna possível à pulsão (Green utilizará o termo "impulsos instintivos") aceder ao ego e talvez alcançar alguma forma de representação de objeto, mesmo que precária.

A denominação "impulso instintivo" tenta aproximar o fenômeno sensorial ao psíquico, caracterizando o movimento de um polo ao outro; no entanto, é necessário considerar que, para aceder ao psíquico, uma ligação (*binding*) precisa ser estabelecida para que o dado da experiência seja inscrito no psíquico, constituindo-se em elemento da rede mnêmica possível de ser representado posteriormente. O modelo da rede proposto por Green (2007a) fala, na verdade, desse enorme e complexo sistema que chamamos de psíquico, em que inscrições, experiências, denotações e conotações se interligam num vasto e complexo universo.

Em Nice, na França, no congresso da International Psychoanalytical Association (IPA), J. L. Donnet (2001, p. 235) contribuiu com algumas das ideias interessantes que aqui endossamos, afirmando que "transferência não é pura repetição. Ela desloca, investe introjeta e projeta, de uma forma discriminadora e transformadora. É exemplo de trabalho psíquico simbólico ou virtualmente simbolizante. A transferência introduz diferença na repetição, criando um novo acontecimento".

Na verdade, a compulsão à repetição aponta para uma luta entre a busca de uma ligação, de sua representação, e seu fracasso. Decorrente de situações em que o excesso de angústia alcança o nível do traumático, a luta prossegue, uma vez que é intolerável permanecer nessas condições.

Como diz Green (2007a), são tentativas desesperadas que correspondem ao modelo do aborto de uma experiência, enquanto na transferência a repetição alcança certo êxito, pois comunica, relaciona e discrimina. A realidade a ser considerada na compulsão à repetição é a da ausência do objeto e de sua representação.

A proposta de "memória amnésica" reforça a ideia inicial da primeira tópica, em que a satisfação alucinatória de desejos continua a ser o modelo preponderante de prazer pela descarga, numa tentativa incansável e quase sempre frustrada da pulsão de aceder ao psiquismo e alcançar a representação.

> *Assim, pois, a verdade poderia ser deduzida da relação entre um efeito atual, compulsivo, que deforma o que se perdeu para sempre, num passado também necessariamente deformado e não rememorável, inscrito, no entanto, com força suficiente para induzir à repetição, em contraste com os traços e lembranças significativos, passíveis de serem recordados e relembrados . . . Essa verdade, inserida misteriosamente nessa relação, somente poderá ser construída, nunca descoberta. Na falta de rememoração, esta será fundada pela convicção. (Green, 2000, p. 47, tradução minha)*

Considerações sobre o tempo[1]

Será que Freud se ocupou alguma vez em toda a extensão de sua obra com alguma outra coisa que não o tempo? (Green, 2000, p. 23, tradução minha)

Enquanto o tema do "espaço" foi e vem sendo bastante trabalhado pela psicanálise atual, pouca coisa tem sido dita em relação ao "tempo". Só para trazer alguns exemplos das ideias que foram se desenvolvendo sobre o "espaço", cito as colocações de Winnicott (1975b) e de Bion (1965), o primeiro introduzindo as noções de "espaço transicional" e "espaço potencial", e o segundo, ao propor a ideia de continente-contido, lançando uma forma espacializada que marcará as relações de objeto tanto internas quanto externas.

Winnicott, como Bion, abriu inúmeras possibilidades para a consideração da ideia de um espaço abstrato, possibilitando o desenvolvimento de teorias a partir de vários eixos. Outro analista

1 Uma versão anterior deste capítulo foi publicada em 2011 com o título "Algumas considerações sobre o tempo" no *Jornal de Psicanálise*, *44*(81), 67-84.

que precisa ser lembrado é Serge Viderman (1990), que talvez tenha sido o primeiro a escrever um livro sobre o "espaço analítico".

A teoria de Melanie Klein, bastante conhecida por todos nós, também fala do espaço e do tempo, enfatizando o "tempo do desenvolvimento", isto é, propondo um começo, a partir das experiências iniciais e primárias, em direção ao alcance e ao desenvolvimento de uma mente capaz de processar fenômenos e emoções para elaborá-los. É também uma teoria que lida com o "espaço," seja ele interno ou externo, além de propor um universo de objetos nesses espaços.

Como dissemos no início, o mesmo destaque dado ao espaço não aconteceu em relação ao tema do tempo, embora Freud, em sua obra, tenha oferecido e sugerido inúmeras formas de tempo. Para levar adiante nossa proposta de falar sobre o "tempo", decidimos focalizar os trabalhos de Freud, fazendo uso também de dois outros autores, André Green e Jean-Claude Rolland, que, em nosso ponto de vista, fazem uma releitura muito interessante dos trabalhos freudianos, além de oferecer ricas contribuições ao tema.

Freud, em seu trabalho *Três ensaios sobre a teoria da sexualidade* (1977/1905), propõe a ideia das fases oral, anal e genital, contribuindo também com uma versão da passagem do tempo que leva em conta o desenvolvimento. No entanto, ao mesmo tempo que fala das "fases", o que leva à ideia de tempo, Freud propõe conceitos como "regressão" e "fixação" (1977/1915-1917), bem como traz em *A interpretação dos sonhos* (1977/1900) um tempo totalmente peculiar, o "tempo do sonho", todas essas colocações diferentes daquela do "tempo do desenvolvimento". A ideia de desenvolvimento sugere, dentro de nossa perspectiva, a aproximação a uma concepção de tempo linear e sequencial, o que não prevalecerá dentro do trabalho freudiano.

Além desses diferentes "tempos", Freud também insere o ser humano numa perspectiva filogenética e ontogenética durante toda sua obra. O tempo da espécie, o tempo do ser humano, o tempo da cultura. A posição do autor é riquíssima em relação às diferentes noções de "tempo", se relativizando a cada momento e deixando entrever novas perspectivas, outros movimentos.

Em muitos aspectos, a presença ou não do objeto não fará muita diferença quando o tempo é levado em conta, a não ser pelo fato de que a ausência ou o negativo do objeto terá seu tempo particular, ou seja, os efeitos de uma reversibilidade da perda e da ausência serão determinantes na concepção do tempo da ausência (negativo). Esse tópico, bastante estudado por Green (1995), adquirirá enorme importância, chamando a atenção para uma nova aproximação: a noção de presença e ausência, ser e não ser.

A existência desses vários modelos e concepções do "tempo" é talvez o que torna extremamente difícil uma tentativa de abarcar as diferenças e as peculiaridades de cada modelo ou de cada concepção, em cada instante do trabalho analítico, tanto de Freud como de seus seguidores.

Reconhecemos na obra freudiana pelo menos quatro tempos: o do sonho, o do inconsciente, o da repetição e o da sexualidade e da cultura, cada um desses se constituindo em elemento organizador das situações psíquicas complexas com que Freud trabalhava. Se pensarmos a partir de nossa experiência clínica, teríamos de incluir também o tempo da sessão, o tempo da transferência, bem como o tempo da duração de uma análise.

Esta é apenas uma aproximação às questões da temporalidade, a "nossa" perspectiva; provavelmente, analistas com outros vértices levarão em consideração diferentes aspectos e alcançarão outras noções sobre a temporalidade.

A transferência e a repetição, a compulsão à repetição, o tempo do sonho, o inconsciente, a sexualidade e a memória

Iniciaremos colocando algumas ideias sobre o tempo da transferência, o que na verdade supõe falarmos sobre o tempo da repetição e o tempo do sonho. De certa maneira, ao falarmos da repetição, estaremos falando do tempo da lembrança (memória) e do tempo do esquecimento, enquanto o sonho nos propõe um tempo de transformação e de revelação.

Em nosso ponto de vista, ambos estão presentes na transferência, que, embora conceitualmente suponha um deslocamento no espaço (é uma relação de objeto), supõe também um tempo, ou seja, o tempo do passado transformado em presente.

O conceito freudiano de *après-coup* proposto no *Projeto para uma psicologia científica* (1977/1895a), que mais tarde será aproximado da ideia de *Nachträglichkeit* no trabalho *O "estranho"* (1977/1919), é provavelmente a primeira aproximação à noção do tempo colocada por Freud, deixando entrever a grande complexidade e o desafio que deveria ser enfrentado por ele no início do século XX. Sabemos que Freud era um homem do século XIX, que enfrentava os ideais positivistas da época, sendo a noção de *après-coup* reveladora de um posicionamento relativista e, portanto, contrário ao pensamento científico da época.

O antes e o depois aí se confundem, os movimentos psíquicos se dão por saltos e não linearmente, de forma causal e controlada. O *après-coup* de certa forma passa a fazer parte do tempo da repetição, contrariando uma posição em que a previsibilidade dependeria da sucessão linear do tempo. A sua ideia fundamental é que não há vínculo direto entre o sintoma e a recordação inconsciente; este só se revela posteriormente, por meio da repetição.

A teoria da transferência reforça a importância do tempo da repetição, pois supõe a repetição de experiências já vividas, até então reprimidas, que só serão resgatadas pelo *après-coup*, para então serem armazenadas na memória pré-consciente e/ou inconsciente.

No início dos trabalhos sobre técnica, a posição de Freud é claramente controladora, pedagógica, pregando mesmo a ideia de que, inevitavelmente, no trabalho analítico se desenvolveria uma "neurose de transferência", que necessitaria ser tratada. Ou seja, nesse momento (1912-1914), a transferência não se diferenciava de um sintoma, de um obstáculo. No entanto, como a maioria das propostas freudianas, essa colocação sofrerá com o tempo inúmeras mudanças e alterações.

Por exemplo, no artigo "Novas recomendações sobre a técnica da psicanálise I" (1913), a neurose de transferência é definida por Freud como uma situação paradoxal que tanto pode funcionar contribuindo para o trabalho e o desenvolvimento da cura analítica como, em outros momentos, pode vir a se constituir numa projeção de elementos e aspectos indesejáveis do analisando sobre o analista, dificultando a elaboração e agindo como resistência ao trabalho analítico.

De veículo facilitador do sucesso analítico a resistência dificultadora do trabalho de análise, ou seja, tendo diferentes funções e objetivos, a transferência é, a partir do trabalho *Recordar, repetir e elaborar* (1977/1914a), incluída como um dos elementos mais importantes presentes na situação clínica, como um aspecto fundamental da técnica e da teoria psicanalítica.

Nesse momento, a transferência, como os sintomas, em vez de ser apenas uma repetição de situações do passado é vista se constituindo em projeção e deslocamento que precisam ser elaborados, isto é, aos elementos do passado que são repetidos se acrescentam emoções e sentimentos que requerem elaboração no presente. Novamente, o tempo será o do passado presentificado e transformado.

Num trabalho apresentado em 1980, chamamos a atenção para o modo como a centralização dos conflitos na transferência produz, na situação analítica, a repetição de situações não resolvidas, muitas vezes totalmente inconscientes, dando origem então ao que denominamos "passado-presente", talvez uma das mais importantes noções de tempo encontrada em Freud.

Além da repetição e da transformação, acreditamos que também o tempo do sonho está presente no fenômeno da transferência, pois como não sonhar, não fantasiar, não tornar presentes na relação analítica os personagens trazidos pelo analisando, muitas vezes responsáveis pelos conflitos e pelas angústias, que tornaram imperiosa a busca de uma análise? Como não sonhar junto com o analisando, para acompanhá-lo em seu desejo de ser um herói que resgatará o sofredor que é ele mesmo e acabará com a dor?

Essas situações, na verdade sonhadas e partilhadas pela dupla analítica, serão possivelmente o que permitirá que mudanças tenham lugar. Acreditamos ser fundamental um estado mental no analista que o permita sonhar junto com o analisando na situação transferencial.

Citamos aqui uma colocação de Rolland (1999, p. 29) e outra de Green (2000, p. 101, tradução minha), respectivamente, ambas referindo-se ao fenômeno da transferência:

> *Em direção ao analista seja em sua presença ou ausência, se forma uma corrente psíquica que recolhe e drena*

> *os fluxos pulsionais, ainda ligados às representações inconscientes. O deslocamento desses traços psíquicos na memória, acrescentados das lembranças e das emoções que lhe são associadas, dirige-se à pessoa do analista, o que evidentemente se caracteriza como "transferência".*
>
> *Freud deduz que a transferência é apenas um fragmento da repetição, assim como a repetição é a transferência de um passado esquecido. O que Freud visualiza em 1920 é a possibilidade de uma repetição que irá minar a análise da transferência (a compulsão à repetição).*

"Transferir" é, pois, um movimento que inclui a memória, a repetição, mas que, no entanto, não se refere apenas ao deslocamento de algo do passado projetado na situação analítica. A repetição que se faz presente na transferência pode vir a ser um movimento psíquico positivo, que não apenas repete, mas acrescenta emoções e lembranças associadas ao processo vivenciado ali com o analista.

É um movimento subjetivo, encontrado não só na situação da análise, mas em muitos outros momentos da vida, como na paixão, na poesia, na literatura; momentos em que o tempo da repetição e o tempo do sonho se aproximam, pois na verdade a transferência é sonho, ela é feita de deslocamentos, condensações de memória e de transformações.

Uma paciente, já há alguns anos, repete sempre uma situação, penso eu que para ter certeza de que eu a admiro e posso tolerá-la, não importa o que ela faça: ela me diz com frequência, repetitivamente: "eu sei que você não vai gostar do que vou dizer, não queria dizer, mas tenho que falar, tenho que dizer...". Fico pensando com quem ela fala ao enunciar essas palavras? Quem não gosta do que ela diz? Como poderia saber o que alguém gosta ou não gosta? Por que usa duas negações, que na verdade significam um sim?

Uma possibilidade seria considerar que, para ter certeza de que é amada, reafirma para si mesma que a analista é capaz de ouvir e tolerar qualquer coisa, qualquer desagrado, pois o afeto e a admiração por ela são cegos. Nesse sentido, aqui o tempo da repetição claramente se aproxima ao tempo do sonho e ao tempo da compulsão à repetição (sonhos traumáticos).

Com essa paciente, a posterior elaboração vai conduzir a seus intensos sentimentos de desamparo e à fantasia de que não pode ser quem ela de fato é sem desagradar. Insistir no fato de que pode me desagradar na verdade a agrada, pois afirma a si mesma que eu não me afastarei dela. Foi fundamental para o prosseguimento do trabalho analítico considerar a repetição como um elemento da transferência, a serviço da resistência.

Talvez seja necessário estabelecer aqui as aproximações e as diferenças entre a teoria da transferência e o fenômeno da "compulsão à repetição", enfatizado por Freud principalmente no texto *Recordar, repetir e elaborar* (1977/1914a), e mais tarde em *Além do princípio de prazer* (1977/1920), para o esclarecimento desses dois conceitos.

Enquanto na transferência a repetição está a serviço do trabalho analítico, seja para estabelecer vínculos positivos, seja para alimentar uma transferência negativa, esta caracteriza um fluxo de movimentos pulsionais dirigidos para o analista e para a situação analítica, possibilitando que a interpretação surja e o processo de elaboração tenha lugar. O mesmo não acontece com a "compulsão à repetição".

No artigo de 1914, Freud propõe que o que não puder ser lembrado será atuado na relação transferencial. Obviamente, refere-se ao reprimido (memória reprimida) e ao traumático (*après-coup*), que ressurgirão como atuação no processo analítico, sendo possivelmente projetados, deslocados e atuados na figura do analista e na situação de análise, constituindo-se em elementos a serem negados e ignorados pelo analisando.

O tempo do passado-presente e o tempo da repetição se impõem, ameaçando tornar presente o que a repressão pretendia controlar ao sufocar a lembrança: surge então a atuação (*acting-out*), que tanto pode acontecer fora do sujeito, na situação externa, como dentro do próprio espaço mental. A atuação funcionará como um elemento paralisante e/ou disruptor, impedindo muitas vezes o prosseguimento da análise.

Enquanto a repetição trabalha, como coloca Rolland, drenando e deslocando os traços psíquicos em direção à consciência e à exteriorização destes na transferência, a "compulsão à repetição" terá seu próprio tempo, e tentará com seu próprio funcionamento deter o desenvolvimento mental do analisando e, portanto, da análise. "A duração de uma análise representa assim o tempo necessário para esgotar a compulsão à repetição via compulsão à representação, à qual o analisando submete sua fala" (Rolland, 1999, p. 191).

Na "compulsão à repetição" há um isolamento de elementos difícil de ser penetrado e superado. Prevalece a força da pulsão, sendo esta mais forte que o desejo de comunicar. A pulsão pulsa como um ritmo vital, seja de vida ou de morte, sem consideração pelo objeto. Elaborar, reelaborar, o que Rolland chama de "compulsão à representação", são condições que, quando presentes, permitem o trabalho analítico. Quando há prevalência da "compulsão à repetição" se instaura um tempo específico, que não é mais apenas o da repetição.

A "compulsão à repetição" acontece num tempo peculiar, o tempo da paralisação e do congelamento. Certamente, não se trata mais de um tempo do passado tornado presente, ou do tempo da transferência. É um tempo ligado aos elementos traumáticos que sofrem a influência da espacialidade, totalmente estranhos ao próprio sujeito, sempre visando a uma descarga com a atuação.

Descarga no sentido contrário ao de conservação, sem consideração pelo que se conserva ou se expele: como poderia um organismo vivo sobreviver sem reter, sem conservar algo? Green (2001) fala do modelo de um "aborto", onde e quando uma situação de vir a ser precisa ser abolida.

A "compulsão à repetição" nos coloca frente à "destruição do tempo"; não há passado nem presente, apenas "automatismos inconscientes". A descarga produz o vazio no interior do espaço psíquico, é a des-simbolização das representações.

Trata-se, portanto, de um fenômeno intenso, incômodo, tanto para o analista como para o analisando. Este pode vir a ter alguma consciência do que se passa, mas a percepção consciente não é suficiente para desatar os nós, os impedimentos que se mantêm em estado de inconsciência. A insistência na repetição, e a tolerância da dupla a esse estado, é o que muitas vezes permitirá a transformação desta em compulsão à representação.

É comum escutarmos a menção ao inconsciente como sendo atemporal, talvez pelo fato de o tempo do inconsciente ser o tempo do "sempre." Não há um antes ou um depois. Os elementos que se encontram nesse estado de inconsciência estão sempre presentes, como que mantidos minimamente carregados, portanto possíveis de serem estimulados e de terem presença, se necessário. É o caso do sonho e da alucinação, em que as imagens armazenadas nos sistemas de memória são utilizadas na formação desses dois fenômenos.

O analisando repete sem saber o que ou o porquê, simplesmente não pode evitar fazê-lo, como não podemos evitar sonhar determinadas cenas, mesmo que traumáticas.

> *A temporalidade do inconsciente não pode ser justificada pela existência de um passado. Nada do que já passou cujos traços mnêmicos se encontram no inconsciente – autoerotismo, sexualidade infantil, excitação pulsional, traumatismos etc. – não aconteceu para o Eu, a única e fundamental testemunha de uma história e de uma temporalidade subjetiva. O que se organizou no inconsciente não aconteceu para o Eu (consciência), se passa para sempre, indefinidamente, repetitivamente . . . pois a coisa inconsciente é mais que apenas o traço mnêmico de uma experiência. Ela é a própria experiência, instalada integralmente no inconsciente, pela eternidade, conservando todas as virtualidades de sua repetição . . . Freud não hesitará em dramatizar esse eterno retorno do mesmo denominando-o como "o Demoníaco". (Rolland, 1999, p. 212)*

Talvez o tempo da compulsão à repetição, se aproximando mais ao tempo do sonho e da alucinação, tenha relação com o tempo do "sempre", como mencionam Rolland (1999) e Green (2001), com o tempo do eterno retorno. A ideia de "eterno retorno", que chama tanto nossa atenção no trabalho de Freud de 1920, conduz a questões interessantes e importantes, que são por ele também discutidas: a da ontogênese e a da filogênese, outros tempos, propostas questionadoras e provocadoras.

Green (2001) chama atenção para uma ideia contida na *Interpretação*, que propõe de certa maneira a bidirecionalidade dos processos psíquicos: os movimentos progredientes e regredientes. O fundamental é que há um dinamismo que não segue o tempo lógico, linear, mas o tempo do processo que está em jogo. Nesse sentido a regrediência e a progrediência são recursos do mundo psíquico, sempre disponíveis ao sujeito.

O tempo do sonho é um tempo fora do tempo, um "tempo fragmentado", que nos permite ter acesso à maioria dos mecanismos psíquicos. É a atividade psíquica por excelência, que se dá independente da consciência do sujeito, seguindo as regras propostas pela elaboração onírica e tendo a imagem como sua representação fundamental.

Como sabemos, no sonho, a partir dos restos diurnos, se dá uma estimulação da memória, e elementos inconscientes se ligam às imagens mnêmicas produzindo o sonho via elaboração onírica (condensação, deslocamento e regressão tópica), sendo o processo onírico caracterizado pela representação em imagens.

> *O sonho demonstra a existência de um tempo fragmentado, quer dizer, de um tempo que já não tem quase nada a ver com a ideia de uma sucessão organizada e ordenada, segundo a tripartição passado-presente-futuro. No sonho tudo é puro presente. O conteúdo manifesto, no entanto, parece obedecer a certa linearidade, adquirida sem dúvida "après coup", por obra da elaboração secundária sendo nada mais que uma aparência superficial que se desvanece frente a um mínimo trabalho associativo . . . Esta experiência que está ao alcance de todo mundo é suficiente para perguntarmo-nos sobre a relação do tempo com o inconsciente. Ou, em termos mais exatos, para integrar aquilo que a teoria psicanalítica, articulando as relações do consciente com o inconsciente, nos obriga a rever nossas concepções sobre o tempo. (Green, 2000, p. 13 , tradução minha)*

O tempo do sonho, segundo Green, com quem concordamos, é o melhor modelo para compreendermos o processo que ocorre numa sessão analítica. Em seu livro *El tiempo fragmentado* [O tempo fragmentado] (2001), ele aponta para o tempo do sonho como fruto de um trabalho inconsciente, que, portanto, reflete o tempo do inconsciente. É o tempo do sempre presente, em que passado-presente-futuro, tempos do consciente, pouca ou nenhuma importância terão.

O *setting* analítico, com sua delimitação tanto de horário como de número de sessões, pode ser visto como uma tentativa de criar no espaço analítico uma experiência que se aproxima à experiência "onírica" (*rêverie* de Bion). Uma sessão sem fim não seria uma sessão analítica.

> *. . . abrir uma sessão é, como dizia Freud, convocar os demônios, chamar a sexualidade infantil, para que se atualize e se realize na cena transferencial, mas para submetê-la logo em seguida ao trabalho associativo . . . fechar a sessão seria interromper o fluxo associativo, o famoso, "bem...". (Rolland, 1999, p. 207)*

No processo analítico, presenças e ausências, bem como as relações entre o si mesmo e o outro, ou seja, a "transferência", criam condições propícias para que fantasias e imagens possam surgir, além de criarem outra unidade de tempo. Até a imobilidade do divã, de certa forma, contribui para a instalação do modelo da associação livre e do pensamento onírico.

Citamos novamente Rolland, que, em nossa perspectiva, desenvolve ideias muito interessantes sobre a relação entre o sonho, a transferência e a paixão.

> *O sonho, a paixão e a transferência analítica eram três graus de um único processo psíquico. Este atualizava o objeto de memória e substituía o recalcamento, que nem esquece nem lembra, por uma rememoração que se lembra para esquecer. Ele garantia a elaboração do afeto amoroso partindo do segredo (do sonho), passando pela clandestinidade (da paixão), até seu reconhecimento pelo juízo consciente (na transferência). (Rolland, 1999, p. 25)*

Neste trecho, Rolland está se referindo ao trabalho com um paciente, mas acreditamos que é possível vislumbrar aí a importância para ele do pensamento onírico na experiência transferencial, passando pelo que chama de "clandestinidade", até que o elemento possa vir a se tornar consciente.

É importante lembrar aqui a proposta de Green (2007a) sobre uma atividade de "ligação" (*binding*) anterior à formação de representações, responsável em grande parte pela formação de elementos inconscientes, sugerindo também uma mudança na concepção de localização (pensando no modelo neurológico) e privilegiando um modelo de categorização, isto é, de grupos organizados, dinâmicos, em lugar de uma referência a elementos fixos isolados (modelo de rede).

A importância dessa atividade de ligação no desenvolvimento da capacidade para representar e, portanto, para pensar é grande, pois é o que permitirá que os impulsos instintivos adquiram a possibilidade de transformação em palavras e possam, a partir daí, ser usados pelo pensamento. Elementos não ligados só podem ser utilizados para a atuação, seja dentro do psíquico, seja fora deste, no corpo ou no mundo externo. Podemos, então, afirmar que o tempo do sonho se aproxima do tempo da sessão analítica, ou seja, imagens e palavras se referem a elementos "ligados", que podem ser enunciados.

Voltaremos um pouco para esclarecer o conceito de *Nachträglichkeit*, que, como o de *après-coup*, se constitui em ideia fundamental quando pretendemos falar do tempo. No *Projeto*, ao tratar a questão dos traumas infantis relacionando-os à memória, Freud (1977/1895a) diz que apenas um pequeno efeito é produzido na época em que o trauma é vivido, continuando a propor que o importante será o efeito posterior, que surgirá numa outra etapa do desenvolvimento, quando uma nova e mais intensa reação terá lugar (o *après-coup*, ou o fragmento de memória reativado).

Essa nova reação tem origem nos traços mnêmicos já esquecidos e deixados de lado (experiências sexuais infantis, experiências traumáticas etc.), que serão reativados, dando lugar a reações psíquicas que incluem a repetição, o sonho e, finalmente, a representação. A ideia de um tempo posterior e um anterior, naquele momento do trabalho freudiano, fala também do tempo da cultura, do tempo da história, ou seja, de um tempo dado por condições externas ao próprio sujeito, determinante de repressões e, ao mesmo tempo, responsável por certo *continuum* necessário.

Nesse mesmo artigo, Freud afirma que pretende trabalhar com a hipótese de que os mecanismos psíquicos sofrem um processo de estratificação. O que se constitui inicialmente em traços de memória sofre de tempos em tempos, retroativamente, um rearranjo de acordo com as circunstâncias mais recentes. Com esse modelo de "estratificação", entendemos que diferentes camadas sobrepostas podem vir a ser modificadas de tempos em tempos, portanto, o que Freud está propondo nesse momento é um modelo de funcionamento interno diferente do modelo externo cultural, com um tempo também muito peculiar agindo sobre as camadas de memória.

Mais tarde, volta a propor que a memória sofre remodelação com o tempo, como uma nação que constrói lendas sobre sua verdadeira história (Freud, 1977/1895a).

Nas suas *Conferências introdutórias sobre psicanálise* (1977/1915-1917), Freud afirma que o ego constantemente remodela a memória de acordo com as experiências vivenciadas em diferentes momentos. Essa afirmação sem dúvida tem relevância quando pensamos a ideia de repetição na transferência e no tempo da transferência.

Pensamos que a percepção é um dado de informação pouco confiável, pois esta é sempre afetada não apenas pela memória, mas também pelos desejos daquele que percebe (por exemplo, a alucinação negativa). A remodelação da memória é, pois, inevitável e depende de como os elementos da experiência serão vivenciados. Psiquismo é sinônimo de espaço e tempo, incluindo a ideia de virtualidade, ou seja, de um tempo sempre presente virtualmente no inconsciente.

A tradução inglesa do termo *Nachträglichkeit* segundo Strachey (1969/1934), *deffered action* (ação postergada), pode vir a ter uma conotação muito diferente daquela proposta por Freud, segundo a discussão sobre essa tradução feita por Thomä e Kächele em 1989. Para esse autor, o termo *Nachträglichkeit* se trata de uma palavra composta que, na verdade, significa estender ou transferir de um lugar para o outro, ou seja, supõe a ideia de um deslocamento no espaço numa temporalidade posterior, um ressignificado.

A grande diferença diz respeito a concepções diferentes na noção de tempo e de espaço: na tradução de Strachey fica praticamente invalidada a noção de tempo linear e, consequentemente, a ideia de desenvolvimento psíquico linear, que não estaria presente na ideia de apenas postergar um movimento. O movimento é de transferir de um lugar ao outro; podemos pensar na ideia de um salto de uma época a outra, o que nos faz pensar no tempo do sonho e no *après-coup* quando a temporalidade é outra.

Consideramos que as propostas de Freud de rearranjo e reativação da memória, incluídas no termo *Nachträglichkeit*, se constituem num *insight*, que na verdade só será retomado mais tarde e proposto por outros autores como "retranscrição". Aproximando a palavra *Nachträglichkeit* da ideia de "retranscrição", alguns autores, como Green (1991) e Modell (1984), fizeram associações desse fenômeno a certas ideias provenientes da área das neurociências.

Gerald Edelman, Prêmio Nobel de Medicina/Fisiologia em 1972, propõe no seu livro *Bright air, brilliant fire* (1993) que a memória não é apenas uma gravação no sistema nervoso da experiência passada: a memória na verdade é concebida pela neurociência como recontextualização da experiência. O que é armazenado é o potencial de ativar certas categorias da experiência, o que nos remete a uma nova compreensão tanto da função biológica da compulsão à repetição como dos sonhos e, por que não, da transferência.

Um ponto importante nos achados de Edelman é o modo como a percepção está constantemente fazendo redescobertas, como uma forma de refinamento de categorias já instaladas na memória. Fica claro no trabalho dele que o homem, bem como a natureza ao qual este pertence, necessita preservar um *continuum* de informações sob a forma de memória, fazendo uso dessas informações como uma espécie de banco de dados, ao qual recorre sempre que necessário. No entanto, esse fato em si mesmo não é impeditivo de um trabalho mental e psíquico criativo, em que a assimilação do existente adquire novas configurações.

O processo descrito por Edelman, denominado teoria da seleção dos grupos neuronais (TSGN), se aproxima da hipótese freudiana de *Nachträglichkeit*. Os mecanismos de deslocamento, condensação e ligação (*binding*) seriam as formas essenciais na recategorização da memória, acrescidas, é claro, das informações trazidas pelas novas experiências.

As propostas de Edelman sobre categorização e recategorização dos fenômenos neuronais, em lugar das concepções que consideravam apenas a localização, podem também ser aproximadas ao trabalho desenvolvido pela mente durante o sono e o sonho. Na verdade, a recategorização supõe um elemento "organizador", capaz de, fazendo uso das impressões já arquivadas na memória, desenvolver um novo arranjo num tempo específico, que dará origem às imagens do e ao texto do sonho.

Como nos propôs Green (1995, p. 51, tradução minha),

> *O sonho é paradigmático porque é um dos raros momentos em que podemos perceber pontos de contato entre a neurobiologia e a psicanálise. Nos sonhos, estes campos se defrontam diretamente e podemos comparar suas aproximações, hipóteses, descobertas e concepções sobre a vida mental.*

Acreditamos que todas essas considerações nos levam a pensar que, embora Freud tenha enfatizado durante todo o seu trabalho a ideia de repetição, em nenhum momento passou despercebida a ele a noção de uma temporalidade dinâmica, em que o mesmo se repete, sem nunca repetir-se na verdade.

É importante diferenciar aqui a "repetição" enquanto retorno a um estado anterior (Freud, 1977/1920), característica da compulsão à repetição, da ontogênese e da filogênese, a busca do retorno ao inanimado, de uma outra forma de repetição (Freud, 1977/1914a) característica do sistema de percepção e de memória, que caracterizará o processo de retranscrição e de rememoração.

Propomos que essas novas aproximações podem e precisam ser utilizadas na aproximação ao tema do tempo em psicanálise, que, em nossa perspectiva, sofre constantemente os efeitos do *Nachträglichkeit*, ou seja, da busca de uma nova representação (recategorização) e de novas significações de vivências e fenômenos aparentemente já conhecidos.

Associar memória a recategorização e retranscrição permite considerar o fenômeno da repetição a partir de outra perspectiva, e até certo ponto também modifica nossa aproximação aos sonhos, um vez que a retranscrição, acrescida da ideia de reconhecimento (um novo conhecimento a partir do anterior), propõe que passado e presente estão, dinamicamente, o tempo todo se construindo e se considerando, enquanto o futuro se propõe apenas como virtualidade.

Talvez seja interessante comentar sobre "reconstrução" e "construção." De fato, acreditamos que, dentro de tudo que vem sendo enfatizado até agora, só podemos pensar que o tempo todo "construímos" e não "reconstruímos". No trabalho clínico de Freud sobre o "Homem dos lobos", ele tenta incessantemente reconstruir, para no final acabar "construindo" sua versão do caso.

Devemos salientar também o "tempo da cultura", não menos importante que o que apresentamos até agora. Sabemos que em determinado momento, muito precocemente, a necessidade de um objeto surge, sendo então necessário estabelecer vínculos fora de si mesmo, abrindo mão do próprio narcisismo e investindo nos objetos. A noção fundamental de realidade psíquica que Freud nos ofereceu, e que até agora consideramos, caracterizando diferentes tempos e dinâmicas, necessariamente precisa se colocar lado a lado com o que conhecemos como o tempo do outro, o tempo da cultura, que também está em constante mutação, visando lidar com diferentes fenômenos de diferentes formas.

O tempo do Édipo, ou melhor, o tempo da sexualidade, tratado por Freud tanto nos *Três ensaios sobre a teoria da sexualidade* (1977/1905) como em *Totem e tabu* (1977/1912-1913), *Moisés e o monoteísmo* (1977/1934-1938) e *Mal-estar na civilização* (1977/1930), nos mostra que uma das tarefas que cabe à psicanálise é a de modificar e transformar a fidelidade do sujeito à sexualidade infantil e à satisfação alucinatória, o apego às figuras parentais, em capacidade para desenvolver a própria identidade, integrando-se ao universo da cultura.

Também o tempo da sexualidade não é o tempo do desenvolvimento. Freud propõe, ao falar da sexualidade infantil, uma versão que rompe violentamente com as lógicas temporais costumeiras que a teoria das fases conservava pelo menos parcialmente.

Posteriormente, o que surge é um modelo da sexualidade infantil congelada, conservada indefinidamente, constituindo-se muitas vezes numa ameaça: ameaça de repetição, ameaça de destrutividade de outras relações e de outros sistemas psíquicos.

O número de anos de uma pessoa e sua capacidade para sentir prazer ou desprazer não serão os elementos determinantes do amadurecimento sexual. O tempo de vida sexualizada de um homem ou uma mulher provavelmente dependerá muito mais de como essa pessoa se organizou psiquicamente, do quanto pode expandir seu processo de individuação e separação ou não.

Será a presença de um objeto que permitirá o prosseguimento desse processo, mediando as satisfações e colaborando para a instalação de formas temporais e espaciais alternativas. Assim, será possível ao sujeito a instauração dentro de si mesmo de um espaço, o espaço psíquico interno, e de um tempo, o tempo da subjetividade.

A esses tempos, que nos remetem à transferência, ao sonho e à repetição, acrescenta-se o tempo do outro, o tempo da cultura, que também, sendo introjetados, farão parte do mundo psíquico subjetivo. A visão cultural nos afasta de nossa condição de origem: somos na verdade animais. Assim, como seres humanos, animais racionais, temos de suportar uma dose de frustração, que supõe uma limitação ao prazer e à satisfação. Isso exigirá atenção e vigilância constantes.

São os tempos da postergação, da renúncia e da sublimação, que se tornam fundamentais, pois o homem, não sendo apenas dependente de sua animalidade original, mas também da condição racional e afetiva que adquiriu ao se tornar um ser humano, precisa do outro e da cultura.

Deixamos de tratar aqui algo que nos parece muito importante: a "morte". Afinal, é a morte que termina com o tempo de vida, instaurando um limite intransponível. Provavelmente, todas as outras noções de tempo tenham origem nesta constatação: do início, caminhamos para um fim. Daí a ideia de duração, de tempo cronológico, de desenvolvimento.

Um paciente, bastante perturbado com problemas de identidade, frequentemente fazendo uso de drogas e com uma vida sexual um tanto promíscua, me diz:

> *Sinto uma aversão pelos amigos, pois ao lado deles percebo o quanto estou morto. Olho para eles e os vejo construindo, sendo pessoas normais, e isto dói muito. Acho que tem um lado em mim que está morto. Talvez eu nunca consiga ser, existir. Fiquei tanto tempo neste mundo de horrores, que não sei se consigo sair.*

Enquanto ele diz isso, ele está presente, frequentando uma análise de livre e espontânea vontade, existindo. No entanto, no tempo subjetivo, ele se vê incapaz de existir. Será que ele é capaz de distinguir o que é um estado vivo daquilo que caracteriza a morte?

Mais tarde ele diz: "Sinto um vazio, um tédio, principalmente à noite. É o medo de aparecer no mundo, vou me dando conta [de] que os encontros nos motéis, a busca de vários parceiros, são para sentir-me fora do mundo. Uma farsa...". A vida é sentida como tédio e vazio, mas será então que não é a morte que ele deseja como um fim para seus temores e angústias, um não existir? Na verdade, o tempo da vida é o tempo do movimento do acontecer e do ser. Será que é isso que ele teme? Estar vivo no mundo? Qual será na verdade a farsa?

Rolland (1999, pp. 156-157) indaga:

> *Por que atribuir ao homem uma pulsão de morte se ele não fosse virtualmente imortal? Por que atribuir-lhe uma pulsão de morte, uma tendência interna a morrer? . . . Por que Freud relança aqui pela última vez e de uma maneira tão estranha o conflito psíquico (1920)? Por que inscrevê-lo "in extremis" e de maneira tão manifesta não mais apenas no campo do pulsional, mas também no registro da temporalidade da vida e da morte?*

Freud instaura um tempo externo e um tempo subjetivo, um desejo de viver e um desejo de morrer, ferindo assim o narcisismo de todo ser humano. "Viver sabendo que se é portador de uma força de morte, dirigida fundamentalmente para si mesmo, não é algo fácil de ser admitido" (Green, 2007b, p. 12, tradução minha).

A temporalidade é uma aquisição que só vem com o reconhecimento da morte. Em contraste com o viver, que cria a percepção da sucessão dos instantes, da continuidade e da descontinuidade, a morte nos leva a ter de reconhecer o limite, a perda e o desconhecido.

Parte II

Trabalhos clínicos revisitados e comentários atuais

Considerações em torno de uma experiência[1]

> *O "duplo" converteu-se num objeto de terror, tal como após o colapso da religião, os deuses se transformam em demônios. (Freud, 1977/1919)*

Utilizarei neste texto um material da minha experiência clínica com uma paciente, em torno do qual tentarei tecer algumas considerações sobre a clínica e as teorias subjacentes a esta.

Esta paciente, que denominarei Raissa, tem desenvolvido um trabalho que me parece bastante significativo. A meu ver, alcançou já certo desenvolvimento, e com isso me refiro principalmente ao fato de que já podemos começar a dialogar.

Penso ser interessante fornecer alguns dados sobre a minha visão dessa moça. Raissa é uma mulher jovem, bonita e inteligente, chamando muita atenção a maneira delicada e atenciosa com que se conduz, sua expressão ingênua e meiga. Seu relacionamento

---

1 Uma versão anterior deste capítulo foi publicada em 1978 no *Jornal de Psicanálise*, *10*(24), 31-35.

comigo durante a análise é colorido por muito afeto, chora, ri, dando por vezes a impressão de ser uma criança. Muito raramente, no entanto, discorda ou discute comigo. Ela mesma se refere ao clima de seu relacionamento comigo como "gostoso e muito importante em sua vida".

Ao descrevê-la assim, sei que faço uma condensação de muitos elementos, que provêm de uma experiência longitudinal e histórica com a paciente. Não foram apenas esses os aspectos que pude observar, e muito menos os únicos que ela apresentou, mas minha intenção é justamente enfatizar o clima que descrevi para contrapô-lo a outros episódios discrepantes deste, onde são relatadas cenas violentas e bruscas, surgindo uma Raissa muito diferente da que em outros momentos fala e está ali comigo.

Esses episódios violentos são verbalizados num clima por vezes de uma "confissão", e após esses momentos, sua postura comigo continua sempre a mesma, a de uma menina boazinha e ingênua. Foi o que me levou a pensar que esta Raissa que não conheço e que provavelmente nem ela reconhece como si mesma, violenta e agressiva, existia já há muito tempo entre nós como uma terceira pessoa, inalcançável e impenetrável.

As tentativas que fiz para integrar à mulher meiga e ingênua aquela outra irascível e intolerante giraram em torno de sua baixa tolerância a frustrações, de sua agressividade quando era contrariada, de sua dificuldade em esperar, pensar etc. Aos poucos, no entanto, essas tentativas foram me parecendo infrutíferas e inoperantes. Nada realmente se modificava, as experiências e as interpretações não lhe valiam, suas ações e suas emoções continuavam incompreensíveis e incontroláveis.

A impressão era que utilizava minhas interpretações para desenvolver raciocínios claros, bem constituídos, porém nada se transformava. Parecendo ingênua e interessada, referia-se a uma bruxa malvada que não entendia nem controlava.

Hoje, com um pouco mais de experiência obtida em meu trabalho, poderia supor que tentei me aproximar da paciente durante esses primeiros dois anos por meio de seus aspectos neuróticos, quando o que realmente guiava suas ações em muitos momentos era a parte psicótica de sua mente. O material que eu lhe fornecia era alcançado apenas intelectualmente e usado inclusive para tentar um controle volitivo de sua agressividade, o que era temporário e insuficiente.

Com isso não pretendo dizer que nunca houve trabalho analítico, pois penso que se assim fosse não teríamos chegado ao ponto em que chegamos hoje. Na sessão que relato a seguir, pretendo salientar como foi possível observar um mesmo material de forma diferente, reconhecendo não só na paciente, mas também na dupla, um movimento que visava afastar e distanciar aspectos de sua personalidade sentidos como muito incômodos. Tal fato modificou bastante a relação analítica.

Raissa chega 5 minutos atrasada e entra sorridente, cumprimentando-me. Senta-se no divã e explica, desculpando-se, por que demorou um pouco.

> *Levei um susto hoje! Não sei por que as pessoas conseguem ter filhos que crescem mais ou menos normais, sadios, apesar das dificuldades, agora os meus... Sempre doentes ou com problemas. Será que sou eu que causo tudo isso? Sei lá. [Parece desconcertada, sinto um certo suspense no ar] Sabe, a Gisela tem tido há algum tempo uns desmaios. Até pensei em levá-la a um*

neurologista. Quando ela cai ou se machuca, começa a chorar e acaba desmaiando. Teve uma semana rm que conseguiu cair todos os dias, até na rua passeando, ficou toda mole. Depois passou e achei que estava melhor. Mas é tão magrinha e frágil, me dá medo ver aquele corpinho! Hoje desde cedo começou a chatear com a mania de tirar a roupa e o sapato. Fica pelada, se molha, se suja, não adianta falar, fica doente, não obedece. Logo cedo vesti ela, daí a pouco já apareceu pelada. Achei ruim, disse-lhe: "se você tirar a roupa outra vez leva uns tapas na bunda". [Essa frase é dita agressivamente] Ela concordou e foi brincar. Daí a pouco entra de novo pelada. Fiquei com tanta raiva, gritei tanto que nem sei; ela deve ter se assustado, sentou na cama pedindo para eu não gritar mais, foi ficando mole e desmaiou. Ah! Que medo me deu. [Chora] E sabe, além do mais eu tive um pesadelo esta noite. Sonhei que vinha para casa trazendo o Henrique do colégio, quando a vizinha me avisou que tinha um cachorro louco na rua. Não deu tempo de entrar em casa, então fiquei na casa dela, mas ele ficou fora. Eu olho e vejo um cachorro enorme, pulando e mordendo o Henrique. Quando posso, saio de casa, e digo para o Henrique vir atrás de mim, mas sem me tocar porque está tão vermelho, machucado, pode me pegar doença, primeiro temos que ir ao médico. Entramos em casa e o cachorro fica pulando a janela, mas aí não sei como eu vejo que o cachorro sou eu. Que terrível. [Chora, parece assustada e com medo]

Minha interpretação nesse momento referiu-se ao fato de que eu tinha observado uma moça ao entrar que me falava tranquila, atenciosa, sorridente, e que agora me contava uma outra maneira de ser sua, uma Raissa que gritava, odiava tanto, que talvez até se sentisse como um cachorro louco. Disse que nesse momento podia apenas ouvi-la falar dessa forma de existência e perceber que isso a angustiava muito, mas que ali comigo não a via rebelde nem louca, e sim amedrontada com o que via e comigo também. Raissa parece que se espanta e me reponde:

> *Mas não concebo como poderia ser diferente com você. Se eu fosse gritar, berrar aqui ia mesmo estragar tudo também. Agora lá em casa eles realmente me irritam, me contrariam, aqui não me lembro de ter acontecido nada parecido. Mas que estranho você falar nisso, que quer dizer quando fala de que essa Raissa não aparece aqui? Acha que tenho outro lugar para ter esse relacionamento gostoso?*

Intervenho mostrando que, apesar de ela dizer que nunca a contrario ou me irrito, parece que é exatamente isso que ela sente que estou fazendo agora, e que parece também pelo seu tom de voz que isso não lhe agrada, talvez prefira continuar achando que somos diferentes de tudo o mais que há em sua vida. Quer ter comigo um gostoso onde só há concordância, se não for assim tudo se estraga.

> *Agora estou com vontade de ir embora. Mas apesar de tudo acho que o que você está dizendo não é de todo absurdo. Mas a verdade é que de maravilhosa você passou a ser uma chata. [Brava]*

No início dessa sessão, observo uma moça que me parece, por seu comportamento, amistosa, respeitosa, tranquila. Conforme escuto as palavras que me diz, vou tomando contato com uma visão dessa mesma moça muito diferente da inicial. Alguém irascível, violenta e agressiva, sem considerações, e também alguém que se vê frágil e assustada frente a isso.

Entretanto, o clima em que o material é relatado (material histórico) parece ser de certa ingenuidade, como se Raissa falasse de coisas que lhe são inacessíveis, incompreensíveis. Não sabe como lidar com essa mulher que descreve, nem com essa criança, assusta-se, sente-se estranha. Só pode me contar sobre tudo isso, sem vivenciar, e dessa forma vai dando a impressão de que seu relato se refere a uma terceira pessoa. Ela não é a mãe que grita e machuca (cachorro louco) nem a criança que se rebela e desobedece. É a "sua criança", ou seja, a que realmente prevaleceu com o passar dos anos. A criança assustada, com medo, precisando agradar e satisfazer expectativas loucas. Só assim pode ter amor e ser aceita.

Nos movimentos seguintes às minhas duas primeiras intervenções, o clima e ela se transformam. Surpresa, contestação e irritação aparecem, dando a impressão de que não era isso que ela esperava, não era o que queria de mim. Entra no presente, na relação que está tendo comigo, inclui em si a filha, e daí todo aquele "gostoso" fica em perigo, pode ser modificado, até ser sentido como falso, ou estragado por mim. Surge o modelo de repetição, a lentidão que talvez comece a se dar conta dos arabescos e dos trejeitos (intelectualização, imitação) que faz e que na verdade não a conduzem a lugar algum.

E a analista? Num primeiro momento, observo, me dou conta de sua atitude, da maneira como fala, do distanciamento não apenas temporal (pela própria natureza do relato), mas também emocional na experiência que vive comigo, na medida em que fala de alguma coisa que não corresponde a como se mostra.

Em seguida, ou talvez concomitantemente, o conteúdo do relato me atinge, comunica. A raiva, o susto e a loucura que estavam numa outra casa, numa criança, num cachorro, passam a ser também meus. Surpreendo-me perguntando a mim mesma "Será que lhe adianta de algo a análise? Há tanto tempo repete esses episódios...". Começo a perceber em mim desejos, frustrações e principalmente irritação. Eis que estou igual à paciente frente a sua filha; com raiva, frustrada porque não faz aquilo que eu (ela) espero. Mas vejo também que tudo isso está em mim porque ela não o suporta. Não sabe como fazer nesses momentos.

Em casa bate, grita – aqui é boazinha, confessa-se culpada – e eu, que farei? Tento pensar numa saída, para que possamos falar sobre tudo isso.

Se eu compactuar com ela, aceitando sua confissão e suas penitências, como talvez tenha feito outras vezes, comprovo a periculosidade e a impossibilidade de falarmos sobre isso, surgindo então o que chamei de "terceira pessoa", sobre quem comentamos criticamente. Por outro lado, vejo que se for possível a mim colher esse material projetado e disperso e contê-lo, há a chance de um caminho, de um sentido.

Deparo-me, então, nesse momento, com o fato de que "somos" tudo aquilo que estou podendo observar: a menina boazinha e a menina rebelde, a mãe cruel e louca e a mãe boa que cuida. Alternamos papéis de acordo com as necessidades e a capacidade de tolerância, sendo esta a única maneira que temos até então para lidar com esses aspectos.

E agora? Talvez, por meio desses movimentos internos meus, da aceitação daquilo que ocorre também comigo, possa me aproximar da experiência que estamos tendo e conhecer melhor algo que se passa com ela. Sua perspectiva é apenas parcial: quando enfoca um aspecto, ignora os outros. Penso, então, que se for possível ampliar minha visão, talvez haja a possibilidade de lhe apresentar outras perspectivas, mostrar-lhe a experiência de outros ângulos.

Conquista? Não, apenas uma possibilidade, aliás, remota, já que pelos fatos dessa experiência posso perceber que não é fácil para Raissa suportar crescimento, diferenciação, talvez não só em relação à sua filha, mas também a si mesma, no trabalho que realizamos.

Uma mãe invejosa não suporta o crescimento de seus filhos, ataca-os, mas também uma paciente invejosa pode não tolerar a capacidade de trabalho de sua analista e acabar por destruir a fonte mesmo de seu desenvolvimento. Se for possível continuar a trabalhar, penso que, no decorrer de nossos encontros, talvez possa lhe apresentar algo de tudo isso que observei.

Apresentar-lhe uma Raissa que não é só meiga e boazinha, nem é apenas uma mulher cruel ou um cachorro louco, mas que é tudo isso, uma pessoa, e que como não pode ainda ver isso, tem de compartilhar comigo e com tantos outros objetos esses aspectos, de forma a minimizar sua culpa, sua angústia. Mostrar-lhe que a tentativa de estabelecer um falso invólucro e, daí, uma falsa relação comigo, o que sem dúvida faz porque imagina que seja a forma mais adequada e satisfatória de se relacionar, não a leva a outra coisa que não a necessidade de cada vez mais expelir, distanciar e negar partes de si mesma.

Sem dúvida isso dói, assusta, mas oferece a única real possibilidade de que ela alcance alguma tranquilidade e alívio. Talvez por nunca ter tido alguém que a escutasse, que a pudesse conter e lhe mostrar que estava crescendo, e que crescer é assim mesmo, e apresentar-lhe também um caminho, que é o caminho do desenvolvimento, é que tenha vontade muitas vezes de fechar as portas e deixar o cachorro louco fora. No final desta mesma sessão, ela diz:

> *Sabe, Ana, eu gosto muito de ir ao cinema, pode até ser um filme triste que me faça chorar, sofrer. Agora o que eu não gosto mesmo é quando termina o filme, saio do cinema e me deparo na rua com toda aquela gente, os carros buzinando, o pipoqueiro... Tudo feio. Acho que agora você também está me tirando alguma coisa. [Pausa] Esta análise pra mim é como um filme e eu gosto.*

Protagonista? Desde que desempenhe papéis que confirmem suas teorias, suas crenças, sua religião. Expectadora? Sim, mesmo que por vezes chore, sofra. O importante é ter certeza de que é apenas uma ficção.

> *. . . um estranho efeito se apresenta quando se extingue a distinção entre imaginação e realidade, como quando algo que até então considerávamos imaginário surge diante de nós na realidade . . . (Freud, 1977/1919)*

Penso que pode ser interessante e até útil tentar levantar algumas hipóteses teóricas a respeito dessa experiência com Raissa. A ideia que faço sobre a paciente é de uma pessoa dotada de um ego extremamente frágil e débil, em virtude de profundas e intensas cisões, que obedece de maneira quase que automática aos desígnios de um superego rígido, implacável e cruel estabelecido nos primórdios de sua vida mental e, portanto, dominado pelos aspectos sádicos.

Os vínculos que essa paciente faz são muito frágeis e, ao mesmo tempo, muito tenazes, na medida em que oscilam entre extremos, mas não se desvanecem. Nessa experiência que relatei, de certa forma, mantém uma relação comigo dentro do modelo superego-ego, prevalecendo o aspecto moral crítico, sendo utilizada para isso a identificação projetiva.

Entretanto, penso que essa paciente até agora teve muita dificuldade em fazer uso da analista, criando uma espécie de terceira pessoa sobre quem falávamos, o que a meu ver mostra certa dificuldade de estabelecer certos vínculos, ou por vezes de reconhecer os tipos de vínculos que mantém; os aspectos são projetados na figura imaginada e mantidos à distância, excluídos da relação analítica. Suponho que isso ocorra porque nunca foi possível a essa moça, ou o foi de maneira muito insuficiente, experimentar e compartilhar com outra pessoa sua agressividade e seu sadismo.

A imagem que ocorre é a de uma criança que não teve uma mãe capaz de conter esses aspectos e devolvê-los suficientemente transformados para que ela pudesse suportá-los, o que proporcionou uma experiência de angústia intolerável (pânico psicótico). Constituiu-se então, por meio da evacuação mental, uma espécie de "apêndice", como o gêmeo do modelo de Bion, com o qual a paciente se relaciona sem, no entanto, reconhecê-lo como si mesma.

Essa transformação, que sem dúvida é alucinatória, empobreceu e enfraqueceu muito seu ego, que não pôde se desenvolver satisfatoriamente, tendo de efetuar constantemente novas cisões com a finalidade de manter, por um lado, o ego "ideal" e, por outro, todos os aspectos que pusessem em perigo esse ideal. Esse ego cindido não ofereceu resistência nem problema ao controle exercido pelo seu superego, que, por sua precocidade, era constituído por aspectos intensamente cruéis e exigentes.

> *Em alguns pacientes a negativa ao uso normal que eles fazem da identificação projetiva desencadeia um desastre em virtude da destruição de um importante elo de ligação. É inerente a este desastre a instalação de um superego primitivo que impede o uso da identificação projetiva. (Bion, 1994, p. 108)*

Toda a agressão e o sadismo, não apenas decorrentes de possíveis experiências infelizes, mas também advindos de sua própria personalidade, são colocados no "duplo" no "gêmeo", talvez com a função de controle também como forma de evitar a integração, que seria muito dolorosa. Porém, com isso, não apenas prende e manipula esses aspectos, mas acaba por impedir que seu "ego" se desenvolva. Como diz Bion (1994, p. 17):

> *O uso que fazia do gêmeo determinava que ele, paciente, não deveria nascer; por outras palavras obter liberdade e independência. Consequentemente, ele era trancafiado não só pelo gêmeo, mas também em decorrência do próprio ato de estacionar o automóvel tão junto ao do gêmeo.*

A própria análise e a analista ficam truncadas dentro dessa prisão, já que não é possível interpor-se a esse pacto, restabelecendo as conexões que levem ao desenvolvimento. Nessa perspectiva, penso que, na sessão que relatei, surge uma brecha pela utilização de identificação projetiva dos aspectos superegoicos agressivos, possibilitando talvez a inclusão e a compreensão da análise e deste sistema hermético.

Mas, como ao me transformar em continente de sua identificação projetiva adquiro aquelas características temidas e odiadas, a paciente começa a querer se afastar e se defender, pois sente que posso tirá-la de sua visão "cinematográfica", trazer-lhe angústia depressiva e culpa. Nesse momento, no meu entender, seria possível a reprodução em sua mente de algo "sinistro", vivido muito precocemente em suas relações afetivas, e alcançar a inclusão dos aspectos cindidos dentro do próprio ego e da relação analítica seria equivalente a uma ameaça de morte, de destruição.

Penso que essa inclusão (integração) já está sendo feita quando a paciente sonha com o cachorro louco, pois faz a transposição no próprio sonho para sua pessoa e traz na sessão analítica esse material. A personificação do *splitting* e da projeção, que poderia estar sendo feita em vigília numa terceira pessoa, no sonho se aproxima e é incluída no mundo perceptivo interno da paciente. Os elos e as cadeias entre as fantasias e os objetos começam a ser restituídos e refeitos. E o comentário que minha paciente faz, "que horrível", expressa a angústia e a dor que tal aproximação lhe causa.

Neste momento, que ainda é um momento primitivo de seu desenvolvimento, talvez só possa se sentir assim, visto que ainda não lhe é possível introjetar e identificar-se com esses aspectos sem sentir que é invadida e atacada, da mesma forma que imaginou estar fazendo quando usou da identificação projetiva. Cito Bion (1994, p. 74): "A identificação projetiva é, então, invertida, e esses objetos são trazidos de volta através da mesma via pela qual foram expelidos".

Somente quando se estabelecerem as condições para uma introjeção suficientemente estável, com prevalência dos aspectos amorosos, será possível prosseguir com o seu desenvolvimento. Nas palavras de Bion (1994, p. 124):

> *A falha em introjetar leva a que o objeto externo apareça intrinsecamente hostil à curiosidade e ao método, ou*

> *seja, identificação projetiva, pelo qual o bebê procura satisfazê-la. Se o seio for vivenciado como basicamente compreensivo, será transformado, pela inveja e ódio do bebê, num objeto cuja avidez devoradora tem por meta a introjeção das identificações projetivas do bebê, com a finalidade de destruí-las.*

O gêmeo e o duplo são expressões de um aspecto de um objeto interno muito destrutivo, desejoso de romper e destruir todos os vínculos, as formas de pensamento e mesmo o próprio progresso no desenvolvimento. Nesse sentido, o aproximamos ao "inquietante", ao assustador.

Talvez esse objeto, inicialmente, estivesse fora, num seio, numa mãe incapaz de introjetar, de receber e transformar. A emoção intensa é então temida, evitada, pois pode vir a repetir a situação catastrófica (e, na verdade, se repete incontrolavelmente).

Mas essas são apenas algumas ideias dentro de uma hipótese e de uma perspectiva: possivelmente muitas outras estarão ficando obscurecidas enquanto me estendo neste caminho.

Reflexões atuais – a questão do "duplo", o inquietante

Como mencionei na "Introdução" deste livro, após cada texto apresentado trarei uma pequena reflexão, apoiada em algumas ideias atuais sobre o material. Estávamos no começo dos anos 1980 quando este texto foi elaborado; dando um salto bem grande, tentarei me aproximar do momento atual e, como não poderia deixar de ser, de Freud.

No início de seu trabalho *O "estranho"* (1919), Freud tece várias considerações sobre a dificuldade em definir o *Unheimlich* (traduzido posteriormente por Paulo C. Souza como "o inquietante"), termo este que poderia ser passível de várias traduções e compreensões oferecidas por diversos autores, sem imediatamente relacioná-lo às experiências assustadoras e amedrontadoras.

"O inquietante", o duplo, é definido neste momento por Freud como uma formação que pertence aos tempos psíquicos primitivos, como parte do mundo animista, dominante na alma das crianças e do primitivo. De fato, *Unheimlich*, dentre várias outras possibilidades, liga-se a seu oposto *Heimlich*, o conhecido e o familiar, e ambos os termos parecem se relacionar a fantasias ligadas às angústias mais primitivas, regredientes e desorganizadoras, muitas destas imortalizadas em histórias, contos e mitos, como é o caso do conto *O homem de areia*, de E. T. A. Hoffmann, também mencionado e explicitado por Freud em seu artigo.

Unheimlich se referiria a tudo aquilo que, apesar de conhecido, deveria permanecer secreto, oculto; seria o que experimentou uma repressão, ficando fora dos sistemas de representação, e dela retornou. É o anteriormente reconhecido sob outra forma, e que ao ressurgir recebe da psique um caráter demoníaco assustador, pois se refere ao que não pode ser retomado da história infantil passada.

No conto de Hoffmann, encontramos também a referência ao tema do animado e do inanimado. A proximidade entre esses dois estados e a dificuldade de diferenciar um do outro (a boneca inanimada-animada do conto de Hoffmann) seriam condições favoráveis ao aparecimento também dos afetos ligados ao "duplo narcísico".

Esse "duplo narcísico" surge sob forma de uma projeção no exterior, como uma imagem especular, possivelmente uma ideia corporal de si mesmo, cuja função principal seria evitar o contato com a ideia de morte, ou de limites. Mais tarde, em 1932, Freud mencionará essa dinâmica sob o nome de "superego".

A estética foi também uma das preocupações de Freud ao escrever esse artigo, embora ele mesmo mencione que só raramente os psicanalistas se interessam por esse tema, e quando o fazem ligam-no à ideia de beleza, e não à relação com todo e qualquer aspecto do sentir. Justamente, o tema do "inquietante" pode ser visto esteticamente, desde que seja compreendida a relação do medo e do horror como aspectos do sentir, portanto, como formas estéticas de aproximação sensorial à experiência.

Já o "mito" do duplo, considerado por André Green (2000), levará em consideração a relação entre "diferença e repetição", como a metade simétrica e inversa de um modelo no qual uma clivagem absoluta separa o que não seria separável, vindo daí seu aspecto maligno.

Voltando à ideia de acompanhar o desenrolar de meu trabalho no texto, neste fiz uso de dois parágrafos de *O "estranho"*, como epígrafe, na introdução do texto, e também na segunda metade deste:

> *O "duplo" converteu-se num objeto de terror, tal como após o colapso da religião, os deuses se transformam em demônios.*
>
> *. . . um estranho efeito se apresenta quando se extingue a distinção entre imaginação e realidade, como quando algo que até então considerávamos imaginário surge diante de nós na realidade . . . Pois é possível reconhecer, na mente inconsciente, a predominância de uma "compulsão à repetição", procedente dos impulsos instintuais . . .*

Chamou minha atenção desde o início o tema do "duplo", ou sósia, tratado por Freud nesse texto. A ideia do duplo, como mencionada, refere-se àquele que se opõe pela repressão e pela não representação, àquele que se apega à fantasia ideal, ao mesmo tempo que se apoia numa supervalorização da imagem narcísica.

No meu texto, no entanto, é Bion que várias vezes será citado, em seu artigo "O gêmeo imaginário", confirmando minha hipótese de que, naquele momento, os autores da escola kleiniana me pareciam mais acessíveis e mais atraentes que Freud.

Penso que a ideia do "duplo", ou do "gêmeo", não era só pertinente em minha observação e meu trabalho com aquela paciente, como também me possibilitou exemplificar, de forma até bastante sofisticada naquele momento, a dificuldade criada na análise pelo excessivo uso da cisão e da identificação projetiva, bem como pelo uso alternado de uma transferência ora positiva, ora negativa.

O gêmeo imaginário poderia aliviar a angústia e a dor causadas pelo reconhecimento do aspecto "mau" na própria pessoa de Raissa, enquanto a transferência não conseguia abarcar todo esse indesejável. Uma das funções da criação de um "gêmeo imaginário" estaria ligada justamente à necessidade de negar a existência da realidade externa, em virtude da intolerância em relação ao diferente e ao incontrolável.

Botella e Botella (2002) aproximam de forma interessante a ideia do "duplo" ao trabalho em dupla, considerando a transferência e a contratransferência como representantes desse tema, e propondo-o também como um jogo de investimentos narcísicos. O que ficou fora dos sistemas de representação sem ser por obra da recusa e da forclusão fará parte dos elementos tratados por Botella e Botella como "irrepresentáveis".

Raissa foi uma analisanda que por muito tempo precisou se esforçar para manter longe de sua mente consciente (como irrepresentável) qualquer sentimento de irritação, de raiva, acreditando que esse "demoníaco" precisava ser mantido afastado, negado, só lhe sendo possível ter acesso a uma visão parcial e ideal de si mesma. Ela é a menina boazinha, concordante, bonita, pois assim se vê protegida da perseguição e da castração, mantendo paralelamente esse "demônio" afastado, negado e tratado como não pertencente a ela.

Até que algo "terrível" ocorre com sua filha, e ela, sentindo-se responsável pelo desmaio da menina, uma pequena morte de sua filha, angustia-se, desespera-se mesmo e, a partir daí, torna-se impossível não ter de rever suas crenças e suas teorias! Anjo e demônio se aproximam e a eficiência do "duplo" para manter afastado o indesejável é perturbada e se dissolve. O real se impõe.

Como não levar em conta a atualidade dessas citações, desse tema, como não pensar que dentro de nós mesmos, de nossa "alma", alguns conhecimentos e ideias, que num determinado momento parecem tão certos e pertinentes, em seguida precisem ser descartados, pois revelam-se provocadores de medo e pavor? Teorias pessoais com facilidade podem se transformar em regras sagradas, ou em mitos, fortalecidas pelas crenças com as quais as investimos quando as aprendemos.

O tema do "duplo" ou do "gêmeo" é, portanto, fundamental; é tão importante acreditarmos no que "não nos pertence" quanto levar em conta aquilo que certamente somos. Minha analisanda arrastava suas teorias como um peso preso a seus pés. Arrastava repetindo-as incessantemente, excluindo de seu ser o que considerava indesejável.

"Sou ateu", me diz outro jovem paciente, e eu imediatamente penso e digo-lhe, "essa é sua escolha religiosa, negar qualquer outra crença, acreditando só na sua própria pessoa". Estarrecido no início, ele começa a se observar e conclui, daí a algum tempo, que de fato lhe é indispensável alimentar seu narcisismo. Se não for uma espécie de deus, se sentirá totalmente insignificante!

A situação não é tão clara assim no trabalho com essa analisanda, descrita inicialmente por mim como "sensível, bonita e inteligente", talvez para justamente chamar atenção a esse lado, visando, na verdade, falar daquilo que ela quer mostrar, e não do que depois surgirá em cenas violentas e em situações inesperadas: Raissa descreve-se então como "feia, dura e limitada".

As teorias de Bion sobre "parte neurótica e parte psicótica" da mente serviram muito bem para que eu pudesse explicar de forma razoavelmente clara esses fenômenos, sem que me fosse necessário, naquele momento, deter-me com mais cuidado e considerar a perspectiva freudiana, como propunha a epígrafe no início do texto. Ocorre-me hoje pensar: quem veio antes? O material sugeriu a teoria bioniana? Ou a teoria bioniana me levou inevitavelmente a escutar daquela forma?

E o trauma? Seria ele responsável pela repetição, pela alteração em seus registros temporais, tratando o "agora" como um antes, seguido imediatamente por um depois, sem que fosse possível vivenciar o presente? Talvez o estabelecimento muito precoce de aspectos superegoicos, dificultando a construção de seu próprio ego, tenha contribuído para que um ideal de ego narcísico se impusesse, cruelmente.

E como entender minha escolha de dois ou três parágrafos deste texto maravilhoso que é *O "estranho"* (1977/1919), sendo o segundo deles relativo à "compulsão à repetição", tema que nos anos de 2006 e 2007 despertou minha atenção e que até hoje está presente na maioria dos seminários por mim ministrados, tema que considero da maior importância em psicanálise?

Intuição? Interesse genuíno? Experiência vivenciada? Acredito que a resposta deve ser afirmativa para as três hipóteses. Na verdade, acho que escrevemos sempre sobre o que nos interessa, e o que mais nos interessa é o que vivenciamos e precisamos elaborar. Essa é uma ideia que percorrerá toda a minha escrita, como percorreu toda a minha experiência.

Continuando, e já falando um pouco do próximo item a ser apresentado, gostaria de colocar meu posicionamento sobre o funcionamento de minha mente na experiência clínica. Percebo hoje que, desde o começo de meu trabalho com pacientes, sempre me incluí na relação analítica, sem pretensões a uma impossível neutralidade ou à minha anulação como pessoa no *setting* analítico.

No entanto, considero da maior importância o respeito a um *setting* analítico naquilo que o constitui, isto é, o número e a duração das sessões, a assimetria entre analista e analisando e uma atitude de abstenção por parte do analista, evitando orientações, sugestões e avaliações em relação ao paciente. Isso com certeza não impede que, ao estar presente ao lado do analisando, possamos de certa maneira estar agindo silenciosamente sobre ele, imprimindo com nossa maneira de ser, nosso tom de voz, nossos silêncios e nossas verbalizações, ou seja, com nossa subjetividade, numa atitude que será sem dúvida percebida e interpretada pelo paciente, de acordo com a sua subjetividade.

De certa forma, poderíamos pensar que, nesse trabalho em "dupla", elementos pertencentes também aos aspectos do analista, em seu sentido contratransferencial, fazem parte do processo. Na verdade, sem pretender demorar-me nessa questão, posso acrescentar que a ideia de "um cachorro louco" repercutiu intensamente no meu universo representacional, evocando lembranças e situações intensas, há muito esquecidas, mas não irrepresentáveis. Essa recuperação sem dúvida teve importância para a captação da intensidade emocional, do medo e terror presentes com a paciente.

Em certo momento de nosso trabalho, em outra sessão, Raissa se dá conta de que me movimento, posso me locomover, levanto-me da poltrona e vou até a porta; e ela diz "você está viva!", podendo dessa forma me tirar do estado animado/inanimado em que me havia colocado (a boneca viva/morta), estado este correspondente a como ela mesma vivia, aterrorizada em grande parte de sua vida (o "estranho"). Ao reconhecer-me como pessoa viva, e não como uma boneca, ela mesma pôde, então, "ser".

A psicanálise é mais que uma "intersubjetividade", embora também funcione nesse nível. Pensamos de acordo com Green (2002) que, além da troca entre as subjetividades, é indispensável que também estejamos atentos ao funcionamento intrapsíquico, tanto no analisando como em nós mesmos. A psicanálise se caracteriza então como um trabalho realizado em dois níveis, o do intersubjetivo e o do intrapsíquico.

Quando me incluo no *setting* e descrevo uma vivência de um impacto contratransferencial, é por ser impossível fazê-lo de outra forma. Só uma subjetividade pode entender outra subjetividade. Só meu intrapsíquico será capaz de ter alguma ideia do terror e do medo vivenciados por minha paciente, de contribuir com os modelos necessários para a "evolução" do intrapsíquico dela. Poderemos, a partir de então, conversar e desenvolver a intersubjetividade.

Num texto de 1923, *Uma breve descrição da psicanálise*, Freud, ao falar sobre a "regra psicanalítica fundamental", enfatiza a ideia de que "o mental não coincide com o consciente, que os processos mentais são, em si próprios, inconscientes e só se tornam conscientes pelo funcionamento de órgãos especiais (instâncias ou sintomas)" (Freud, 1977/1923b). Nesse momento, ele se refere ao trabalho das instâncias psíquicas e à "complicada relação emocional das crianças com os pais – o que é conhecido por complexo de Édipo".

Essas funções especiais, a percepção e a atenção (Freud, 1977/1911), constituirão os aspectos do consciente e do pré-consciente. A intersubjetividade se constituirá numa troca entre as duas subjetividades presentes, na qual será possível observar afetos e emoções pertencentes ao campo do consciente e do pré-consciente, tanto no analista como no analisando.

Encerrando esse texto de 1924, diz Freud:

> *Se aceitarmos a distinção que recentemente propus, de dividir o aparelho psíquico em um ego, voltado para o mundo externo e aparelhado com a consciência, e em um id inconsciente, dominado por suas necessidades instintuais, então a psicanálise deve ser descrita como uma psicologia do id (e de seus efeitos sobre o ego).*

Fica claro pela descrição de Freud que serão os enganos, os lapsos e os esquecimentos que realmente interessarão o psicanalista, portanto, o não sabido pelo paciente e pelo analista. Será o intrassubjetivo, o que provém não da consciência, mas do inconsciente, que deverá se constituir no objeto do interesse do analista.

Sem dúvida, deve-se escutar o intrassubjetivo, entendendo aqui que os influxos do id sobre o eu constituem o "intra", isto é, a intimidade e o desejo inconsciente de cada um. Graças ao nosso intrassubjetivo, como analistas, será talvez possível a escuta do analisando.

Mais tarde, essa área do "duplo" será diferentemente nomeada por Freud, como "consciência moral", "auto-observação" e, finalmente, em 1932, "superego".

Vale a pena aqui também citar um trecho de Botella e Botella (2002, p. 70), em que é possível considerar sua perspectiva pessoal para se referir ao duplo:

> *. . . acreditamos que dessa criação do duplo na filogênese, inseparável do "narcisismo" primário que domina a alma da criança, assim como a do primitivo . . . o duplo surgiria frente ao medo da morte psíquica, face ao risco da não representação, a cada noite quando se produz a regressão narcísica do sono, que desemboca na representação onírica e alucinatória do ser.*

E como poderia ser diferente se o campo que pretendemos conhecer se caracteriza por aquilo que constitui a matéria-prima dos sonhos? O campo do intrapsíquico que se revela amplamente na produção onírica revela também a riqueza de nosso mundo psíquico, em nosso contato com o outro, semelhante/diferente.

Será que proponho um início demasiadamente ingênuo? O óbvio a todos os colegas e leitores? Ou será que, como propus anteriormente, não estaríamos percorrendo o caminho da psicanálise desde seu início, redescobrindo as propostas de nosso mestre Freud, mesmo sem a intenção de fazê-lo?

Modelos e conjecturas: transformações do analista frente ao material clínico[1]

> *Freud nos mostra que, ao mesmo tempo que leva em conta a crença em um Deus como uma ilusão, ele não tem dúvidas quanto à realidade dessa ilusão. Nesse ponto em particular, eu penso que a interpretação (em oposição à construção) da onipotência é particularmente infeliz. Esta diminui a conjunção constante que é, muitas vezes, a realidade representada inadequadamente pelo termo onipotência, ou pela versão simétrica de onipotência-desamparo. A história de Palinuros "oferece uma construção" melhor que qualquer interpretação ou outra invenção que vise juntar os elementos quando a "onipotência" está em questão. (Bion, 1989, p. 34, tradução minha)*

1 Uma versão anterior deste capítulo foi publicada em 1985 na *Revista Brasileira de Psicanálise, 19*(4), 489-504.

Estamos trabalhando juntos há mais ou menos dois anos. Quando nos conhecemos e iniciamos a análise, ele me conta que já havia tido uma experiência prolongada de análise anteriormente, com outro analista, tendo se beneficiado muito. Na época, ficou com uma "cabeça ótima, lúcido, inteligente, sentindo-se orgulhoso de si mesmo". Pouco tempo após ter terminado essa análise, encontra uma moça, apaixona-se por ela, e este relacionamento bastante tumultuado começa a perturbá-lo e a alterar seu estado mental e emocional.

Associa esse relacionamento amoroso à sua análise anterior, sente como se aquela experiência com o analista tivesse se perpetuado entre ele e a namorada, ele se propondo a analisar e interpretar tudo que se passava entre os dois. Percebendo que se esgota e se deteriora em explicações e interpretações intermináveis, sem conseguir nada além de aumentar muito sua angústia e suas fantasias, tenta desistir dessa situação, buscando novamente a análise.

Extremamente perseguido, conta ter muitas teorias e explicações a respeito desses acontecimentos anteriores, sendo-lhe muito difícil o contato com o mundo e com as pessoas. Vive às voltas consigo mesmo, remoendo lembranças, repetindo mentalmente acontecimentos, num afã de apreender o que se passa em sua vida, chegando a um solilóquio enlouquecedor.

De fato, posso observar que, quando chega a mim, está num estado desesperador. A impressão que me transmite é de alguém que realmente saiu do céu, do paraíso, e foi jogado no inferno. Chora, debate-se, machuca-se internamente e externamente sem parar. Percebo que tem intensa dificuldade para se relacionar, parece desconfiado, amedrontado e relutante. Pede-me que aguarde até que se sinta capaz de deitar-se novamente num divã. Imagino que estar ali comigo é muito penoso, lhe traz lembranças e angústias muito intensas. Entretanto, estar frente a frente, contorcendo-se e gemendo, fica mais difícil ainda.

Deita-se após três sessões, parece se sentir um pouco mais aliviado e à vontade, começando a relatar, como num sonho, os acontecimentos passados. Repete quase sempre os mesmos temas. Vive num estado de passado-presente, tomado por evocações e alucinações extremamente angustiantes e persecutórias.

Por vezes, chega a me deixar muito amedrontada e assustada. Indago-me o que faço ali sozinha com aquele homem violento, fantasio que poderia voltar contra mim seu ódio, sua fúria, confundindo-me com seus inimigos e seus fantasmas. Procuro, então, falar sobre isso com ele, indago-lhe se quer me assustar, testar e verificar o quanto posso suportar de angústia, ou se realmente está sendo meu amigo e me avisando do perigo iminente a que estou sujeita, arriscando-me ali com ele.

O medo e a insegurança me indicavam que vivíamos num estado de alerta constante, e a possibilidade de colocar em palavras minhas observações referentes a seu estado emocional, que partilhávamos na verdade, parece ter ajudado muito no prosseguimento do trabalho.

Nesse primeiro momento, verifico que é muito importante para ele poder falar de seus medos, de suas fantasias agressivas, pois ele tem muitas dúvidas sobre quem é e do que é capaz. Aos poucos ele parece se acalmar, gosta da minha voz, sente-me mais tranquila e disposta a escutá-lo sem pressa. Levamos bastante tempo para poder começar a conversar, agora parece que a tempestade vem diminuindo e conseguimos trabalhar.

Descobri algumas coisas sobre ele, por exemplo, que é uma pessoa realmente inteligente, capaz de alguma percepção e observação, quando consegue não estar tomado por um ódio avassalador. Descobrimos que a frustração lhe é insuportável, que o desespera e leva-o a se transformar em seu próprio carrasco e algoz. Mas descobrimos também como nada disso lhe serve, nem lhe basta, por entrar em choque violentamente com as expectativas que tem de si mesmo e com a visão que adquiriu na análise anterior. Viver num mundo de angústia e dor não lhe interessa, despreza essa possibilidade, e evita ter de se considerar um mortal. Seu objetivo é realmente superar tudo isso e atingir um estado de iluminação e plenitude, em que a angústia e a dor possam ser solucionadas ou evitadas.

Constato tratar-se de uma mente cheia de desejos e expectativas sobre si mesma, que não suporta o contato com os fatos nem pode apreender nada deles. Uma mente que provavelmente, desde muito cedo, teve dificuldades para tolerar frustrações, e teve seu desenvolvimento obstaculizado.

Entretanto, refere-se à experiência anterior de análise como o momento em que todas as suas dificuldades se dissiparam. Como imaginou ter alcançado um estado de tal plenitude eu não sei. O fato é que insiste em provar a mim a existência de tal estado e lamentar sua perda. Conjecturo que possivelmente se transformou em Deus, subiu ao Olimpo pelas mãos de um analista-Deus que não se deu conta disso. Usou o que viu e ouviu, considerando ser a experiência analítica um ensinamento, um treino para a perfeição.

Ele tinha tanta certeza de ter descoberto a verdade, a solução para seus temores e suas dúvidas, que agora não se conforma em ter sido roubado disso tudo. Quer descobrir onde falhou e por que, investindo-me também dessa função. Devo ser capaz de saber o que ele não sabe, dar-lhe o que ele precisa, restituir-lhe o bem-estar, o paraíso imaginado.

Muitas vezes ali comigo se queixa, "quando você vai começar a interpretar?"; "quando vamos começar a fazer análise de verdade?".

Não consegue entender que eu esteja ali conversando com ele e que seja isso mesmo que pretendo continuar a fazer. Imagina que estou guardando o que sei, ou esperando que ele tenha melhores condições para ouvir o que tenho a lhe dizer.

Apesar de não saber a que ele se refere quando fala em "interpretação" e "análise", suponho que seja ouvir de mim a palavra sagrada, irrevogável e verdadeira. Como me mostro cheia de dúvidas, ignorante quanto a muitos de seus pensamentos, questionadora, surpreendo-o e o desagrado. Relata algumas vezes um "sonho-pesadelo" que o impressionou muito, no qual se vê deitado num divã, sentindo sua cabeça alongando-se, tornando-se extremamente grande e pesada.

Penso em tudo que engoliu e armazenou durante tantos anos e que agora aparece indigestamente, atormentando-o e perseguindo-o. Ainda assim, em muitos momentos, percebo que tenta fazer a mesma coisa comigo. Quer que eu seja um prolongamento de sua mente, quer também engolir-me, numa tentativa de conseguir, com a fusão, uma identidade ideal para si.

Muitas vezes é sedutor em sua maneira de estar comigo, tenta descobrir como eu trabalho, como funciono, imaginando-me possuidora de algum segredo. Estimula em mim o desejo de compreendê-lo, de descobrir realmente o que pode ter ocorrido. Com isso, fico muitas vezes às voltas com seus relatos, querendo dar-lhes nexo e sentido, até perceber que assim fico igual a ele, esgoto-me em explicações vazias e inúteis. Ele as engole prontamente, tal qual criança faminta, permitindo-me considerar como está entregue a um estado mental carente de elementos "verdadeiros", que pudessem de fato ajudá-lo a articular palavras e pensamentos.

Quando é possível me dar conta de situações emocionais como essa, penso que é possível lhe oferecer de fato uma análise, e aí questionar a utilização desses métodos na vida, nas relações interpessoais e também numa psicanálise. Parece-me que ele consegue aos poucos considerar a inutilidade dessas táticas, se interessa pela ideia de que tem uma personalidade sua, podendo arriscar-se a conhecê-la, contando com minha ajuda.

Neste momento acho que podemos nos encontrar, ele tentando se ver como um homem, eu como uma mulher, duas pessoas adultas tendo de desenvolver condições para suportar a frustração e a dor, encontrar alternativas para o ódio, e assim talvez conseguiríamos conhecer e aprender algo da experiência que partilhamos. Apresento a seguir um fragmento atual, numa tentativa de especificar algumas de minhas ideias e conjecturas.

Ele entra na sala, olha-me de relance quando o comprimento, deita-se e, após breve silêncio, diz:

> *É interessante, você me pareceu feia hoje quando entrei, sem vida, fria como uma estátua ou um céu cinzento. E me chama atenção isso, não consigo entender, pois ao mesmo tempo quando saí daqui ontem você me parecia doce, viva e sorridente. Te considerei até bonita. Uma na entrada e outra na saída. Mas como pode ser isso? [Pausa] Me encontro com duas mulheres? [Pausa] Entro com medo e saio recompensado... [Silêncio] Lembrei-me agora de que vim pensando hoje em te comprar flores, me deu vontade de comprar algo para você. Mas imediatamente achei coisa sem sentido. Não há disso entre nós.*

Digo-lhe o que penso a respeito de seu desejo de me trazer flores; que teria até um sentido muito claro, pois seria uma manifestação afetiva dele homem para mim mulher. Parece-me que isso o assusta muito, e prefere então dizer que não há disso entre nós, o que sugere que prefere manter ali comigo um modelo em que ele, como um Sol, chega para me iluminar e aquecer, eu Terra, planeta sem luz própria, aguardando triste e fria sua chegada.

Ele fica um tempo silencioso, parece agitar-se e angustiar-se, terminando por falar em voz aflita:

> *Ouvi-la dizer isso me faz pensar noutras coisas, voltam à minha cabeça aquelas ideias, coisas que você já conhece bem.*

Digo-lhe que não sei do que ele quer falar, apesar de ele imaginar que sei.

> *Ah! [Irritado] Como eu espero mesmo um dia saber tudo, não ter mais desconhecimento nem barreiras para mim. Alcançar a lucidez total e perfeita, porque houve um momento que foi assim. Não sei se esta análise vai servir para isso. Afinal, será que vale a pena usar a análise para isso? E se quero ser Deus, Sol, como um Deus viria consultar outro Deus? Então seriam dois Deuses?*

Penso, o que ocorre neste encontro? Como aquela mente, que me parecia tão carente de substratos, de elementos, de repente desponta ali na minha frente, sugerindo ser possuidora de luzes, força, poder? Observo, questiono, surge-me o modelo de um Sol, sinto como se me pedisse que realmente girasse em torno dele, seguisse seus caminhos, satisfizesse suas necessidades. Precisaria dirigir-me, moldar-me, praticamente dar-me vida. Fundidos e unidos num único sistema criado em sua mente.

Observo também que chega trazendo dentro de si sentimentos que parecem ser amorosos, "até pensou em comprar flores", referentes talvez a uma imagem que traz dentro de si, possivelmente uma mãe-analista idealizada. Abro a porta, ele me vê e, capaz de alguma observação de realidade, distingue-me da analista interna. Distingue-me possivelmente também de si mesmo, e isso lhe é insuportável. Sou odiada, não só por não ser ele mesmo, não ser o que ele quer que eu seja, mas também porque, apesar disso, precisa de mim, vem ali para se encontrar comigo. Tenta fazer-me novamente uma parte dele, transformando-se no Sol que me ilumina e dá vida, destituindo-me de minhas qualidades de vida e amor.

O que parece na verdade não suportar é a angústia e a dor que lhe provoca perceber-se separado do objeto mãe-analista, supridor de cuidados e afeto. Não pode tolerar que nada de bom, desejável, exista fora de si mesmo, fora de seu alcance. Vir a uma psicanálise já lhe é difícil; ter de se considerar necessitado, precisando de ajuda, quando pretendia ser como um "Deus", é insuportável. Quando em contato com a experiência ali comigo, torna-se também insuportável a visão de que existo fora dele mesmo, independente dele, possuindo elementos que ele quer e dos quais precisa.

Movido pela angústia que lhe provoca a visão desta *caesura*, é tomado por sentimentos invejosos, agressivos, transformando, então, a analista doce e viva numa estátua cinzenta e sem vida. Destitui o objeto mãe-analista de suas qualidades boas, aplacando assim seus sentimentos invejosos, restituindo a crença em sua onipotência e seu controle.

Para não ter de considerar o fato de que sua mente alucina, fantasia de acordo com suas angústias; para não ter de se admitir mortal, possuidor de inveja, ódio, amor, tenta resgatar seus modelos antigos, acreditar que a divindade existe, que pode ainda vir a alcançar o paraíso.

"Mas como um Deus pode vir consultar outro Deus? Então seriam dois Deuses?" Penso que é nesse momento levado a considerar e duvidar de suas crenças antigas. A experiência que vem vivendo nos últimos anos, muito penosa e dolorosa, tem lhe oferecido a oportunidade de talvez reconsiderar o que realmente vem acontecendo. Será que em algum momento houve algum Deus? Ou terá sido tudo um grande engano, uma transformação alucinatória de sua mente, carente e frágil, incapaz de tolerar a dor? Pois se não houver Deus nenhum ali no encontro comigo, se for possível considerar que se trata apenas de duas mentes, duas personalidades que se confrontam, seria então viável procurar obter uma da outra aquilo de que precisam para realizar a tarefa a que se propõem. Talvez sendo suportável a visão de nossa condição humana, desfazendo as farsas e se interessando pelos fatos, poderemos ter uma psicanálise.

A tarefa que se coloca, então, nesse momento, penso ser a de investigar essa mente que se mostra tão carente de elementos, tão frágil, que precisa desacreditar e ignorar suas características e suas possibilidades a ponto de estabelecer um sistema em que, para sobreviver, é necessário lançar mão ("engolir") de recursos de outras pessoas e, assim, transformar-se no que imagina que deve ser.

Que elementos colaboraram para a constituição desse estado mental, dessas condições de personalidade? Pois certamente existem os "motivos" que determinaram que aquela personalidade seguisse nessa direção e não em outra. Em outro momento do trabalho, ao relatar um sonho, sugere algumas associações que talvez nos permitam pensar a respeito.

> *Eu estava em casa e lá havia um leão. Eu era menino pequeno, sabia que aquele leão estava sem comer há dois dias, faminto. Eu tentava escapar e esconder-me*

> *na cozinha, conseguia trancar a porta e, apesar das tentativas do leão para abri-la, o trinco se quebrava e eu ficava a salvo. Ao lado meu pai me olhava. O que me chama atenção e me lembro muito bem é da casa. Era uma casa antiga na qual morávamos quando minha irmã menor nasceu.*

Em seu sonho ele se transforma, como faz em seu encontro comigo. É outro relato, são outras imagens, mas penso que se referem a alguns elementos comuns. Ele colabora com associações a esse sonho, lembrando-se de como sua mãe relata episódios estranhos dessa época, por exemplo, que ficava muito bravo, ia até a cozinha e fazia cocô dentro da lata de banha. O sonho e suas associações suscitam em minha mente a visão de uma criança faminta, assustada sentindo-se abandonada e muito enraivecida com o que vive.

Esse modelo talvez se ligue às suas experiências primitivas e iniciais, em que o seio materno foi sentido como frustrador, perdido pelo nascimento de uma irmã menor, incorporado alucinatoriamente, idealizado como parte de si mesmo. Dessa forma, evitaria sentir-se necessitado, frágil e dependente. A única maneira encontrada por essa criança carente para apaziguar o ódio que viu despertado dentro de si, o "leão" que a ameaçou e amedrontou. Aqui, na análise, penso que se defronta com situações que lhe evocam novamente essas vivências. Precisa, então, sentir-se o possuidor de todo o bom, deixando comigo os aspectos de fragilidade e carência. Num movimento mágico, ele me dá o que acha que eu não tenho e que ele possui, "um bebê faminto que tenta encher de leite um seio vazio". Com essa visão alucinatória, nega onipotentemente um estado de muita carência, ao mesmo tempo que o torna extremamente evidente.

Conjecturo que talvez, agora, seja possível que ele tenha certa noção dessas angústias e de suas transformações, uma vez que pode considerar que percebe "duas analistas". É possível que a integração, o *insight*, esteja se aproximando. Colabora para essa minha conjectura o fato de ele poder associar a visão da analista feia e sem vida à entrada, e a analista bonita e doce à saída, considerando então que algo ocorre dentro de sua mente, durante nosso encontro, que determina sua visão. Pode estar próximo a conceber suas identificações projetivas como determinantes das "lentes" que usa na apreciação dos fatos.

Neste momento, estou supondo progresso, mudança. É possível que a mudança que percebo diga respeito à minha capacidade de captar algo da situação emocional que presencio e da qual participo; é também possível e provável que ele esteja tendo contato com esses movimentos, já que parece ouvir muitas vezes o que lhe digo e aproveitar minhas contribuições. Supondo, então, que a mudança está acontecendo na relação analítica, e que isso pode significar progresso, penso que se torna cada vez mais evidente a constatação de que somos duas pessoas, separadas e diferentes.

Um fragmento de sessão bem recente ilustra algo desse movimento que penso estar ocorrendo, e que considero uma tentativa de discriminação entre si mesmo e o outro.

> *Me vem à mente uma imagem deste fim de semana. Eu e minha namorada, nus em frente ao espelho; eu olho e de repente me surpreendo, percebendo seu corpo ali, junto ao meu, abraçado, acho que não perceberia que ela estava ali não fosse a visão do espelho. Um corpo tão liso, bonito, em contraste com o meu, rude e feio, tão diferente. Incrível poder distinguir assim os contornos.*

Penso no fato de que estamos ali eu e ele, pessoas tão diferentes, separadas e ao mesmo tempo tão juntas em certos momentos. Parece estar podendo considerar que somos dois sem se sentir tomado por ódio e inveja, sendo talvez capaz de perceber a existência desses "contornos", isto é, de uma pele mental que distingue e isola as pessoas umas das outras. Tal aquisição pode, a meu ver, lhe proporcionar algo de que ele é muito carente, a noção de que é um indivíduo único, um ser humano adulto, potencialmente com condições para o desenvolvimento e o crescimento.

Um dos modelos que proponho, "o Sol que me ilumina", me remete à ideia de um sistema, o Sistema Solar, em que cada um dos elementos presentes observáveis, planetas, satélites e estrelas, ocupam uma posição determinada, executando num movimento conjunto e harmônico sua trajetória. Contrastando com a ideia de um sistema, penso no que entendo por psicanálise, e percebo que a considero uma experiência na qual o contato com o novo, o imprevisível e o inefável é fundamental. Sem dúvida, sistemas são asseguradores e aplacadores de angústias e dúvidas. Pressuponho na ideia de sistema a simetria, a regularidade e a constância.

Espero ter tornado visível no material que apresento a tentativa de meu analisando no sentido de alcançar um estado assim. Penso que não sendo possível sair do sistema, do modelo proposto, em que predomina a onipotência, a onisciência e a negação da realidade, esta psicanálise seguirá o mesmo destino, a mesma direção que ele, meu analisando, deu à sua vida até hoje. Se conseguirmos alterar esse estado de coisas, essa organização, algo acontecerá, mas não penso ser possível dizer o que, nem em que direção, embora muitas suposições sejam possíveis.

Num outro contexto e em outro nível, esse mesmo modelo suscita-me associações à revolução provocada por Copérnico e Galileu ao sugerirem que a Terra girava em torno do Sol, contrariando as teorias estabelecidas e considerando, portanto, a humanidade não mais como o centro do universo, como talvez se acreditasse, mas apenas como uma das muitas parcelas existentes. A des-idealização e a redução do homem à sua condição humana, naquele momento, parecem ter sido muito ameaçadoras, a tal ponto que provocaram a ira e o castigo a seus propositores.

De certa forma, é assim que me sinto. Aquela que vem questionar crenças e teorias estabelecidas, sugerindo "humanidade" para aquele que acredita ser o centro de toda a atenção e o poder. Mas serei eu capaz de não lhe oferecer ou sugerir outro sistema no lugar daquele que proponho que seja abandonado?

Reflexões atuais – a imagem e o processo onírico

Nestas reflexões atuais, proponho um tópico muito importante para continuar a refletir sobre este texto: "a imagem e o trabalho onírico".

Penso que o título dado ao trabalho de 1980 foi, e ainda é, importante, pois a noção de modelo nos leva a pensar na imagem. Na verdade, o título, "Modelos e conjecturas", hoje me sugere a possibilidade de uma elaboração imaginativa, que, acrescida da expressão "transformações do analista", acentua a ideia de construção e de um processo em andamento. Digo isso agora, porque na época da execução do trabalho isso não me ocorreu.

A "imagem" foi talvez um dos elementos mais importante e férteis no desenvolvimento do pensamento freudiano. Não foi sem motivos que Freud inaugurou a psicanálise com *A interpretação dos sonhos* (1977/1900). É bem possível que tenha deixado de lado o *Projeto para uma psicologia científica* (1977/1895a), que depois acabou se perdendo, movido pela sua fascinação com as imagens, muitas delas presentes em seus próprios sonhos.

Este pequeno trecho apresentado talvez permita conjecturar como Freud, desde o início de seu trabalho, levando em consideração as construções imagéticas de seus pacientes, bem como no contato com seus próprios devaneios e sonhos, terminou por constatar a importância da imagem na captação dos processos psíquicos.

> *Os sonhos, portanto, pensam predominantemente em imagens visuais – mas não exclusivamente. Utilizam também imagens auditivas e, em menor grau, impressões que pertencem aos outros sentidos. . . . A mente em estado de vigília produz representações e pensamentos em imagens verbais e na fala; nos sonhos, porém, ela o faz em verdadeiras imagens sensoriais. . . . Além disso, existe uma consciência espacial nos sonhos, visto que sensações e imagens são atribuídas a um espaço externo, tal como o são na vigília. (Freud, 1977/1900)*

Cito esses pequenos trechos, presentes no início da *Interpretação*, por considerá-los interessantes, ousados e profundamente verdadeiros. Ousados, dentre outras coisas, por aproximarem imagens sensoriais e percepção, e também por proporem o sonho como uma forma de pensar e considerarem os estados psíquicos da vigília e do sonho como semelhantes, em muitos momentos. Sabemos que, até então, os fenômenos oníricos eram tratados como aspectos mágicos, místicos, mais próximos à feitiçaria que à "ciência". Esses trechos correspondem ao item "(E) As características psicológicas distintivas dos sonhos", antes mesmo do capítulo II – "O método de interpretação dos sonhos: análise de um sonho modelo".

Insisto nessas referências iniciais pois, desde o começo de meu trabalho como psicanalista, a relação entre o sonhar e o pensar, aspectos presentes na *Interpretação*, chamaram muito minha atenção. Meu segundo relatório, não incluído aqui, versou sobre a importância dessa questão, e um trabalho intitulado "A regressão" aponta também para essa relação.

Fascinou-me, na época, conhecendo pouco sobre a questão, a facilidade com que, de um estado de mente em que parece prevalecer o pensamento lógico e verbal, pode vir a se impor outro tipo de pensar, predominantemente imagético, alucinatório, invertendo completamente a direção progressiva que prevalecia no primeiro, dando lugar para que a regressão se instale. Poderíamos dizer, então, que essa reversão inicia um processo de "sonhar" na vida desperta, que pode não se limitar ao que Freud denominou "sonhos diurnos", mas se constituir num constante processo alucinatório delirante, com perda da noção de realidade e abertura ao princípio do prazer?

Na verdade, estou chamando atenção ao fato de que Freud parece antecipar seus próprios avanços constantemente, e esse processo de antecipação posso também reconhecer e identificar em minha mente. Penso que o "método" de Freud mostra esse aspecto: as conjecturas imaginativas e a intuição são levadas a sério!

Esses aspectos, graças à minha intuição, me permitiram constatar na experiência, muito antes que um conhecimento intelectual e racional se formasse, outra forma de conhecimento. Neste momento, essa digressão visa chamar atenção para a proposta inicial apresentada por mim, de que sempre escrevemos sobre o que vivemos internamente naquele momento, a escrita como uma forma de elaboração e de desenvolvimento do conhecimento.

Hoje, nada disso parece tão complicado, mas na época a apreensão intuitiva me dizia que a relação entre as palavras e as imagens era um tema fascinante! E possivelmente era mesmo, pois se tratava de descobertas e elaborações internas, parte de um desenvolvimento desencadeado pelo contato com a psicanálise.

Nosso pensamento em palavras está sujeito à direção progressiva, nosso pensar em imagens é comandado pela direção regressiva, e esses processos são apresentados magnificamente no capítulo VII da *Interpretação*. Como já anuncia a nota preliminar, o sonho pensa por imagens visuais, portanto: "A mente em estado de vigília produz representações e pensamentos em imagens verbais e na fala; nos sonhos, porém, ela o faz em verdadeiras imagens sensoriais" (Freud, 1977/1900).

Deter-me nos processos imagéticos me pareceu, pois, desde o início, algo muito importante, não apenas considerando na clínica a presença dos sonhos, isto é, do processo onírico, mas também atentamente buscando uma aproximação, por exemplo, à construção de modelos e às conjecturas ficcionais. É disso que trata este segundo trabalho, "Modelos e conjecturas", embora seja novamente Bion quem ocupa um lugar de destaque e tem suas teorias privilegiadas. Não há crítica ou defeito nisso, mas continua a ser um fato curioso para mim!

Voltando ao tema "imagens e processo onírico", não posso deixar de mencionar uma citação de Aristóteles que parece alcançar, numa "intuição súbita" (termo usado por Freud), uma aproximação entre Freud e Bion, dizendo:

> *O melhor intérprete dos sonhos é aquele que melhor apreende semelhanças, pois as imagens oníricas, como as imagens da água, são distorcidas pelo movimento e aquele que é capaz de reconhecer o verdadeiro na imagem distorcida obtém os maiores êxitos. (Aristóteles citado por Freud, 1977/1914a, p. 118)*

O "verdadeiro" na imagem distorcida pode ter relação com um aspecto mencionado por Freud em seu trabalho *Sobre os sonhos* (1901a). Refiro-me à terceira operação do sonho, ao lado da condensação e do deslocamento, a de "tornar presente", "dramatizar". Essa operação, forte e convincente, produz no sonhador uma experiência de veracidade inquestionável. Não são apenas cenas que se alternam, é um verdadeiro drama encenado.

Acrescentarei neste momento a contribuição de J. C. Rolland, leitor assíduo de Freud, que muito contribuiu para o estudo da imagem. Uma das propostas de Rolland (2006) de que gostaríamos de fazer uso considera a "imagem" como um elemento psíquico presente o tempo todo em nossa mente, importante nos processos de formação de memória, nas rememorações, no processo onírico, na alucinação e muitas vezes também constitutivo do processo de pensar.

"A imagem é um material essencial ao aparelho psíquico; um dos três suportes da vida do espírito, entre a linguagem que nos põe em comunicação uns com os outros . . . e com a negatividade do inconsciente" (Rolland, 2016b, tradução minha), e eu continuaria dizendo que é uma expressão da sensorialidade, pois transforma o desaparecido em aparição. Talvez aqui poderíamos pensar novamente na "dramatização" e na "encenação".

Freud chamou a atenção para a "representação de coisa" e a "representação de palavra", caracterizando a primeira como pertencendo ao estado inconsciente. Complementando esse ponto, Rolland propõe considerar que a "representação de coisa" é sempre da ordem da imagem, pois nossa memória inscreve a experiência graças à sensorialidade.

Freud, em seu manuscrito sobre o *Projeto* (1977/1895a), mostra o teor fantástico da relação "percepção-alucinação-representação", tão estreita e complexa que dificilmente conseguiríamos separar as três. Talvez por isso, nesse mesmo texto ele diz que "a lembrança primária de toda percepção é sempre uma alucinação".

Como não dar importância à imagem?

A ideia aqui é levar em conta não apenas o visual, mas toda a experiência sensorial como responsável por gerar de maneira proteiforme uma inscrição na psique, seja ela motora ou postural, cenestésica ou sonora, inscrição esta sempre passível de um resgate pela imagem visual.

O consciente coincidirá com o campo da linguagem, enunciável, enquanto o campo do inconsciente se constituirá em imagem. Como a representação de coisa, a imagem terá acesso à consciência apenas se ligando à palavra. De uma "presentação" fica aberto o caminho para a "representação". Penso que a ideia de fantasia inconsciente é um bom exemplo de uma imagem que, numa relação analítica, pode adquirir consciência, seja por ser captada em imagem pelo analista e depois interpretada, seja por evoluir na associação livre do analisando, se ligando às palavras.

É interessante pensar que, quando colocamos uma fantasia imagética em palavras, ela já deixou de ser inconsciente e passou a fazer parte do consciente representado. Então, na verdade, a "fantasia inconsciente" é algo inacessível enquanto não formulada em palavra, não representada. Provavelmente, falamos o tempo todo em "fantasias conscientes", e não inconscientes!

Toda noite se produz um conflito: o psiquismo precisa sobreviver entre o desejo de uma regressão narcísica sem limites, alucinatória, e o perigo de se encontrar num estado sem representações conscientes. A não representação equivaleria à perda do objeto real, da autopercepção-consciência, matriz de toda a reflexibilidade (Botella e Botella, 2002). Essa não representação é intolerável, daí talvez uma das razões de recorrermos à representação, resgatando imagens que se transformarão em imagens oníricas.

O sonho fala desse processo regressivo de transformação dos aspectos negativados do inconsciente em imagens, obviamente tornadas visíveis quando colocadas em palavras pelo sonhador, representadas e positivadas. Sabemos que sonhamos, lembramos desses sonhos às vezes, recordamos partes da "encenação" e da "dramatização" por alguns minutos, porém só quando relatamos nossos sonhos temos plena consciência destes, com a escolha das palavras.

De fato, não é o sonho que produz a imagem, o sonho se desenrola em imagens. Será a partir do material depositado em nossa memória, isto é, a partir dos restos mnêmicos, que o sonho será construído no psíquico em imagens. Estas sofrerão uma nova transformação ao serem colocadas em palavras, pois não será tão fácil o inconsciente permitir o acesso à consciência.

Sonho sonhado, sonho relatado; dois sonhos diferentes, às vezes complementares, outras vezes encobridores do proibido, mas sempre sonhados em imagens, pois produto da regressão econômica, tópica e dinâmica. É claro que certas situações, como a força de um desejo buscando satisfação, encontrarão no sono, graças à condensação e ao deslocamento, as condições necessárias para isso, dando então lugar para o trabalho onírico de dramatização e de encenação.

Talvez estejamos mais familiarizados com a linguagem das palavras, que, imaginamos, decorre de um trabalho intelectual totalmente diferente do trabalho da imagem alucinatória e onírica; no entanto, a diferença não é tão grande como pensamos. A representação em palavras, a linguagem, provém da mesma fonte, isto é, das transformações da atividade pulsional em sinais, sofrendo um processo não igual ao onírico, porém que poderíamos aproximar a este. A linguagem também condensa, aglutina, separa e desloca, além das conhecidas formas específicas, como o *Lapsus linguae*, os tropos, as metáforas e outras figuras de linguagem, que muitas vezes expressam situações profundamente encobridoras e dramáticas, como é o caso da "negativação" e do silêncio.

Não há dúvida de que a presença dessas duas linguagens, a verbal em sinais e a do sonho em imagens, contribui enormemente para ampliar nossa compreensão quando se trata da psicanálise. A regra fundamental de Freud propunha ao paciente dizer tudo que lhe viesse à mente, ou seja, seus sonhos, seus devaneios, suas memórias, tendo como objetivo superar as resistências da repressão e preencher as lacunas da recordação.

"Construções em análise" (Freud, 1977/1937) é um texto fabuloso, que aponta a enorme dificuldade que existe para que essa regra fundamental seja seguida; a superação da repressão e das resistências do paciente, na maior parte das vezes, exige conjecturar, imaginar e construir. Obviamente, será na transferência que essas linguagens/expressões serão captadas, elaboradas e construídas pelo psíquico do analista, de certa forma estimulando também nele sinais, como num segundo filtro, num outro sonho.

Iniciamos este antigo texto com uma citação de Bion, opondo a questão da interpretação e da construção. Conhecendo o trabalho de Freud sobre "construções em análise", podemos conjecturar que a citação inicial, de certa maneira, foi inspirada nesse texto, apontando justamente para uma circunstância especial.

As sábias palavras de Bion chamam nossa atenção para a relação entre onipotência/desamparo e o choque que uma "interpretação" da onipotência pode provocar no estado de "desamparo", vivenciado no outro extremo da cadeia psíquica. Interpretar essa onipotência seria propor ao paciente que se confrontasse com seu desamparo, o que obviamente ele não consegue; interpretar o desamparo, por outro lado, se mostraria inútil, pois este é negado, substituído por uma representação onipotente.

É justamente aí que entra, em nosso ponto de vista, a importância da imagem e da construção de modelos imagéticos. Como nos sonhos, a criação e a construção das imagens possibilitam "falarmos além das palavras", pois a imagem contém um aglomerado de significantes e restos de percepções capaz de expandir seus significados em várias direções, sempre indiretamente.

O modelo do Sistema Solar, bastante simples, ajudou na análise desse paciente, na medida em que pensar a partir da imagem ou de um modelo sofre menos restrições conscientes. Um "Sol" é um corpo celestial, muitas vezes um "Deus", uma estrela com força de atração, admirada e temida, enquanto os planetas são corpos celestes sem força de atração, que giram em torno do astro-rei, dependendo deste para obter luz e calor.

O modelo, embora simples, inclui a força do poder onipotente (Sol) e também a fragilidade do desamparo (os planetas, a Terra fria à espera de um raio de sol). Ao falar de um, estamos necessariamente falando dos dois, e isso é aceito indiretamente pelo sistema inconsciente. Como no sonho, a "permeabilidade" do sistema consciente dependerá da aceitação das condições impostas pela parte inconsciente do ego e do superego.

Em nosso texto, um sonho é trazido pelo paciente logo em seguida na sessão, após a apresentação do modelo, o que corrobora nossa proposta de que o uso de um modelo na relação analítica ajuda o paciente a entrar em contato consigo mesmo. Além do poder e da força das capacidades simbólicas e metafóricas da linguagem verbal e sonora, é a eficiência e a importância da "imagem" em nossa atividade psicanalítica que salientamos aqui. Ela nos acompanha muito mais que imaginamos; seria bom pelo menos saber disso.

Mudanças[1]

A observação de que "mudanças" ocorrem durante uma psicanálise é comum a todos nós que nos dedicamos a esse trabalho. A natureza dessas mudanças, suas características, sua intensidade e sua duração têm sido motivo de meu interesse e minha indagação.

Tenho em mente a ideia de que "mudanças" são acontecimentos inerentes à própria condição do ser humano como pessoa viva, em movimento e, portanto, em constante transformação. Não é, pois, privilégio da psicanálise, mas é característica desta propiciar certas mudanças.

O objetivo aqui é tentar observar, num trabalho desenvolvido por um período de cinco anos, alguns aspectos que poderia afirmar que sofreram transformações, modificaram-se. O material, por ser extenso e variado, é complexo, permitindo ser observado de vários ângulos e perspectivas; no entanto, pretendo deter-me apenas em considerações sobre mudanças que pude observar nas

1 Uma versão anterior deste capítulo foi publicada em 1986 na *Revista Brasileira de Psicanálise*, *20*(4), 567-600.

identificações projetivas e introjetivas da paciente, responsáveis por modificações consideráveis nas suas relações de objeto e em sua identificação com estes. Também tentarei focalizar as consequências dessas mudanças nas relações transferencial e contratransferencial.

Seria possível também considerar que tais “mudanças” se relacionam aos movimentos e às oscilações entre as posições esquizoparanoide e depressiva, com predominância ora de um aspecto, ora de outro. Nesse sentido, seria necessário então considerar as angústias características de cada posição, suas fantasias e seus mecanismos predominantes.

Considero que, durante todo o desenvolvimento de uma personalidade, essas duas posições descritas por Melanie Klein se alternam, possibilitando, cada uma à sua maneira, que haja expansão. A proposta de Bion de considerar a fórmula PS↔PD com a seta dupla indica que os movimentos de fato são sempre bilaterais, nunca sendo possível prescindir de um estado completamente em função de outro. A teoria kleiniana, de certa maneira, dá ênfase positiva à posição depressiva, colocando-a quase como o objetivo a ser atingido. Embora concorde parcialmente com essa ideia, não deixo de levar em conta o fato de que a posição esquizoparanoide continua durante toda a vida exercendo sua função e tendo seu papel no desenvolvimento. É a dinâmica entre PS↔PD que vai expressar a possibilidade do desenvolvimento da capacidade para pensar ou não.

Penso que não é possível tentar descrever numa psicanálise os movimentos de uma mente sem estarmos nos referindo a essas oscilações entre as posições esquizoparanoide e depressiva, principalmente em se considerando que o referencial usado é o da teoria kleiniana. No entanto, como já mencionei, procurarei dar ênfase predominantemente ao uso das identificações projetiva e introjetiva e às suas consequências na transferência e na contratransferência.

Até que ponto uma personalidade é passível de sofrer mudanças e transformações, e em que momento nos defrontamos com limites intransponíveis, sejam estes determinados pelo analisando ou pelo analista, é para mim uma questão em aberto.

Considero fundamental o papel das identificações projetiva e introjetiva nesses processos de mudança, concordando neste ponto com Paula Heimann (1950b) quando utiliza a expressão "arquitetos da estrutura mental" ao tratar dos processos de projeção na infância.

Parece ser uma tarefa difícil determinar em que momento as identificações projetiva e introjetiva têm início. Para alguns autores, a situação mais primitiva e difícil de descrever se aproxima talvez de um modelo no qual não houvesse diferenciação nem separação nítida entre o bebê e sua mãe, entre mundo externo e mundo interno. Frances Tustin (1981) refere-se a esse estado como *flowing-over-at-oneness*, um momento em que a ilusão da unidade poderia ainda ser mantida; já Eugênio Gaddini (1969) associa esse mesmo processo à imitação, enquanto Donald Meltzer (1975) fala de identificação adesiva.

Já Klein adota o ponto de vista de que as relações objetais estão presentes desde o início da vida, bem como rudimentos de ego em estado de não integração. O primeiro objeto para o bebê, o seio materno, é, desde o início, dividido num seio bom gratificador e num seio mau frustrador. O primeiro movimento mental para Klein supõe a necessidade de projetar fora do próprio ego o instinto de morte (deflexão), vivido pelo bebê como medo de aniquilamento. Dessa necessidade de projeção resulta uma separação nítida entre amor e ódio, partindo daí o intercâmbio constante entre projeção e introjeção, e a necessidade do uso desde esse momento inicial da identificação projetiva, como tentativa de obter alívio e livrar o ego da ansiedade.

Em seu livro *A psicanálise da criança* (1981/1932), Klein constrói uma perspectiva da estrutura mental em termos de mecanismos de projeção e introjeção que configuram a dialética entre mundo interno e mundo externo. O contraponto entre a fantasia e a realidade adquire um sentido muito especial, uma vez que a fantasia passa a conter algo da realidade introjetada, enquanto a "realidade" é vista a partir dos mecanismos projetivos que sancionam o aspecto subjetivo de toda experiência.

Posteriormente, em seu artigo "Notas sobre alguns mecanismos esquizoides" (1952), Klein usa pela primeira vez o termo identificação projetiva, ligando-o inicialmente às relações de objeto, pois, para proteger o objeto bom da maldade dentro do ego, torna-se necessário projetar todo o mal e identificá-lo fora do ego. Em seguida, coloca a hipótese inversa, ou seja, de que partes boas do ego também podem, por projeção, ser colocadas no objeto de forma a transformá-lo em ego-ideal. A introjeção do objeto também é considerada, podendo ter a função de defender o ego da ansiedade e favorecer a integração.

Com a conceituação e a explicitação desse conceito de "identificação projetiva", Klein amplia a compreensão dos processos de projeção e também de identificação; fica implícito que não é possível usar da projeção sem estar concomitantemente projetando partes do ego, o que envolve um *splitting*, e sem a presença de um objeto que funcione como continente das partes projetadas, sendo a percepção distorcida nesse processo.

Bion deu importantes passos para a complementação e a compreensão da identificação projetiva. Segundo ele, essa é a forma mais importante de comunicação entre um bebê e sua mãe, sendo um dos meios utilizados com muita frequência na interação analista-analisando (Bion, 1965). A identificação projetiva, para Bion, torna possível a uma personalidade investigar seus próprios sentimentos, utilizando-se de outra pessoa, supostamente capaz de contê-los e tolerá-los.

Para um bebê, a impossibilidade de usar esse mecanismo, seja por recusa ou incapacidade da mãe para funcionar como continente, seja pela intensidade dos sentimentos de ódio e inveja que experimenta, leva-o à destruição do vínculo com a mãe e, consequentemente, a uma séria desordem no impulso para a curiosidade, do qual todo aprendizado depende (Bion, 1962). Bion insiste também que a identificação projetiva não é apenas uma fantasia, mas uma manipulação de uma pessoa por outra pessoa, portanto, uma forma de interação interpessoal.

O conceito de identificação projetiva vem sendo utilizado não só pelos seguidores da escola kleiniana como por psicanalistas de outras orientações. Mesmo discordando em relação ao momento em que tais processos têm início, os autores parecem concordar num ponto: o da importância, no desenvolvimento de uma personalidade, da presença de um objeto continente desses processos. No caso de um bebê, a presença dos pais, ou mais efetivamente ainda, da mãe, que passa a desempenhar um papel fundamental e determinante na qualidade que vai sendo impressa às experiências iniciais, modeladoras da personalidade que ali está.

Ao iniciarmos uma psicanálise, não estamos mais frente a um bebê, mas a uma personalidade que já desenvolveu características próprias, tendo aprendido e adotado formas específicas de lidar com seu mundo mental e emocional. Em meu ponto de vista, diferencio a relação analítica da relação mãe-bebê, considerando que aquilo que uma relação analítica tem de mais característico, que é a interpretação, não está presente na relação mãe-bebê. Penso que a capacidade de conter os sentimentos e as angústias emergentes na situação analítica pode ser considerada como função equivalente à materna. No entanto, ao passo que os pais reagem mais ou menos instintivamente às situações emocionais, o analista submete suas observações e suas ideias a certa ponderação e exame, na maior parte do tempo não mais como uma atividade consciente, mas como um aspecto já integrado de sua função analítica desenvolvida.

Certamente, aspectos da função materna são de fundamental importância se pretendemos levar adiante nossa tarefa; refiro-me às funções de acolhimento, contenção e transformação (a *rêverie* de Bion), não mais frente a um bebê, mas a uma personalidade carente e necessitada de conhecimento e expansão.

Voltando à proposta inicial de considerar "mudanças", penso que essas duas pessoas que agora se encontram como analista-analisando se propõem justamente à tarefa nada fácil de questionar e investigar os rumos que o desenvolvimento alcançado até então tomou, procurando rever e reconsiderar agora, nessa nova relação que se estabelece e se desenvolve, o antes tido como inquestionável. Desse ponto de vista, a procura de análise e sua efetivação já se constituem em possibilitadores de "mudanças".

Parece-me clara a importância das identificações projetiva e introjetiva no desenvolvimento não só da personalidade, mas também do processo analítico, possibilitando a caracterização da transferência e da contratransferência, pontos cruciais para a captação e a apreensão da relação de objeto estabelecida.

Neste ponto de minhas considerações, definiria a identificação projetiva como um processo mental que é ao mesmo tempo uma forma primitiva de relação objetal, um aspecto da transferência, um mecanismo de defesa, um meio de comunicação e um caminho para a mudança emocional. Esse último supõe o processamento dos aspectos projetados pela outra pessoa, no caso de uma psicanálise, a capacidade de *rêverie* e transformação do analista, possibilitando que sejam reintrojetados de forma alterada (tendo sofrido transformações).

Cabe aqui fazer uma diferenciação entre identificação projetiva e identificação introjetiva. A identificação projetiva supõe uma confusão entre sujeito e objeto. Algo que pertence ao sujeito passa ao objeto, e este perde sua individualidade, ficando investido das qualidades projetadas. Dessa forma, o uso da identificação projetiva caracteriza uma forma de relação objetal, a relação esquizoide, que leva a marca da confusão e da inconsistência, já que lida com objetos parciais, processo primário, identidade de percepção e equação simbólica (Segal, 1981). Quando acionada a identificação projetiva, a distância entre símbolo e simbolizado se perde.

Já a identificação introjetiva tem a possibilidade de ser simbólica. Enquanto a identificação projetiva percorre o terreno do imaginário, a introjetiva pode tornar possível outra forma de relação, em que o objeto é reconhecido como independente e autônomo. Como destaca Segal (1981), só a partir da identificação introjetiva pode o ego operar com símbolos verdadeiros.

A possibilidade de "mudanças" a que me refiro parece, pois, estar intimamente ligada a essa capacidade de identificação introjetiva e às condições necessárias para tal, tanto no analisando como no analista.

O que pude observar e acompanhar na paciente que trarei como ilustração foram justamente "mudanças" bastante significativas em sua relação comigo na transferência e na sua capacidade para entrar em contato com aspectos muito depressivos de sua personalidade. Considero que foi de grande importância e significação a possibilidade de elaborar aspectos contratransferenciais para o prosseguimento e o desenvolvimento do processo analítico.

O uso da contratransferência como instrumento de trabalho foi especialmente estudado por Heimann (1949). Acreditamos que essa colocação significou importante avanço na compreensão do processo analítico, no entanto, não consideramos que a contratransferência tenha deixado de se constituir num impedimento para o trabalho. Ambos os aspectos parecem coexistir.

Mudanças na perspectiva da contratransferência decorrem de alterações no enfoque da transferência. Contribuiu para tal, sem dúvida, a concepção da teoria kleiniana das identificações projetiva e introjetiva, não sendo mais possível a partir daí considerar que o analista não fosse "afetado" pelo processo analítico, passando por sucessivas identificações parciais e também fazendo uso dos métodos de projeção e introjeção.

Nesse sentido, a transferência poderia até ser considerada uma comunicação primitiva, pré-verbal inclusive, consistente com o conceito de identificação projetiva. Essa comunicação não verbal (ou verbal, mas primitiva) talvez só possa atingir seu objetivo dessa maneira, ou seja, afetando emocionalmente o analista. Poderíamos considerar também sua função, em muitos momentos, de ataque à comunicação, mas preferimos considerar que a transferência poderá sempre ser transformada numa comunicação caso seja possível ao analista realizar a elaboração.

Bion, em "A linguagem e o esquizofrênico" (1969), salienta como um analisando pode ter sucesso em impor sua fantasia e seu afeto correspondente no analista, de forma a negá-los em si mesmo. A comunicação pode inclusive ser pré-verbal, ele diz, de tipo arcaico, similar ao usado por animais gregários, em que a postura ou o chamado de um dos membros já são suficientes para evocar afetos similares nos outros. Numa psicanálise, o esforço tem de ser desenvolvido no sentido de diferenciar o que é a contribuição do paciente do que pode ter sido despertado pelo próprio mundo interno do analista.

Goldberg (1994) fala de uma dificuldade específica na contratransferência, e Ogden (1978) também aborda o assunto, ambos se referindo a analisandos que na infância foram objeto de intensa atividade projetiva dos pais. Esses analisandos desenvolvem certa habilidade para reproduzir na transferência a situação arcaica. Os sentimentos revividos e reeditados advêm das relações muito primitivas, e a possibilidade de interpretação dessas situações leva a "mudanças".

Minhas considerações levam-me a afirmar que as "mudanças" de fato não ocorrem apenas no mundo mental do analisando, mas também no do analista, desde que o processo vivido pela dupla esteja se desenvolvendo e esteja havendo crescimento. Ao transformar o processo inconsciente da contratransferência em processo consciente por meio da elaboração, possível de simbolização, o analista está também sofrendo "mudanças".

Tentarei agora resumir brevemente uma experiência analítica que dura já cinco anos, salientando pontos que considero relevantes e interessantes para a observação do tema que proponho.

Quando me procurou para um trabalho analítico, Mariana, jovem de 23 anos, dava a impressão de pessoa muito fechada, intelectualizada, convicta das teorias que mantinha a seu respeito, buscando uma análise bastante assustada pela visão de que muitas de suas dificuldades escapavam ao seu controle e à sua possibilidade de explicação e entendimento. Essas dificuldades apareciam predominantemente em seus relacionamentos afetivos e amorosos. Não conseguia se ligar afetivamente a uma pessoa, embora pudesse se ligar a várias pessoas ao mesmo tempo (amigos e às vezes namorados).

Especificamente com os pais, a relação era muito difícil e penosa. Sentia-se tomada de sentimentos muito intensos e incontroláveis de irritação, raiva e desprezo quando em contato com eles. Principalmente o pai, pessoa descrita por ela como muito autoritária, intransigente e dominadora, era alvo de suas irritações, e não raramente tinha com ele brigas terríveis. A mãe era descrita como uma figura mais tolerável, porém frágil e desprezível, uma vez que se apresentava passiva e concordante frente ao pai, recolhendo-se a maior parte do tempo ao isolamento e à religião.

No início de nosso trabalho, Mariana parece muito bem disposta, comparece pontualmente às sessões e fala bastante, contando com detalhes o que se passa em sua vida, seus relacionamentos e seu trabalho, fazendo-se acompanhar em seus relatos, bem como em sua vida, de amigos e amigas, sem, no entanto, dar mostras de perceber minhas intervenções ou de se ligar a mim. Parece ter muito pouca noção de minha presença e de minha função. Sua postura é intelectualizada, procurando justificar qualquer observação que faço de nosso relacionamento com racionalizações e explicações causais: menções a atrasos ou eventuais faltas, por exemplo, são sempre justificadas por ela com lógica, fazendo referência a fatos externos.

Parece necessitar mostrar-se como pessoa independente e livre, não apenas em relação aos pais, de quem se separou desde os dezoito anos, mas também agora em relação a mim, denotando na verdade muito medo de estabelecer vínculos, sentindo-os provavelmente como perigosos e ameaçadores. Sugeria-me neste começo de análise que sua proposta era negar e evitar o contato com as possíveis angústias que emergiam ali em nosso relacionamento, bem como manter a crença de que tudo poderia ser e seria resolvido por métodos intelectuais e pelo entendimento racional.

Parecia-me que se propunha a alcançar um estado chamado por ela de "adulto", em que não haveria mais angústia nem desconhecimento, apenas controle e eficiência. Era-me evidente que só poderia alcançar um estado assim fazendo uso de intensos e violentos *splittings* em sua personalidade, o que inevitavelmente a levaria a um estado de muita pobreza afetiva e restrição mental. Mas parecia-lhe ser necessário insistir nisso, evitar o contato com o mundo emocional, provavelmente com a função de impedir a emergência de possíveis aspectos e ansiedades psicóticos em sua personalidade. Sua proposta de análise era que a analista utilizasse os mesmos métodos que ela, isto é, que concordasse em negar tudo que poderia aumentar a turbulência e a angústia, limitando-se a funcionar numa pequena área de sua personalidade, visando ao controle e à supremacia sobre tudo o mais.

Após algum tempo de trabalho, em que procurei salientar essas observações, algumas ideias começaram a se delinear na mente de Mariana, e começamos a poder conversar. Foi possível considerar como seus modelos de moça independente e de sucesso se referiam mais às suas fantasias de onipotência e onisciência que às realizações consistentes em sua vida. Verificamos que o sistema interno utilizado por ela preconizava a autoridade e o poder em detrimento de um real desenvolvimento de sua personalidade. Vivia num clima de extremas exigência e pressão, buscando a análise como um sistema que viesse aperfeiçoá-la dentro de seus modelos, e não os questionar. Para isso, a analista teria de ficar longe, não podia ser incluída, deveria apenas acompanhá-la em sua trajetória e não a alterar com sua presença.

Supus naquele momento que não podia me utilizar como continente para suas angústias e suas fantasias, apenas me admitia como um aspecto parcial de sua personalidade condizente com suas teorias e seus desejos. Ambas deveríamos igualmente evitar o contato com a dor, com o desconhecido, com o novo.

Parecia-me que aquilo a que ela se referia como desenvolvimento correspondia na verdade ao rumo que sua personalidade havia precisado tomar, um rumo que preconizava o esmagamento de toda uma parte de sua pessoa em função da manutenção de algumas teorias e modelos intelectualizados.

Para ela, era fundamental provar-me que seus pais nunca a haviam entendido, que não havia bondade nem amor em sua casa, apenas submissão e ódio. Ela prescindia dos pais, estudava, trabalhava para sustentar-se e não precisar deles, o que de fato correspondia à presença de recursos e qualidades.

Mas parecia que esses recursos e essas qualidades tinham de ser usados para provar a ineficiência dos pais. Não possuía quase lembranças ou recordações de sua infância; prevaleciam apenas os desentendimentos da adolescência, as brigas e seu afastamento constante e definitivo. Fazia questão de não receber nada dos pais e de estar o mais longe possível deles.

O que me parecia era que não podia se dar conta de como esses pais estavam presentes e próximos em sua vida, apesar de geograficamente distantes. Tão próximos que ocupavam grande parte de nossas sessões, e muito espaço em sua mente. Ficava enraivecida até ao me falar deles, e não podia perceber como, na verdade, utilizava em sua vida emocional os mesmos modelos que condenava nos pais. Agora era ela mesma quem exigia e cobrava de si mesma um desempenho ideal, era ela, e não mais os pais, quem achava que precisava conhecer tudo, controlar tudo. Prosseguia obediente e subjugada a si mesma, provando sua independência dos pais e agora também da analista, sem se dar conta de como continuava aprisionada no mesmo sistema.

Conversar sobre tudo isso nos aproximou, mas fez também surgir o perigo. O perigo de ter de se admitir ligada a mim, interessada e necessitada da minha contribuição; isso talvez fosse o que ela mais temia, havia sido um dos motivos que a tinham trazido à análise, um ponto crucial em toda a sua vida.

Penso que neste momento surgiu o primeiro impasse mais sério em nosso trabalho. Prosseguir seria admitir que podia ouvir e considerar o que eu lhe dizia, questionar junto comigo suas teorias e seus modelos, enfim, usufruir da minha ajuda, necessitar de minha colaboração, admitir nosso vínculo, sendo que o que ela havia tentado fazer até então era me transformar numa extensão de sua pessoa, em alguém que correspondesse às suas expectativas e suas fantasias, alguém que, em conluio com suas teorias, a reassegurasse e a ajudasse a prosseguir.

Por outro lado, interromper o trabalho seria negar dois anos de tentativas, de esforço e dedicação, tanto de minha parte quanto da parte dela, e negar também o fato de que havíamos caminhado pelo menos o suficiente para estarmos agora nesse impasse.

Prosseguimos, e as primeiras "mudanças" mais significativas ocorreram. A Mariana contestadora e falante aos poucos sai de cena, dando espaço para outro personagem surgir, uma Mariana agora assustada e frágil, amedrontada com seus próprios sentimentos e com a experiência nova que vivia ali comigo. Foi difícil prosseguir no trabalho, na medida em que ela responsabilizava a análise e principalmente a mim por essas "mudanças", que eram sentidas como extremamente indesejáveis e incômodas. Essa percepção acirrou temporariamente seus protestos e suas defesas. Não podia mais me conceber em suas fantasias como a "analista idealizada" que a conduziria ao estado por ela almejado, via-me dentro de uma perspectiva "real" que certamente lhe era persecutória.

Seria eu quem a tinha tornado "pobre", destituindo-a de suas qualidades, seus poderes e sua independência? Era sedutor acreditar que sim, acusar-me e atacar-me por isso, mas na verdade ela tinha dúvidas. Parecia intuir que esse estado não era novo, já o conhecia há muito tempo, apenas havia sido descoberto novamente pela análise. O fato é que vivenciava agora um sentimento de falta e começava a precisar da analista para o trabalho.

Nesse momento da experiência, Mariana perde sua mãe, o que vem a incrementar bastante sua sensação de carência, e ela parece se entregar totalmente à análise, tomada por sentimentos muito depressivos e de muita dor. Por outro lado, acentuam-se seus sentimentos persecutórios, fazendo com que nos defrontemos com reações violentas de caráter fóbico e destrutivo.

Pela primeira vez desde o começo de nosso trabalho, surgem em nossas conversas as figuras de seus irmãos e dos pais não apenas como elementos despertadores de queixas e reclamações, mas como pessoas que lhe despertam sentimentos afetivos, preocupações e angústia. Aproxima-se dos irmãos e também do pai, com extrema dificuldade. Parece que o modelo que começava a surgir na análise entre Mariana e eu, um modelo que incluía interesse, necessidade e colaboração, expande-se e começa a ser usado em sua vida.

Minha impressão é a de que, não conseguindo elaborar depressivamente a perda da mãe, tenta, movida por sua culpa persecutória, substituí-la, reconhecer o que nunca havia podido fazer antes, recompensar a família e a mim por toda a ausência afetiva que nos havia infligido. Emoções ressurgem com grande violência, e parece que o relacionamento se intensifica.

Penso que trazer algum material clínico pode ser mais ilustrativo que minhas tentativas de descrever o que se passava; os fragmentos de sessão a seguir talvez iluminem algumas das ideias que trago, e muito provavelmente despertarão nos leitores outras perspectivas diferentes da minha, o que pode ser muito enriquecedor.

É uma sessão do terceiro ano de análise.

> *Até chegar aqui hoje, eu estava bem; aí sentei na sala de espera e começou a me dar enjoo. Não é enjoo de comida, é uma sensação, uma impressão que vou enjoar que associo ao enjoo de comida; quando começa assim acabo enjoando de verdade e passando mal. [Pausa] Me lembrei de ontem à noite, fui jantar na casa do meu pai, era despedida de meu irmão menor. Ele resolveu ir embora de casa também. Meu pai trabalhou o dia todo, chegou em casa tarde e começou a fazer uma cena, acabou sentindo-se mal, ficou enjoado. Na minha cabeça o enjoo dele tinha a ver com meu irmão ir embora, deixá-lo. Ele vai embora como eu fui, com problemas não resolvidos. Mas vai ficar livre de tudo que enche. Ele estava com raiva do meu pai, mas também contente em ir embora e não ter que arrastar mais nada junto com ele. Engraçado, eu fiquei preocupada de ele ir embora, ele sempre me pareceu tão dependente, ligado. Mas como eu não tenho nada com isso, não sei por que fiquei assim, depois tive a impressão de que ele ia saber se virar, e tudo ia dar certo. Resolvi ajudá-lo, fui a única que lhe deu algum dinheiro, acho que fiz bem. Não sei bem o que tudo isso tem que ver com o enjoo, mas sei que fiquei deprimida ontem. Meu pai, que ganha muito bem, depois fez uma cena dizendo que não tinha dinheiro, quando é óbvio que tem. A melhor coisa que*

> *faço é não pôr a mão em nenhum tostão dessa família. Foi pena ver essa briga toda, o jantar estragado.*

Digo-lhe que, por um lado, parece que gostaria de se sentir mais distante e indiferente a seus familiares, como vinha tentando fazer aqui comigo. Não precisar, não se ligar. Por outro lado, vejo que percebe alguns sentimentos que surgem, suas necessidades e seus afetos. Que talvez o enjoo, como tão bem notou no pai, refira-se exatamente a isso, a se sentir ligada às pessoas, com medo de perdê-las. Aqui, neste momento, ligada a mim e vendo isso como algo perigoso.

> *Talvez você tenha razão, talvez aqui aconteçam coisas semelhantes a essas [de] que não gosto lá fora. Ontem lá em casa a mesquinha não era eu, mas não é difícil que eu faça como ele. Implicância, intolerância, o que me dá mais enjoo é olhar meu pai e vê-lo tão incompetente para a vida. Não pode admitir que está triste porque meu irmão vai embora, tem que ficar enjoado.*

Como você?

> *Não gostaria de ser como ele, mas nem como minha mãe. Fico olhando para ele e dá a impressão de que é um homem que já levou tantas porradas na vida e não aprendeu nada. Não tem mais pais, não tem mais mulher, nem amigos, os filhos estão indo embora e ele continua fazendo as mesmas coisas. Vai ficar sozinho colecionando as coisas dele. É destrutivo, mas você tem razão, percebo que sou um pouco assim também. Nestes dias fiquei tentando me convencer [de] que não pre-*

> *cisava ficar abalada só porque meu irmão ia embora, [chora] me convenci [de] que não era para me abalar com isso, com medo de ficar abalada...*

Mas se você já está abalada!

> *Pois é, com enjoo, algo que era para ser natural, sentir falta de minha mãe, meu irmão, de você, por exemplo, me assusta tanto que já nem sei o que se passa comigo.*

Penso que é possível observar nesse fragmento como Mariana está identificada com uma figura de pai, um objeto interno, controlador e exigente, onipotente e repressor, que não só a faz ter muitas dificuldades em seus relacionamentos, como também provoca um estado de constante angústia persecutória, inibidora do conhecimento e do crescimento.

Apesar de ter contato com alguns dos movimentos que ocorrem, Mariana fica imobilizada pela sua necessidade de negar vínculos, de insistir em modelos ideais. O medo da separação, da perda e da depressão é evidente. Possivelmente abalada pela perda da mãe há poucos meses, Mariana incrementa suas defesas, temendo a emergência de sentimentos muito depressivos, o que, no entanto, não consegue evitar completamente. Abala-se contra sua vontade e vê descortinar-se em sua frente seu próprio drama, agora vivido pelo irmão e pelo pai. Os recursos têm de ser negados, os afetos, recusados, e a consequência é o estrago, tanto interno como externo. A ameaça de abandono e pobreza é muito grande, afetando a relação comigo. Precisa se utilizar de intensas identificações projetivas para diluir sentimentos que seriam muito violentos se concentrados ali comigo, na relação transferencial.

Alguns dias mais tarde:

Estava agitada antes de entrar aqui. Depois que cheguei tive a sensação de alívio, de sossego. Acho que essa agitação aparece sempre que tenho que me defrontar com alguma coisa que não conheço, você já me disse isso. A tontura, o enjoo, o medo, são mais ou menos a mesma coisa, a mesma sensação. Não sei o que vai acontecer e quero preparar as coisas. Estou pensando em relação ao meu trabalho, fico agitada, nervosa, parece que vai acontecer alguma coisa, vou descobrir algo terrível. Acho que quando venho aqui tenho a esperança [de] que as coisas se ajeitem, e isso me acalma, lá fora tenho medo de ter medo, aqui posso falar dele, mas não assusta tanto.

Digo-lhe que a ouvindo falar me surgiu o modelo de uma criança muito assustada com seus pesadelos e tranquilizada quando pode partilhá-los com a mãe. Penso que é o que ela gostaria de fazer, porém teme o que pode surgir dessa nossa conversa.

Você me fez lembrar uma história do Chico Buarque, de uma menina que tinha medo de encontrar o lobo. Não saía, não comia, até que um dia ela encontrou o lobo e não foi tão terrível quanto ela esperava. Acho que tem um monte de lobos por aí, é aqui que posso me encontrar com eles, não em outro lugar.

Me deu um click ao falar em ter medo dos lobos, porque acho que as pessoas sempre tiveram muito medo do que eu tenho. Minha mãe tinha muito medo das minhas ideias. Ficava sem saber o que fazer. Eu era tão diferente dela! Meus irmãos também, eu sempre tive a sensa-

> *ção de provocar mal-estar nas pessoas. Com minha mãe isso era um fato. Ela realmente sentia-se mal quando eu lhe dizia o que pensava ou sentia. Ela tentava ser cordata, tentava arrumar as coisas, mas sempre daquele jeito dela, calada, fria, sem deixar transparecer o que podia estar sentindo. E eu sabia que ela sentia medo.*

É difícil para Mariana sair dos modelos aprendidos, considerar que o presente, a relação que acontece agora é outra, não mais está frente a sua mãe, seu pai ou seus irmãos. Repete, reproduzindo na relação transferencial os modelos iniciais, e parece surgir uma fantasia ligada ao seu interior. Ela estaria cheia de aspectos perigosos e indesejáveis, que talvez nunca puderam ser elaborados e considerados, o que de certa forma está associado a suas desconfianças em relação à mãe, figura desconhecida e distante, incapaz de conter todas as suas fantasias.

A dificuldade de penetração em seu mundo mental, lugar cheio de perigos e maldades (os lobos), parece ter origem em seu relacionamento com a mãe, figura sentida como hostil à penetração, inibidora de seus sentimentos e suas fantasias, o que possivelmente determinou dificuldades no desenvolvimento do impulso para a curiosidade.

Ao encontrar-se comigo, teme se reencontrar com esse aspecto "lobo" persecutório e ameaçador, que em algum momento esteve identificado com a figura materna. Mas se o perigo não está fora dela, não está em mim, então supõe que o contém dentro de si mesma e duvida da possibilidade de lidarmos com isso.

As oscilações são muito rápidas e frequentes. Percebo que contenho aspectos muito idealizados e persecutórios, em contraste com alguns poucos momentos em que a relação continua boa. Levanto a hipótese de que provavelmente estamos nos defrontando com algo importante e primitivo. As palavras vão se tornando cada vez mais escassas, enfrentamos longos períodos de silêncio, carregados de muita angústia e tensão.

Uma nova "mudança" se impunha, o silêncio.

Foram meses de silêncio e ignorância, em que a única coisa que eu percebia claramente era que compartilhávamos uma situação extremamente difícil. Curiosamente, parecia-me que nunca analista-analisanda haviam estado tão perto, unidas talvez pela angústia. O vínculo havia sido feito, o trabalho começara, havíamos até caminhado um pouco, e agora me parecia que tudo tinha de ser paralisado e suspenso. A questão do vínculo parecia-me fundamental. Era o vínculo com seu próprio mundo emocional que estava em perigo. A ideia de predominância dos sentimentos destrutivos e invejosos sobre a possibilidade de trabalho e progresso me parecia pertinente. No entanto, interpretações nessa direção pareciam não ter nenhum eco, nenhum efeito. Sentimentos de apatia e desânimo tomavam conta de Mariana na maior parte do tempo e começavam a me afetar.

Passamos algum tempo em dúvida, sem saber se conseguiríamos fazer alguma coisa ou se realmente teríamos nos defrontado com limites intransponíveis em sua personalidade. A intolerância à frustração e à dor surgiam como fatores extremamente dificultadores de qualquer prosseguimento ou nova "mudança".

Refiro-me a "nós" na medida em que eu também me via bastante desanimada, sem saber o que fazer, sentindo minhas tentativas de interpretação e aproximação extremamente ineficientes. Poderia dizer que esta era exatamente a função daquele movimento, tornar-me ineficiente, mas isso, percebi logo, também não bastava, bem como pareciam não adiantar interpretações e modelos que se apoiassem em teorias como as de inveja, ou da reação transferencial negativa. Algo se passava entre nós, mais especificamente na mente de Mariana, e era-me impossível no momento captar a identificação projetiva, que certamente era exitosa.

No pequeno trabalho que apresentei na época, enfocava alguns momentos de nosso relacionamento nos quais as próprias palavras de Mariana me forneceram algumas "pistas" para a continuação do trabalho e para a elaboração de "modelos" esclarecedores do momento que atravessávamos. O primeiro modelo que me ocorreu surgiu numa sessão em que Mariana fez menção a um conto que a havia impressionado bastante, "A casa tomada", de Júlio Cortázar.

Este é o fragmento da sessão a que me refiro:

> *[Silêncio de vinte minutos, Mariana parece distante, absorvida em suas fantasias no início, depois se agita mostrando-se angustiada] Não sei o que me fez ficar tão longe. É como se eu não estivesse aqui. Passam muitas coisas pela cabeça, mas não consigo deter-me em nenhuma, é horrível.*

Digo-lhe que estar ali comigo deve estar sendo tão angustiante que ela precisa fugir pelo menos mentalmente dali.

> *[Silêncio de mais vinte minutos] Fui me fechando cada vez mais e acabei sozinha. Me faz lembrar um conto que li e gostei muito, você conhece? Chama-se "Casa tomada", é do Cortázar. Eram dois irmãos que viviam juntos numa grande casa, de repente começam a ouvir ruídos estranhos; vão ficando com medo, mas não conseguem ir ver o que está acontecendo, em vez disso começam a se afastar. Vão abandonando os cômodos, um por um, até que ficam restritos à cozinha. Mas os*

> *ruídos não cessam, e como eles não têm mais para onde ir acabam expulsos da casa, sem nem saber o que de verdade acontecia. Ouvem os barulhos, imaginam coisas, mas ficam tão apavorados que nunca descobrem o que era, pois não podem ver.*

Acho que nós ficamos aqui como esses dois irmãos, sabendo que alguma coisa muito importante está surgindo, mas sem ainda podermos ver o que é. Digo-lhe que ela deve ter muito medo, e provavelmente precisa ter certeza de que eu posso acompanhá-la nessa aventura. Talvez gostaria que eu pudesse dizer-lhe o que passa, assim não ficaríamos as duas sem saber.

> *Sinto-me tão trancada, largada, sem poder prestar muita atenção ao que passa fora de mim. É como estar sendo arrastada, nem parece que estou viva de verdade. Acho que desde criança tenho isso. É muito desagradável, costumava chatear a minha mãe o tempo todo, perguntando a ela o que eu deveria fazer. Mas ela lia o tempo todo, e só me mandava estudar. Acho que eu continuo esperando que me digam o que fazer. Acho que na verdade só depende de mim, mas me sinto meio morta, e com saudades dos momentos em que eu sentia mais viva.*

É a "casa"-mente não plenamente desenvolvida, hoje a "casa tomada" que não pode ser penetrada pela investigação, como provavelmente não puderam ser levadas a cabo satisfatoriamente experiências primitivas em relação à figura materna. Eu diria que, primitivamente, a "casa tomada" referia-se ao corpo materno, continente do pênis paterno e dos bebês, o lugar onde todas as coisas importantes aconteciam e do qual Mariana se via expulsa. Hoje, é a mente de Mariana que se apresenta como a "casa tomada", com dificuldades de expansão, tomada por objetos ameaçadores que precisam ser reprimidos e negados, fazendo com que ela se abstenha do desejo de conhecer e saber, temerosa não apenas das represálias externas, mas principalmente de seus próprios impulsos destrutivos.

A proximidade com um estado emocional que lembrava tão bem a morte, inacessível ao conhecimento e à investigação, nos paralisava. Para a dupla a situação parecia difícil de ser suportada. Os sinais contratransferenciais eram evidentes para mim, e eu tinha constantemente fantasias de que talvez fosse melhor interrompermos a análise, desistirmos da tentativa, pelo menos no momento.

Num certo momento, Mariana consegue nomear esses seus estados mentais como estados de "marasmo" e "brancos". "Marasmo" sugeria-me ausência de mãe, ausência de relação objetal, hospitalismo, carência. Mariana associava esse estado de "marasmo" a uma espécie de catatonia, um estado de pessoa que se desligou do mundo. Sou levada por minhas fantasias a relembrar o estado de "marasmo" descrito por René Spitz (1979), observável em crianças criadas em creches e instituições.

"Branco" sugeria-me a falta de palavras, de cor, de presenças que pudessem dar algum contorno. Sinto que estamos tratando de estados muito primitivos de sua vida emocional, em que ainda não havia palavras capazes de expressar sentimentos e ideias.

Teria ela sido uma criança abandonada? Adotada em seus primeiros meses? Fantasias desse tipo começam a brotar em minha mente, e percebo que começo a sair da imobilidade contratransferencial e que tenho material a trabalhar, tanto em mim mesma como na relação com Mariana. As fantasias e as conjecturas precisam ser contidas, porém ao mesmo tempo consideradas. Teríamos nos defrontado com limites dramáticos quanto à possibilidade de ter esperança? Momentos de dúvida ainda eram frequentes, mas eu sentia que havíamos tocado em alguma coisa muito fundamental.

Fui comunicando a Mariana algumas das minhas impressões, enfatizando o que me parecia ser um intenso sentimento de orfandade que tomava conta dela, criando a necessidade de procurar amparo e aconchego ali perto de mim. Parecia-me que se tratava de estados que haviam ficado incompreendidos e involuídos em sua personalidade até agora, constituindo-se nesse "marasmo" terrificante e ameaçador.

Mariana começa a sonhar:

> *Tive um sonho muito interessante. É como se algo de minha vida se passasse de novo, agora como cenas de um filme. Eu e meu namorado estávamos chegando de uma viagem de navio, tínhamos passado muito tempo fora. Eu tinha uma filha pequena no colo, ela ainda não andava. No porto, esperando, tinha uma porção de gente, pessoas da família, todos querendo ver a criança, eu não deixava, segurava-a com força, com a ideia de que tinha que protegê-la. O interessante é que quando acordei lembrei-me de uma porção de coisas, que acho que nunca lhe contei.*
>
> *Você não sabe que eu nasci no exterior, só vim para o Brasil aos 6 meses. Meus pais foram morar fora, minha mãe estava grávida, mas não de mim, foi outro bebê que ela teve lá, mas que morreu pouco tempo depois. Era um menino, aí ela engravidou de novo e eu nasci. Só agora me voltaram todas essas coisas à cabeça, cheguei a ficar assustada, achei que esse sonho podia ser comigo,*

> *o que me passou, só que a impressão que tenho é que minha mãe não deve ter feito nada para me proteger!*

Levanto algumas questões junto com Mariana, e o fato é que ela se espanta com as coisas que relembra. O silêncio de sua mãe, a passividade, lhe surgem agora como aspectos de depressão e morte, muito semelhantes aos silêncios vividos nas sessões e ao mesmo tempo associados ao que possivelmente viveu com a mãe. Uma mãe talvez extremamente deprimida, incapaz de identificar-se com um bebê novo, trazendo, dentro de si, ainda a presença do bebê morto.

Havia sido necessário mais de três anos para que Mariana pudesse reeditar na transferência essa situação dramática e fundamental, e foram precisos meses para que eu pudesse contê-las e transformá-las em palavras de forma a poder dar algum sentido àquelas angústias, àquele estado emocional. O processo havia começado há muitos anos, entre um bebê e sua mãe, e prosseguiu, havendo desenvolvimento em muitos sentidos, mas também falhas inibidoras de um desenvolvimento mais harmônico. Agora, tentávamos prosseguir e resgatar o que estava fora de alcance, que parecia estar perdido no passado, mas que de fato tinha uma presença e uma atuação constantes na vida de Mariana, impedindo-a de usar sua mente e sua vida mais integralmente.

Aparece com nitidez a presença dessa mãe como um objeto interno, incapaz de receber, acolher e aconchegar. Parece que durante todos esses anos Mariana vinha tentando responsabilizar o pai por essa situação, como se este tivesse roubando-a ou privando-a da mãe.

Mariana, acompanhada por mim, recupera o seu aspecto bebê que havia ficado perdido e afastado de sua vida de mulher adulta. Um bebê que parece ter sofrido o impacto de uma enorme "depressão materna", tendo ficado como um aspecto de sua personalidade achatado, paralisado. O encontro com esses momentos e a possibilidade de, conjecturando, criar novos modelos serviram para que Mariana pudesse se aproximar de seu mundo de objetos internos e diferenciá-los na relação presente comigo, possibilitando a introjeção de uma nova relação.

Percebe-se contendo aspectos dos pais, da analista e ao mesmo tempo diferente dessas pessoas. Não é mais possível atacar os pais, repudiá-los, já que se dá conta de que suas projeções e seus *splittings* são em grande parte responsáveis pela visão de mundo que adota.

Tendo se aprofundado a investigação, estabelecendo-se concomitantemente nova relação objetal viva, agora com a analista, torna-se possível a transformação da relação inicial, que é esquizoide, numa relação simbólica, característica da posição depressiva. O clima das sessões vai mudando, e Mariana pode mostrar carinho por mim e preocupação com a análise e com seu trabalho.

A relação com o pai parece também sofrer "mudanças". Mariana consegue compreender melhor seus motivos, sem se abalar ou irritar. O pai a visita em sua casa após muito tempo, chegam praticamente a se reconciliar, com este lhe dizendo: "Pode contar comigo, haja o que houver, estarei ao seu lado". Mariana se surpreende, se espanta, se dá conta de que não podia ver este pai antes. Será ela que mudou, vê as coisas de modo diferente? Será ele que envelheceu e aprendeu? São perguntas que Mariana faz e que, na verdade, não têm uma resposta. A relação mudou, o momento é outro, a experiência é nova.

Não é possível saber se ele, a mãe, eu, estávamos ou sempre estivemos disponíveis a ela, e ela não percebia. O fato é que agora Mariana pode até pensar nessa hipótese e considerar que também dependeu dela o tempo todo.

Penso que esses movimentos refletem a possibilidade que Mariana vem encontrando de se reconciliar com um objeto interno bom, compreensivo e tolerante, que estava obstruída pela intensidade de seus ressentimentos, uma vez que se encontrava subjugada a exigências e pressões superegoicas.

Certamente, o material apresentado se baseia em conjecturas, como a depressão e a ausência da mãe e o estabelecimento de uma relação inicial defeituosa. No entanto, verificamos que essas conjecturas, ao serem realmente reeditadas na transferência e na contratransferência (não apenas repetidas, mas revividas e elaboradas), adquiriram o caráter de verdade e ofereceram a Mariana a possibilidade de introjetar nova relação de objeto e reformular as identificações com os objetos internos primários, aproximando-os mais compreensivamente de si mesma.

> *Depois que ela [mãe] morreu parece que eu quis compensar o que não gostei dela enquanto ela viveu. Depois que morreu é que encontrei uma proximidade com ela que não havia antes. Posso fazer coisas que eram dela, ser como ela. Aproximei-a de mim, e sei que foi graças a você, à análise. Quando ela estava viva, eu tinha que ser diferente. Tinha que dizer que eu não era como ela. Mulher servil, apagada, recatada. Eu pretendia ter vida sexual, e sempre achei que ela não sabia nada disso. Agora parece que às vezes assumo a cara dela, o jeito dela entrou em mim. Ainda tenho que me separar dela, como provavelmente vou ter que me separar de você, e vai ser difícil. Não preciso, no entanto, achar que isso significa não gostar mais, ou não gostar das coisas que ela gostava. Quando ela morreu eu percebi que gostava muito dela. Tive muita raiva dela*

> *antes, para poder saber o que era amor. Engraçado é que eu acreditava que um dia eu ia me dar bem ainda com ela. Agora não adianta mais, mas agora eu posso me dar bem. Já que tenho eu posso tentar me dar bem com você.*

No início desta minha apresentação, enfatizei a importância das identificações projetiva e introjetiva no processo de desenvolvimento mental e emocional e também no processo analítico, como os meios por excelência utilizados por uma personalidade desde o início da vida para entrar em contato com os mundos externo e interno, lidar com a frustração e diminuir as angústias e as ansiedades muito intensas.

Admitindo que a relação que se estabelece desde o início da vida entre um bebê e sua mãe, ou mais especificamente entre um bebê e seu primeiro objeto, é uma relação parcial, sendo os mecanismos utilizados preponderantemente os esquizoides, é possível considerar que as primeiras noções quanto ao objeto externo são internalizadas distorcidas pelas fantasias vinculadas à projeção dos impulsos sobre o objeto. Essas primeiras internalizações conseguidas pela introjeção das primeiras fantasias sobre a relação que se estabelece entre sujeito e objeto vão se constituir nas matrizes das posteriores identificações.

A função da mãe supõe que ela receba e transforme as necessidades emocionais e fisiológicas do bebê e responda a ele adequadamente, criando assim não só condições para o prosseguimento do desenvolvimento, mas principalmente para que o bebê possa internalizar noções sobre a própria função materna.

Essa função, que Bion denominou *rêverie*, seria capaz de transformar as impressões sensoriais e as angústias em elementos possíveis de serem pensados, em palavras com significado. Decorre daí a importância desses processos de identificação projetiva, *rêverie*, identificação introjetiva, pois só quando é possível introjetar e assimilar essa função um bebê, e mais tarde uma pessoa adulta, pode desenvolver pensamento criativo (Bion, 1965).

Meltzer, em *Explorations in autism* (1975), formula algumas ideias teóricas a respeito da questão da identificação projetiva e sua função na relação mãe-bebê. Segundo ele, a primeira função da mãe como continente seria receber e tolerar as experiências e as angústias ligadas ao medo de aniquilamento e de morte. Como tal, a mãe exerceria uma função de "seio-toalete", sendo capaz de conter todas as experiências dolorosas e ameaçadoras. Num segundo momento, o "seio-toalete" se transformaria no "seio-espelho", que pode oferecer ao bebê impressões a respeito de si mesmo, devolvendo e respondendo às projeções, transformando-as. Tal objeto "seio-espelho" poderia diminuir a experiência de dor e possibilitaria um desenvolvimento harmônico.

Uma das hipóteses que levantei ao observar e conjecturar sobre minha experiência com Mariana se refere exatamente à ideia de que graves distúrbios podem ter ocorrido no estabelecimento dessa relação, seja com a mãe capaz de *rêverie* de Bion, seja com a função "seio-espelho" proposta por Meltzer, de modo a produzir na analisanda uma visão distorcida de si mesma, colorida pela patologia materna.

A ideia de que uma mãe profundamente envolvida em seus problemas e suas angústias não possa desenvolver suficientes condições para a *rêverie* vem sendo estudada por vários autores, como Winnicott (1975b) e Ogden, que publicou em 1978 um artigo em que procurava salientar e estudar os efeitos da identificação projetiva excessiva da mãe sobre o bebê. Os autores enfatizam a tendência de certos bebês a se identificar com os aspectos conflitivos da mãe, em virtude da dificuldade que esta apresenta em se identificar empaticamente com seu bebê, desenvolvendo em lugar da contenção e da *rêverie* um excesso de identificações projetivas de seus próprios sentimentos e fantasias sobre o bebê.

Talvez possamos observar algo muito semelhante a isso naquilo que Klein denomina "contratransferência patológica" na relação analítica.

A internalização e a identificação com esse aspecto materno poderiam ser entendidas como uma resposta defensiva do bebê a uma precoce e prematura exigência de capacidades, que ainda não foram, nem poderiam ter sido, desenvolvidas por ele. A representação interna do bebê fica alterada e sofre a influência dessa presença.

Dizer que essa presença interna corresponde, no caso de Mariana, a uma identificação é uma afirmação duvidosa. A hipótese de que essa presença se manteve como um aspecto do ego não integrado e não assimilado, porém atuante, me parece mais pertinente.

Penso que Mariana se identificava na verdade com uma figura de mãe passiva e servil, prejudicada e estragada por um pai autoritário e mau. Essa dupla, que de certa forma poderia sugerir um modelo sadomasoquista, durante longo tempo foi repetida por Mariana internamente, saindo vencedora, na maioria das vezes, a figura do pai, autoritário e controlador, impondo sua vontade e suas leis.

Bion (1962) aborda a questão de como surge numa personalidade uma organização desse tipo, que impede o crescimento e a mudança. Sugere que a falha na *rêverie* e, consequentemente, no estabelecimento da função alfa leva ao predomínio da inveja e da destrutividade. O bebê projeta seu medo de morte no seio juntamente com inveja e ódio. Em virtude dessa inveja e desse ódio, o seio parece despojar os bons elementos do medo de morte e forçar a entrada no bebê dos resíduos maus, tirando-lhe a vontade de viver. Internalizado, o objeto se torna um objeto interno destrutivo, destituindo o bebê das qualidades e dos recursos que possa possuir.

Considerando essa colocação, poderíamos até dispensar o dado de realidade, ou a conjectura minha da presença de uma mãe deprimida e silenciosa. No entanto, se levarmos em conta a experiência transferencial, o que se impõe é o fato de que a depressão foi vivida na dupla e revivida pela analisanda em termos de resgate de fantasias, o que de certa forma reforça minha ideia de que esta corresponde à versão original.

Tendo já decorrido algum tempo desde esse momento do trabalho analítico, torna-se possível agora considerar que Mariana precisou me utilizar como continente para aspectos insuportáveis de sua personalidade, justamente aqueles que associo aos aspectos conflitivos maternos, criando na transferência um modelo no qual de um lado existia a fantasia de um "bebê assustado e paralisado pelo medo", e de outro uma "mãe deprimida e ausente", descrente de suas possibilidades de vida.

Ao estabelecer esse modelo, tendo sucesso em suas identificações projetivas, penso que Mariana conseguia duas coisas. Uma era expulsar e livrar-se de angústias insuportáveis, transformando-me na mãe incapaz de suprir ou acudir o bebê no que ele necessitava, repetindo assim uma situação que conhecia e controlava, o que de certa forma justificava suas dificuldades e responsabilizava os pais e a mim pela incapacidade. A outra era sentir-se capaz de infligir a mim, analista (como o bebê paralisado), os mesmos sofrimentos pelos quais ela havia passado, ficando ela no papel da mãe incapaz para fazer qualquer coisa, o que na verdade satisfazia suas necessidades agressivas.

Penso que essa fantasia de Mariana à qual me referi usando o modelo de "bebê assustado e paralisado pelo medo" na verdade sempre existiu como uma presença interna não assimilada nem elaborada, tendo ficado durante toda a sua vida obscurecida e controlada pela intensidade de suas fantasias onipotentes e pela força da intelectualização. No entanto, acredito que o tempo todo era a presença desse aspecto fantástico que impedia que Mariana estabelecesse vínculos e pudesse confiar na existência de seus objetos internos bons, alimentando seu ódio e não permitindo que ela funcionasse como a pessoa adulta que de fato era.

Essa certamente não foi a única "mudança" que se tornou possível observar durante nosso trabalho. Outras a precederam e foram fundamentais para o decorrer do processo. No entanto, não posso deixar de considerar que essa foi a "mudança" mais significativa que tivemos em nossa experiência.

Não que tenha de imediato tornado a vida de Mariana mais agradável ou fácil. Pelo contrário, a partir de certo momento, que identifico como o momento do silêncio e os meses seguintes, começamos a ter contato com as mais profundas dificuldades e fantasias de Mariana, e houve uma série de situações novas.

A possibilidade de reconciliação, de encontro, agora com um objeto que pudesse lhe oferecer acolhimento e transformação de suas angústias em vez de devolvê-las mais intensas, trouxe consigo também, como não podia deixar de ser, o contato com a dor e a perda. Paralelamente a identificação introjetiva, que antes tinha um caráter de algo violento que viria roubá-la do que era seu e impingir-lhe falsas características, tornava-se possível e suportável.

A diminuição da fantasia onipotente foi evidente, o abandono de teorias e crenças que precisava usar para defender-se também, o que faz supor que provavelmente Mariana poderá usar agora sua mente para pensar. Teríamos chegado ao término daquilo a que havíamos nos proposto inicialmente? Em alguns momentos, havia me parecido que tínhamos nos defrontado com limites intransponíveis, e, no entanto, prosseguir significou ganho, expansão.

A questão inicial se colocava novamente com toda a sua intensidade. Até que ponto uma personalidade pode ou quer se propor mudanças, transformações?

Para nós, a resposta tem sido até onde for possível. A trajetória inesperada que demonstrou ser esta análise, como muitas outras, eu suponho, leva-me cada vez mais a equiparar a psicanálise, bem como a própria vida, a uma aventura irresistível e fascinante, embora muitas vezes difícil e dolorosa, que percorremos sem nunca saber exatamente onde ou quando terminará.

Reflexões atuais – a repetição e a rememoração

Acredito que seja quase impossível ler este texto e não pensar em Freud, ou seja, nos temas da repetição na transferência, do retorno do reprimido, bem como da rememoração. Contudo, ele não se apoia no referencial freudiano, o que não quer dizer que não seja um bom trabalho, elaborado com ênfase nas ideias kleinianas e bionianas.

Assim, tentarei elaborar aqui algumas reflexões a partir dos temas da repetição e da rememoração, como propostos por Freud na primeira tópica.

Realmente, as questões da transferência e da contratransferência foram muito bem estudadas e conceitualizadas pela escola kleiniana. Não apenas o trabalho de Melanie Klein, mas principalmente os de Paula Heimann, Hanna Segal e outros colaboradores da escola kleiniana levaram adiante o trabalho que Freud não havia completado, principalmente em relação à contratransferência. Segundo Green (1983), como Freud não se deteve profundamente nas questões do "objeto", tendo como foco principal em seu trabalho o aprofundamento das questões relacionadas à estrutura e à constituição do "aparelho psíquico", essa área acabou por se constituir numa brecha que Klein (1981/1932) desenvolveu com maestria.

Sendo a contratransferência um conceito que supõe uma relação de objeto e a dinâmica entre dois em análise, esta exigiria a consideração do analista como um participante da dupla analítica, numa condição muito semelhante à do analisando. A subjetividade da relação analítica teria inevitavelmente de ser considerada, contrariando o desejo de objetividade científica de Freud naquela época.

A transferência, por outro lado, tornou-se o pilar da psicanálise nesses primórdios, pois seria por meio da repetição dos seus desejos reprimidos, projetados na figura do analista, que o analisando se revelaria na análise. A contratransferência, num primeiro momento, foi considerada apenas um obstáculo à análise, indicando a necessidade da continuação da análise do analista.

Penso que, neste trabalho, ao pretender enfatizar a repetição na transferência e a importância do papel do analista na elaboração das identificações projetivas, ficou muito evidente a necessidade do instrumental kleiniano para o prosseguimento do trabalho. No entanto, acredito que o texto *Recordar, repetir e elaborar* (Freud, 1977/1914a), caso houvesse sido minha escolha teórica naquele momento, permitiria uma aproximação freudiana ao trabalho muito interessante, embora deixasse em segundo plano a contratransferência como instrumento de trabalho. Nesse sentido, a abordagem kleiniana foi uma excelente escolha.

No prefácio de uma edição francesa do trabalho escrito por Christophe Dejours sobre a técnica psicanalítica, o autor menciona que:

> *... a elaboração e a rememoração são inevitavelmente opostas à repetição, particularmente à repetição pelo ato, muito próxima à descarga (catarse), que precisamente tendendo a uma economia de passagem pela elaboração (trabalho psíquico) faz uma volta indispensável, parece, para escapar à sua repetição. (Dejours, 2013, p. 7, tradução minha)*

Freud havia iniciado suas investigações junto a Breuer fazendo uso do método catártico; mas, percebendo que este não era suficiente para uma alteração dos sintomas que continuavam se repetindo, abandona o método, dando início à psicanálise, ou seja, à terapia pela palavra, à técnica da associação livre.

A repetição, muitas vezes insistente, impede a rememoração e se apresenta como uma modalidade essencial do encobrimento do sexual infantil. Os acontecimentos que não conseguiram se inscrever, em virtude da repressão e do recalque, provocarão depois o que conhecemos como "sintomas", sempre atrelados a fantasias, encobridores do reprimido. O que permanece ativo no sintoma e nas fantasias corresponderá ao que não pode ser inscrito e, portanto, só pode ser repetido.

Na situação analítica, muitas vezes, o paciente é obrigado a repetir em virtude da sua impossibilidade de rememorar, e apenas quando a transferência se intensificar a vivência da repetição e as fantasias atreladas a ela poderão, graças à transferência e à interpretação desta, ser substituídas, e alguns traços dos acontecimentos serão então inscritos. Essa inscrição na mente alcançará quando possível o nível da representação e adquirirá a possibilidade de verbalização.

No artigo "Recordar, repetir e elaborar", Freud aponta também para a importância de superar as resistências da repressão, pois só assim será possível preencher as lacunas da lembrança. Mais tarde, ele mesmo salienta que o que será "rememorado", na verdade, nunca terá sido "esquecido". Freud se refere aqui à força da "convicção".

As fantasias e outros processos psíquicos presentes na "memória", evocados e representados pela fala, serão tratados como lembranças de fatos em virtude da convicção. Esse nos parece um dado muito interessante, pois já anuncia o trabalho de 1937, *Construções em análise*, e o poder da convicção. Freud (1977/1914a) afirma que, apesar de o analisando muitas vezes não recordar, ele "age", e este agir se constituirá no aspecto mais importante da "repetição".

Neste trabalho, salientamos a importância do processo de transferência e da repetição, que certamente se liga à seguinte ideia: "a transferência é, ela própria, apenas um fragmento da repetição e . . . a repetição é uma transferência do passado esquecido . . . Quanto maior a resistência, mais extensivamente a atuação (*acting out*) (repetição) substituirá o recordar" (Freud, 1977/1914a).

Hoje, o texto de 1914 me parece feito de forma a tornar minhas indagações e hipóteses extremamente claras, e ao acrescentá-lo aqui não tenho dúvidas de que o trabalho se enriquece muito.

Freud faz ainda a seguinte colocação no final de seu artigo de 1914:

> *Toda vida, o instrumento principal para reprimir a compulsão do paciente à repetição e transformá-la num motivo para recordar reside no manejo da transferência . . . [ao] fornecer a todos os sintomas da moléstia um novo significado transferencial e . . . substituir sua neurose comum por uma "neurose de transferência", da qual pode ser curado pelo trabalho terapêutico. A transferência cria, assim, uma região intermediária*

entre a doença e a vida real, através da qual a transição de uma para a outra é efetuada. (Freud, 1977/1914a)

A "rememoração", penso, pode ser vista em meu trabalho, agindo o tempo todo durante as sessões: um processo de rememoração presente nas palavras e nas associações de Mariana quando fala do pai, da mãe e principalmente quando associa seu sonho à lembrança de seu nascimento no exterior, sua provável estranheza e sua solidão. Tudo isso acontece nesse "espaço intermediário", onde o falar para a analista significa tornar consciente e apossar-se de sua própria história, reinterpretando-a.

A "repetição" se faz sentir e insiste, em seus silêncios, numa resistência ferrenha ao sofrimento contra o conhecimento, que talvez seja muito maior e pior que o sofrimento real e que, em virtude das experiências precoces, parece ser insuportável, portanto, o aprender com a experiência não pode ser permitido. Restaria, então, apenas a repetição.

A rememoração é sem dúvida constituída inicialmente por imagens. Freud tratava a imagem como pertencendo a um estado regressivo do pensar, em oposição à atividade da palavra, que corresponderia a um estado normal. No entanto, como salienta Rolland (2015), as imagens do sonho e da alucinação nascem de um encontro entre um pensamento verbal e uma lembrança perceptiva, ou seja, uma imagem composta por um traço visual inconsciente e uma palavra no pré-consciente. São representações primárias que só podemos inferir, porém que exercem muita força no psiquismo.

Seria uma "imagem fundadora", como a denominou Fédida (1991), uma "imagem mítica", dita por Cassirer (1972), produzida na mente num instante e que, muitas vezes depois, secundariamente, será objeto de outra representação, e assim inúmeras vezes, dando origem ao que conhecemos como "imagens primitivas" (Rolland, 2015), que necessitarão novamente da linguagem para serem reveladas. Uma constante reinterpretação realizada pelo psiquismo num afã de se apoderar das novas experiências.

Rolland (2015) descreve como essas imagens primitivas alcançam poder em virtude de sua intensidade, sua espessura e sua força. Quando captadas na análise, por exemplo, já fazendo parte da percepção, podem ser acessíveis pela fala ou pela escrita. Poderíamos talvez pensar que, no caso apresentado, algo desse tipo acontece quando é trazida no relato do sonho a imagem do navio chegando, ela no colo da mãe, a perda do irmão. Quando isso se torna possível, estaremos frente ao "aprender com a experiência".

A palavra alemã *Erinnerung* se traduz por "rememoração" ou "lembrança". Refere-se à ideia de um trabalho de interiorização, executado pela rememoração, que evoca o que a memória conservou. Exceto, é claro, o que fizer parte da memória traumática infantil, mantida sob a repressão ou muitas vezes não inscrita (o trauma em negativo), impedida de ser rememorada. Essa só poderá ser lembrada em condições especiais, quando a revivência do traumático for possível e a inscrição puder acontecer.

Essas lembranças trazidas pelo trabalho de "rememoração" na análise nunca se constituem numa narração direta dos acontecimentos passados da infância, mas aparecem numa substituição segundo um método analógico, privilegiando os acontecimentos recentes que repetem sem que o analisando tenha consciência de que fala de sua história. O analisando sabe e sente ser imperioso repetir, insistir, contar, porém no nível consciente não faz ideia do porquê e do que se repete.

Só uma "rememoração" que se estenda na transferência permitirá a transformação da experiência emocional, e esse aspecto me parece nítido na associação que Mariana traz em relação ao vínculo que mantinha com a mãe e com a analista: "Depois que ela morreu... quando você for embora também...". As relações com a figura materna e com a analista são aproximadas a ponto de uma se constituir na outra e vice-versa, sendo essa analogia e essa transposição quase automáticas em virtude da intensidade da transferência.

No caso de Mariana, o silêncio insistente que a tomou por muito tempo, penso, foi também revelador e possibilitou a evolução do modelo da "casa tomada", presente no romance de Júlio Cortázar. A possibilidade de tolerar, trabalhar internamente e expandir esse modelo ajudou Mariana, permitindo a evolução da relação analítica.

Os momentos de silêncio, sem palavras, porém ocupados pelas imagens, precisam ser diferenciados daqueles ocupados pela fala, não sendo aqueles mais ou menos importante que estes, mas apenas se constituindo em outro ritmo e outra forma de expressão.

Evoluções[1]

> *Em qualquer sessão a evolução tem lugar. Do escuro e do sem forma, algo evolve; essa evolução pode ter uma semelhança superficial com a memória, mas assim que ela tenha sido experimentada, jamais será confundida com esta. Compartilha com os sonhos a qualidade de estar totalmente presente ou de ser imediata e subitamente ausente. É essa evolução que o psicanalista precisará estar pronto para interpretar.* (Bion, 2000, pp. 392-393)

Bion usa o termo "evolução" para se referir à emergência na situação psicanalítica da realidade psíquica. Esse termo, bem como o termo que eu havia escolhido para o trabalho anterior, "mudanças", parece salientar o aspecto dinâmico e mutável da experiência emocional, referindo-se de certa maneira às "transformações" tanto do analisando como do analista, sem, no entanto, fixar numa "forma" o aspecto em questão.

1 Uma versão anterior deste capítulo foi publicada em 1987 na *Revista Brasileira de Psicanálise, 21*(4), 475-97 e em 1996 na *Revista Latinoamericana de Psicoanálisis, 1*(2), 187-96.

No texto anterior, ao tratar do tema "mudanças", minha proposição levava em consideração uma visão longitudinal do processo psicanalítico, salientando as transformações observáveis nas identificações projetivas e introjetivas da analisanda e o inter-relacionamento desses processos nas relações transferencial e contratransferencial.

Neste pequeno trecho de um artigo de Bion, com que tive contato originalmente em 1967, o que mais me chamou atenção, e me levou a refletir novamente sobre a questão, foi justamente a possibilidade de que cada sessão ou até mesmo cada momento da experiência psicanalítica possa ser considerado a expressão e a emergência de uma "evolução", que, sendo observada e captada pelo psicanalista, passa a ser o ponto principal e fundamental a ser comunicado ao analisando.

Minha impressão é a de que essa observação requer uma captação quase microscópica da experiência psicanalítica, que possibilite ao analista reconhecer os diferentes estados emocionais do analisando, sua oscilação e sua alternância como fontes de informação a respeito não apenas das condições e do funcionamento da mente desse analisando, mas também daquilo que se passa na dupla no momento (a experiência emocional da relação psicanalítica).

O instrumento usado por um psicanalista numa psicanálise é sem dúvida sua própria mente, e esta certamente não tem a precisão que um microscópio poderia oferecer. No entanto, se o psicanalista puder contar com sua intuição e sua habilidade empática, aliadas a um corpo bem constituído de teorias e experiências psicanalíticas, é possível esperar que o resultado obtido na experiência se aproxime daquele conseguido por um microscópio.

De fato, se aproximará, na medida em que permita aos participantes dessa dupla ver o que seria invisível em qualquer outra situação, considerar o improvável em qualquer outra relação e observar na dupla a emergência daquilo a que Bion se refere como "um objeto escuro e sem forma".

Numa pesquisa da obra de Bion, levando em conta algumas ideias expostas em *Atenção e interpretação* (1970) e *Transformações* (1965), verificamos que, ao tratar da questão da "evolução", Bion associa esta à consideração dos vértices.

O vértice que Bion parece propor para a consideração da questão da evolução é o da observação de O. Ele chega até a falar na "evolução de O" como o único ponto que de fato precisaria ocupar a mente de um psicanalista enquanto com seu paciente.

Continuando em seu artigo, Bion postula a necessidade de uma observação que não esteja voltada nem para o que já aconteceu, nem para o que acontecerá, mas para o que está acontecendo. Para isso, a eliminação de desejo e memória torna-se indispensável.

O que está acontecendo é sempre uma evolução do O do analisando naquele determinado momento. Uma rosa, diz Bion (1965), é ela mesma não importa o que se diga sobre ela, não importa como cada pessoa possa vê-la e quantos atributos lhe forem conferidos. Penso que poderíamos tentar transpor algo dessa colocação ao refletirmos sobre nossos analisandos.

Uma pessoa humana é ela mesma, isto é, uma personalidade com características e condições próprias, que se coloca à nossa frente numa psicanálise e sobre quem podemos desenvolver inúmeras fantasias, hipóteses, teorias, sem que, no entanto, estejamos de fato nos aproximando daquilo que é a sua evolução. No confronto com o psicanalista essa personalidade emerge e pode captar essa emergência, sem exageradas interferências, que chamaríamos de "desejos do analista", e sem a preocupação de entendê-la ou adequá-la a qualquer modelo preestabelecido, possibilitando uma experiência de apreensão e percepção bastante interessante e nova.

Num de seus artigos, Eigen (1985) salienta a contribuição de Bion à escola kleiniana, justamente enfatizando as duas posições propostas por Klein, esquizoparanoide e depressiva, como posições não apenas interdependentes, com igual valor e importância para a vida mental, mas também que co-ocorrem durante toda a nossa vida e estão presentes em todos os processos mentais. Bion não se prende em nenhum momento à posição depressiva, seja para valorizá-la mais, seja para considerá-la como objeto a ser atingido. Ele sustenta o dinamismo, o movimento, como a base para o desenvolvimento mental e emocional.

Segundo Eigen (1985), Bion procura traçar uma conexão dos mecanismos de fragmentação e integração com o ritmo inato do "si mesmo". Esse ritmo pode ou não necessitar de um continente para acontecer. De certa forma, ele seria anterior à própria existência da relação continente-contido, ligando-se mais à própria existência da vida.

A presença ou ausência de um continente e suas vicissitudes vão determinar interferências nesse ritmo. Refiro-me aqui a continente pensando não apenas na presença de outra pessoa que desempenhe essa função, o que é fundamental nos primórdios da vida, mas também e principalmente na própria mente de uma pessoa, que necessita ter ou desenvolver as condições necessárias para funcionar como continente de seus próprios processos emocionais e mentais.

Em contato com essas ideias, tentando privilegiar a "evolução" como "evolução do si mesmo" do analisando, pareceu-me necessário e até mesmo inevitável considerar que o dinamismo entre PS↔PD e as relações continente-contido seriam os aspectos fundamentais a serem considerados e observados, pois nos forneceriam as informações necessárias não apenas sobre o analisando e sua personalidade, mas também sobre a "evolução" da relação psicanalítica.

Ao observarmos PS↔PD, temos a oportunidade de observar o si mesmo emergindo, e sua consideração pela dupla, capaz de conter essa espécie de explosão, possibilita sua "evolução", tendo como resultado a significação.

Penso que algum material clínico pode ser útil para a consideração do movimento que pretendo descrever, porém, antes de sua apresentação, voltarei a Bion para considerar suas ideias a respeito de PS↔PD e da relação continente-contido.

Em *Elementos de psicanálise* (1968), Bion é bastante claro ao se referir aos fenômenos da posição esquizoparanoide e da posição depressiva, PS↔PD. Estes, diz ele, podem ser considerados mecanismos razoavelmente simples, presentes em todos os fenômenos mentais, dos mais primitivos até os mais complexos, e referem-se às oscilações entre fragmentação e integração.

Da atuação de PS↔PD decorre o delineamento do objeto total ou sua parcialização. Já a direção do movimento PS↔PD será responsável pelo surgimento do fato selecionado.

A relação entre continente-contido é associada por Bion, ainda em *Elementos de psicanálise*, aos movimentos de expulsão-ingestão, sendo essa relação responsável pelo significado que adquire o objeto. PS↔PD e ♀ ♂ não realizam, no entanto, duas atividades separadas, mas funcionam em conjunto, assumindo a cada momento uma característica particular e específica.

> *Talvez haja conexão entre PS↔PD e ♂ ♀, embora a dissimilaridade dificulte perceber que forma e conexão poderia ter, se tem alguma. A reunião de elementos que aparentemente não apresentavam conexão, nem*

> *de fato, nem de lógica, de maneira tal que a conexão deles se manifesta e se revela numa coerência não suspeitada, como no exemplo de Poincaré, é característica de PS↔PD. A ação PS↔PD se responsabiliza pela evidenciação da correlação dos pensamentos já criados por ♀ ♂.*

Antes que ♀ ♂ atue, há de se descobrir ♀, e a descoberta adequada de ♀ depende da ação PS↔PD.

A reunião de elementos que aparentemente pareciam dispersos, separados, caracteriza a função dinâmica PS↔PD. A evidência de que se formaram pensamentos, no entanto, só pode ser realmente observada na presença de ♂ ♀.

Ao conectar a "evolução" à emergência do si mesmo, e ao tratar a questão como relacionada e referindo-se às oscilações e aos movimentos entre PS↔PD e ♀ ♂, estamos abrangendo uma gama variada de fenômenos mentais. Possibilitar que o dinamismo PS↔PD ou, dizendo em outras palavras, que o "si mesmo" emerja e evolua, graças ao desenvolvimento e ao fortalecimento das relações continente-contido, passa a ser então a meta fundamental da psicanálise.

A "evolução" é, portanto, da personalidade que ali está, do "si mesmo", que pode ser captado e percebido na experiência psicanalítica de maneiras diferentes, possivelmente "novas". A "mudança", na verdade, é sempre de vértice ou de perspectiva.

Um dos benefícios que penso ser possível alcançar com essa colocação é o de tornar desnecessária qualquer postura valorativa, seja ela moral ou teórica. Usando as palavras de Bion (1992, tradução minha), "o progresso será medido pelo aumento tanto em número como na variedade de estados emocionais, ideias, atitudes, vistas numa dada sessão". Penso que é possível, então, associar desenvolvimento e progresso à capacidade que uma personalidade pode desenvolver de entrar em contato consigo mesma, de forma ampla e livre, sem sofrer demasiadas interferências, paralisações e parcializações, sejam elas internas ou externas. A realidade psíquica, o "si mesmo", evoluindo e sendo contido numa relação significante, caracteriza o que chamaríamos de experiência emocional.

Tentarei focalizar algum material clínico a seguir, ilustrando algumas das ideias que aqui exponho. Em minhas considerações, tentarei abordar também alguns dos empecilhos e interferências no fluir dinâmico de PS↔PD, bem como dificuldades no estabelecimento da relação ♂ ♀, que impediriam o aprendizado e o conhecimento pela experiência emocional.

Estamos todos cientes das dificuldades que enfrentamos quando pretendemos comunicar uma experiência clínica. Penso que minha pretensão de transcrever e, assim, exemplificar aquilo que percebo como uma "evolução" torna a questão ainda mais difícil. No entanto, como não podemos prescindir da experiência clínica ao falar em psicanálise, principalmente sendo ela uma disciplina basicamente clínica, torna-se necessário encontrar alguma maneira para superarmos pelo menos em parte as dificuldades. Tentarei desenvolver algumas ideias a partir de momentos vividos com um analisando, utilizando minha apreensão e minha versão da experiência.

Cícero é um homem de 35 anos que se encontra em análise há quase três anos. "Penso que chegou a hora de fazer alguma coisa comigo mesmo", foram suas primeiras palavras ao me procurar, mostrando-se um tanto relutante, porém sugerindo, ao mesmo tempo, que se percebia necessitado de ajuda.

Sua vida, segundo relato, vem transcorrendo nos últimos quinze anos de forma bastante agitada e violenta. Separado dos pais e da família desde os 18 anos, sempre procurou sustentar-se e arranjar-se sem ter de solicitar ajuda de ninguém. Sua ascendência italiana aparece claramente em sua gesticulação, sua fala e sua aparência. Havia passado alguns anos vivendo na Itália e dessa época guarda boas recordações. Brincadeiras, passeios, pouco trabalho, mas muita informação, conhecimento. Afeiçoara-se à arte e tornara-se um fotógrafo especialista em obras de arte.

De volta ao Brasil, conhece uma mulher mais velha que ele, mãe de duas crianças e desquitada. Apaixonam-se e vão viver juntos. No momento que me procura, 10 anos após tudo isso, queixa-se amargamente do convívio que vem tendo com essa nova "família" nos últimos anos.

Apesar de "gostar" da companheira, das crianças, não consegue evitar que a vida em comum seja uma constante e torturante luta. Não se trata de brigas apenas, são realmente confrontos em que a companheira é desprezada, desvalorizada, enxotada muitas vezes de casa, sem que de fato cheguem a uma definição. Desgasta-se com sentimentos de culpa e desespero, alternando com a companheira o papel de vítima complacente e torturada.

Cícero, no entanto, parece-me pessoa sensível e com razoável alcance a suas angústias, percebendo-se amarrado, manipulado, necessitando urgentemente de auxílio. A companheira quase na mesma época procura análise, parecendo que a dupla esgotada busca uma saída.

> *Briguento fui desde o início de minha vida. Tudo que fazia na infância era provocar meus irmãos, minha mãe, e quase sempre acabava apanhando bastante. Com meu pai até hoje é um tormento, se a gente tem que se relacionar, acaba em briga.*

Durante o primeiro ano de análise, Cícero se separa da companheira, o que parece aliviá-lo, porém a partir daí se isola cada vez mais. O "outro", seja quem for, passa a ser visto como alguém que vai lhe trazer problemas, angústias. Suporta a analista com dificuldades, na maior parte do tempo põe em dúvida e questiona o tipo de trabalho que a psicanálise lhe oferece, mas continua vindo.

Quando consegue sair um pouco de seu isolamento e desenvolver um relacionamento um pouco mais vivo e próximo à analista, as ameaças de desentendimento e violência começam a surgir. Irrita-se muito com as colocações da analista, sente-se provocado e provocando situações muito difíceis, que parecem repetir o modelo que utilizava com seus familiares.

O silêncio da analista o tortura, mas por outro lado suas palavras são tomadas como ataques e provocações. O risco de a relação analítica tornar-se mais séria parece também começar a abalá-lo. Substitui parte de suas provocações por silêncios, que muitas vezes chegam a se transformar em sono profundo.

Fica meio espantado e sem graça quando começa a se dar conta dessas "mudanças" em sua relação comigo. Não consegue entender o que pode estar ocorrendo e se sente com pouco controle de suas angústias. Se fica uma sessão inteira em silêncio, na próxima chega como que derrotado, considerando aquele acontecimento um fracasso, um sinal de sua incompetência para a análise, e ao mesmo tempo uma provocação para seu ódio.

> *Afinal, por que você não faz alguma coisa? É óbvio que você tem técnica, você entende disso, poderia ajudar. Não vê que é inútil assim? Droga!*

No momento parece prevalecer um clima tenso, com evidência de fantasias muito persecutórias e agressivas. Cícero ainda faz uso constante de provocações e ironia, conseguindo, por vezes com certo êxito, despertar na analista sentimentos de irritação e desânimo. Parece possuir um enorme "arsenal de munições internas", que não se esgota nunca e é usado para manter-se a certa distância nas relações, sem se comprometer demasiadamente.

Enfocarei duas sessões do mesmo período de análise (segundo semestre de 1986), tentando demonstrar o que caracterizei anteriormente como "evolução".

Na primeira dessas duas sessões, uma segunda-feira, nosso contato na entrada da sala parece ser bastante amistoso. Ele me olha diretamente, sorri, trocamos os cumprimentos habituais e ele se dirige para o divã. Sento-me atrás dele e quase imediatamente sinto uma modificação no clima da relação. Ele, deitado rigidamente, com os braços ao lado do corpo, parece estático, sofrendo grande tensão em seus músculos.

Poderíamos pensar que a mudança, como a defini anteriormente, foi uma mudança de vértice. O analisando deita-se no divã, a analista senta-se atrás dele, e essas posturas de fato parecem mudar aquele clima de tumulto que é observável na entrada quando se encontram, analista-analisando. Mas não me refiro apenas à mudança de vértice no sentido espacial e concreto que as mudanças de posição trazem.

O que mudou quando Cícero se deitou no divã é difícil dizer. Como se segue um silêncio de vinte minutos, tenho de contar com a evolução de minha pessoa, embora saiba que nele, Cícero, também ocorrem movimentos internos.

Minha observação é de um corpo paralisado, crispado, o que sugere medo, tensão. Parece ser impossível para Cícero encontrar palavras que talvez atenuem esse seu estado, algo impede um fluir livre e dinâmico de sua mente. A linguagem corporal sugere que não pode contar com sua mente para ser o continente de seu mundo emocional, e que tampouco pode contar comigo para ajudá-lo. A ameaça talvez seja de uma explosão incontrolável. Como não consegue expressão mental, seu corpo e sua pele funcionam como continentes. Aguardo. Como disse antes, minha evolução precisa ser usada, confiando que minha intuição, minha bagagem teórica e minha experiência sejam úteis nesse impasse.

Penso em nosso encontro na entrada da sala e surge-me novamente seu rosto sorridente, demonstrando satisfação em me encontrar, em me ver. Talvez agora, deitado no divã, esteja às voltas com minha ausência. Não me vê mais, o que talvez faça com que tenha contato com sua solidão, seu isolamento. Ocorre-me que hoje é uma sessão de segunda-feira, tivemos um intervalo de três dias. Possivelmente, Cícero revive sentimentos de desamparo, mesclados a muito ódio e revolta, despertados pela nossa separação e agora novamente "causadores" de sua angústia. A analista transformada em objeto mau, que o frustra e abandona, precisaria agora ser atacada e destruída. Talvez seja tudo isso o que contém em seus músculos, com sua pele, de certa forma protegendo-me de um ataque violento. As ligações começam a fazer sentido, possivelmente uma interpretação poderia ser elaborada considerando esses fatores. Muitas vezes as faço.

Nesse momento escolho esperar, aguardar pela evolução do Cícero que está ali, portanto, pode melhor que ninguém se informar sobre si mesmo, sem, no entanto, desprezar minhas conjecturas e impressões. E após vinte minutos de silêncio, ele me dá sua transformação do encontro. Um modelo emerge:

> *Você conhece aquele quadro "Lição de Anatomia"? Tem uma porção de gente em volta, em pé, e no meio um homem deitado, com o corpo todo aberto. Está sendo exa-*

> *minado, provavelmente são médicos, estudantes. [Pausa] É mais ou menos assim que me sinto aqui, agora.*

Penso que nesse momento foi possível a Cícero encontrar alguma expressão e continência para o estado emocional que ele vivia, estando ali deitado ao meu lado. A perseguição e a violência estão presentes de forma bastante evidente, e até certo ponto, em minha mente, eu captava algo em consonância com ele.

A lembrança do quadro surge como uma metáfora visual, que num lampejo informa sobre a experiência emocional que Cícero vive ali. O fluir dinâmico de PS↔PD possibilitou a emergência dessa metáfora visual em sua mente, que no momento pôde contê-la e comunicá-la a mim.

O que parece que vem evoluindo e surge agora em palavras é a maneira como Cícero experimenta nosso relacionamento, nosso trabalho. Algo que penetra nele, informa sobre sua anatomia, examina seu funcionamento de tal forma que o deixa irremediavelmente entregue.

Não é de se estranhar que surjam sentimentos persecutórios, medo, se sua apreensão e sua vivência dos fatos são essas, pois falam de uma espécie de fragilidade sua que permite uma penetração tão violenta que exige, como contrapartida, que intensifique suas munições e suas proteções para conseguir se sentir mais forte.

O que é possível saber sobre Cícero neste momento é como ele se vê e possivelmente se sente, alguém extremamente frágil, penetrável, suscetível a interferências. A fragilidade e a violência seguem lado a lado, talvez a violência sendo o único recurso que ele conhece para garantir-se como personalidade.

Seu pai surge em minha mente. Figura autoritária, intransigente, sempre fazendo uso da violência, muito odiado por Cícero, no entanto, parece que ele precisa seguir o mesmo caminho, talvez como uma prova de sua identidade masculina, talvez como uma manobra para se afastar e se proteger do pai. A violência e o ódio como provas de sua masculinidade.

Mas teria dúvidas, então? Pela primeira vez me ocorre que sim, e ficam mais claras e compreensíveis suas dificuldades nos relacionamentos afetivos. Mas certamente ele nunca pensou nisso, nunca pôde acessar e considerar suas fantasias homossexuais, muito pelo contrário, precisava garantir a si mesmo e aos outros seu poder sedutor sobre as mulheres.

Outra suposição seria considerar que Cícero, sentindo-se abandonado por mim e incapaz de reconhecer e sentir perda ou depressão, quer agora violentamente penetrar-me com seu ódio e revolta, não apenas para atacar-me, mas principalmente para ter acesso e controle em relação ao que se passa comigo.

Melanie Klein, em "Notas sobre alguns mecanismos esquizoides" (1952), enfoca esse modelo de relação:

> *Outro aspecto dos processos projetivos, como vimos, diz respeito à penetração forçada no objeto e ao controle do objeto por parte do eu. Por consequência, a projeção poderá ser sentida como uma introdução vigorosa em retribuição a uma violenta projeção. Isso pode acarretar o medo de que não só o corpo, mas também a mente sejam controlados por outras pessoas de um modo hostil, resultando na possibilidade de uma grave perturbação na introjeção dos objetos bons – uma perturbação que impediria todas as funções do ego, bem como o desenvolvimento sexual . . . (p. 326)*

O que me parece bastante evidente é sua dificuldade para estabelecer com a analista uma relação continente-contido que não repita seu modelo interno de relacionamento, que é persecutório, transformando a introjeção num processo violento e indesejável, associado a uma penetração violenta por parte do outro, com intuitos de controle.

Obviamente, oferecer a Cícero naquele momento tudo isso que levanto como possibilidades sobre sua pessoa seria impossível, ou pelo menos tremendamente indigesto. Utilizando-me do modelo cirúrgico que ele mesmo havia trazido, falo de seu sofrimento, de seu medo quanto a me sentir como alguém que vai invadi-lo, penetrá-lo, sendo compreensível aquela rigidez, aquela contenção, pois o que evitava era terrível e o fazia ter muitas dúvidas quanto a si mesmo.

Ele continua em silencio, porém parece relaxar, voltam seus movimentos como se ele voltasse à vida. Dou-me conta de que me ofereci a ele como um continente acolhedor, poderíamos dizer como uma "boa mãe", que é capaz de ouvi-lo, compreendê-lo, sem machucá-lo, devolvendo-lhe seu medo sob forma de "terror sem nome". Com essa figura ele se acalma, pelo menos temporariamente. Após algum tempo, diz:

> *Acho que você tem razão quando fala de penetração, pois sinto até fisicamente algo assim. Agora parece que acabou. Mas no momento que entrei aqui e deitei, era como se um veneno estivesse tomando conta do meu corpo, vou ficando tomado, envenenado. Agora percebo que é alguma coisa que vai subindo dentro de mim, mas não há o que fazer, tem que ser assim ultimamente. Hoje depois que visualizei o quadro fiquei mais à vontade, agora até dá para conversar.*

O estabelecimento da relação ♀ ♂, inicialmente em sua própria mente, capaz de transformar seu estado emocional em palavras, e posteriormente buscando a analista como continente, possibilitou a Cícero refletir e deter-se sobre si mesmo. Sua fragilidade parece diminuir, é capaz de alguma diferenciação entre externo e interno, que, embora ainda parcial, o ajuda a perceber que tudo se passou apenas dentro dele, dentro de sua mente, na sua fantasia. O fato é que, a partir desse momento, ele está na sessão, é capaz de ter algum contato com sua mente e considerar minha presença.

Sendo-lhe possível considerar que o que ele chama de veneno "vem de dentro dele e vai tomando conta de seu corpo e de sua mente", torna-se também possível considerar que a analista não vai machucá-lo nem o atacar, e ele é capaz então de se acalmar e conversar.

A ideia de que a analista estaria forçando sua entrada dentro dele fala de um tipo específico de introjeção que decorre de igualmente violentas identificações projetivas. A presença de um continente que possa transformar pela *rêverie* essa violência, mitigando e atenuando seu caráter destrutivo, é fundamental para que o desenvolvimento possa prosseguir.

Cícero parece ter ficado aprisionado a esse modelo, que nunca pôde ser elaborado e transformado, o que impediu que ele se identificasse satisfatoriamente com seus objetos amorosos. Surgem daí, provavelmente, as possíveis dificuldades em sua identificação sexual. O mecanismo de identificação projetiva encontra suas raízes principalmente nos impulsos infantis mais primitivos de forçar o eu para dentro da mãe. Sugere-se e se demonstra que a fixação neste nível primitivo denominado por Klein "posição paranoide" pode ser responsável pela combinação frequente de paranoia com homossexualidade.

Duas sessões depois ele parece retomar a mesma questão. Novamente a sessão se inicia com um longo silêncio, mas desta vez Cícero parece agitado, mexendo-se no divã, esfregando os olhos e passando a mão nos cabelos.

> *Hoje foi muito difícil chegar aqui. Não queria vir. Estou todo cheio de dores. Dor de dente, dor de ouvido, tudo dói e incomoda.*

Lembro de relance que na sessão anterior, muito produtiva, havia conversado sobre sua solidão. Penso também no final de semana que se aproxima (é a última sessão da semana) e vai se tornando mais evidente para mim como ele me leva consigo. Como um objeto mau, que provoca dores e sofrimento. Digo-lhe que provavelmente se queixa para mim, de forma dolorosa, daquilo que nossa relação lhe impõe.

O som da minha voz já parece acalmá-lo, segue-se um novo e prolongado silêncio, e ele se mantém totalmente imóvel. Penso novamente na questão da introjeção, que parece estar sendo o ponto crucial no momento. Provavelmente, são suas dificuldades para a introjeção que impedem um fluir mais livre de PS↔PD e o distanciamento da analista como um continente que poderia ajudá-lo. A introjeção é provavelmente associada a uma penetração violenta, precisando então utilizar-se da expulsão, ou seja, da projeção excessiva.

Após um intervalo de dez minutos de silêncio, enquanto essas ideias me ocorrem e posso perceber o isolamento ao qual ele precisa me submeter, ele volta a me contatar.

> *Cochilei agora um pouco, acho que cheguei mesmo a dormir, pois até tive um sonho, sonhei com uma mulher de circo, que cuspia agulhas pela boca.*

Fica muito claro para mim e também para ele, nas associações que pode fazer, que essa é a única maneira que tem no momento para se relacionar comigo e também consigo mesmo. Ele se dá conta de que está muito assustado, amedrontando com a ideia de que existe um vínculo, uma ligação forte entre nós, e que essa ligação estimula nele sentimentos, desejos, sobre os quais ele ainda não consegue se deter para considerar e refletir.

Acordado, tudo que podia perceber eram dores em seu corpo. De relance, num sonho, pôde estabelecer contato entre aquilo que se passa com ele internamente e a minha presença, nossa relação. Dormindo, sua mente realiza um trabalho de elaboração e integração que o ajuda a considerar a experiência.

Novamente, eu diria que no sonho "evoluiu" e tornou-se acessível algo dele mesmo que não era perceptível antes, pois não podia ser contido em sua mente. A experiência adquire a possibilidade de ser uma "experiência emocional" que informa sobre ele, sobre nós.

Nas associações que traz, torna-se clara a identificação projetiva intensa que rege sua relação com a analista, transformando-a no objeto mau e perigoso que o ameaça com "agulhas", provavelmente "palavras", que entram nele e informam de maneira dolorosa sobre ele mesmo. Uma analista que ele imagina incapaz de continência, de transformação, que lida com os fatos expulsando-os e enfiando suas próprias angústias nele. Esse é talvez seu próprio retrato, que começa a se delinear mais claramente.

Não penso que seja apenas a angústia quanto à separação do fim de semana que aflige a esse ponto, mesmo porque ainda lhe é difícil se admitir ligado a mim, portanto, não há como perceber a falta conscientemente. Penso que é ele mesmo que precisa vivenciar dessa maneira um relacionamento, como uma disputa, uma espécie de combate, em que os componentes da relação provam sua força ou sua fragilidade.

Ele continua dizendo-me:

> *Quase nunca fico doente, ficar doente é sentir que as coisas no meu corpo estão difíceis, não funcionam bem. Essa história de doença é uma coisa que não gosto. Precisar de alguém para cuidar da gente, ter que ficar meio entregue, não dá.*

Não dá para precisar da analista sem sentir-se frágil, entregue, incapaz. Se lhe faltam condições, ou se sente falta da analista, isso é logo associado a uma doença, um defeito. O vínculo é vivido com uma dor, a analista sendo a "causadora" desses males.

> *Ontem acabei escrevendo uma carta para minha namorada, estava mal. Você não pode imaginar como foi difícil para mim escrever "querida". Parecia que não ia sair. Tive que fazer um esforço para dizer isso a ela.*

O "querida" provavelmente também "evoluiu" como algo dele mesmo que ele nem sabia que existia, que era possível. A possibilidade de se relacionar assim sempre esteve com ele, mas nunca pôde ser desenvolvida. Acreditando que a violência e o ódio eram formas mais reasseguradoras de sua força e sua masculinidade, desprezou, desperdiçou e/ou atacou possibilidades que lhe foram oferecidas para ligar-se afetivamente, cuidar e proteger seus objetos de amor. Grande parte de sua dificuldade agora é ter de reconhecer e admitir depressivamente os métodos e as teorias que vem utilizando.

Aquilo que no início da sessão "evoluiu" como as dores que estavam em seu corpo, e que posteriormente foram associadas em seu sonho a ataques desfechados por mim, pode agora ser considerado como aspectos de sua personalidade que nunca pôde aceitar nem integrar de forma satisfatória. Por alguns momentos é possível a Cícero, a nós, vivenciar uma experiência de troca amistosa e produtiva. Ele é capaz de receber minhas palavras, minha contribuição, como um alimento nutritivo, necessário e desejável. Muito rapidamente essa mesma contribuição pode ser transformada em "agulhas que o ferem", ou num "ato cirúrgico aterrador". Essa oscilação rápida e constante é parte de seu ser, é parte dele mesmo, fruto de suas experiências emocionais e seus relacionamentos afetivos.

Talvez nosso trabalho, o trabalho psicanalítico, seja justamente tornar esse dinamismo, essa oscilação, acessível a uma pessoa. Esperar acabar com essas oscilações, ou equilibrar totalmente esses movimentos, talvez seja idealizar não apenas os objetivos e as possibilidades da psicanálise, como também as possibilidades do ser humano.

No entanto, poder ter acesso a essas diferentes possibilidades constitui-se em progresso inegável, principalmente considerando que, para tal, a personalidade tem de desenvolver suficiente contato consigo mesma e suficiente tolerância à frustração e à dor.

Cícero até agora vivia aprisionado quase unicamente à posição esquizoparanoide, impossibilitado de estabelecer vínculos duradouros e significativos tanto interna como externamente. A utilização dos mecanismos esquizoides e de defesas maníacas impedia que o dinamismo PS↔PD fluísse livremente e, consequentemente, que uma relação continente-contido significante se estabelecesse e se mantivesse.

Retornando às origens, ao início do desenvolvimento, seria possível conjecturar que nessa personalidade as experiências de frustração e dor foram não apenas pouco toleradas, mas principalmente vividas como ataques violentos a seu mundo emocional e mental. Uma suposição seria considerar tal incapacidade ou intolerância uma deficiência de sua própria personalidade, outra levaria em conta a hipótese de possíveis dificuldades no relacionamento com a figura materna e deficiências na função de *rêverie* da mãe, determinando o estabelecimento de condições mentais insuficientes para o processamento do pensamento.

A "expulsão" por meio das identificações projetivas provavelmente prevaleceu em detrimento de uma "ingestão" significativa e nutritiva, que possibilitaria crescimento emocional e expansão das possibilidades mentais. Nessas condições, o dinamismo PS↔PD tende a se desequilibrar em detrimento de PD, ideias não se formam e a mente não desenvolve suficientes condições para produzir pensamentos. Uma oscilação espontânea e dinâmica entre PS↔PD, ou seja, entre não integração e integração e vice-versa, é parte do ritmo dos processos mentais.

A tolerância a um estado mental que caracteriza PS passa a ser fundamental, tanto para o analisando como para o analista, considerando que é a partir de PS que o fato selecionado pode emergir, como uma espécie de ordem no caos, que informa a respeito do estado emocional do momento.

Bion se refere a esses estados como nuvens de incerteza (*uncertainty clouds*), em que os fragmentos mentais tentariam ser continentes em si mesmos, à procura de um verdadeiro continente que possa desenvolver a função alfa e transformá-los em pensamentos. A evolução dessas nuvens de incerteza, que surgem da escuridão e do sem forma, permite-nos conhecer algo do si mesmo do analisando que ali está e também algo sobre a experiência emocional que se desenrola entre analista-analisando.

Espero ter conseguido exemplificar algumas das ideias teóricas que aqui expus com os fragmentos de material clínico que apresentei e com meus comentários e minhas observações a respeito da experiência.

A teoria de Bion sobre a origem e o funcionamento da mente tem contribuído sem dúvida para muitos dos avanços e das descobertas da psicanálise em geral, e especialmente para o trabalho de alguns analistas kleinianos atuais. No entanto, em virtude de sua complexidade, nem sempre é possível captar na experiência clínica tudo aquilo a que a teoria se refere. Minha tentativa certamente não escapou a essa dificuldade, provavelmente enfatizando alguns aspectos em detrimento de muitos outros.

Reflexões atuais – o objeto e o narcisismo

Este foi um dos trabalhos de que mais gostei dentro de todos os escritos até então! E por quê? Acredito que este texto tem algo de original, ele procura focar o caso clínico de forma peculiar, fazendo uso das teorias de Bion, mais especificamente dos elementos da grade proposta por ele, e realmente oferece uma visão microscópica do acontecer dentro de uma sessão.

É claro que sempre se trata apenas de uma perspectiva pessoal, a do analista. No entanto, acredito que como um modelo ou exemplo pode vir a ser interessante, pois aponta para uma possibilidade da observação dos movimentos psíquicos. É uma proposta de observação que talvez seja mais pertinente que "interpretações" desligadas do acontecer na sessão.

Penso que a emergência da fala do analisando caracteriza um movimento entre PS↔PD, seja no relato de uma associação livre ou na segunda sessão com um relato de sonho, e em ambos os momentos os elementos que se encontravam dispersos em seu corpo e sua mente, caracterizando a posição esquizoparanoide, são contidos e representados psiquicamente, podendo então surgir uma comunicação (PD). Essa foi a perspectiva kleiniana-bioniana escolhida para o trabalho.

Tanto o quadro da "lição de anatomia", na primeira sessão, como o sonho da "analista que cospe agulhas", na segunda, são produções psíquicas que denominei "evoluções" do si mesmo do paciente. Falam de movimentos, vivências, e da maneira peculiar e individual como meu analisando vive aquele momento da análise. No entanto, privilegiei naquele momento uma visão microscópica, e seria importante também uma perspectiva macroscópica, bem diferente da apresentada.

A partir dessa possibilidade, proponho então o tema "o objeto e o narcisismo", visando inserir outro ângulo que, no meu ponto de vista, pode ser útil para pensar o caso e a ideia propostos no capítulo.

Até 1914, Freud não havia mencionado oficialmente o tema do "narcisismo". Porém, desde muito antes ele já se referia à dificuldade de certos pacientes para a análise e a transferência. Freud denominava "neuroses narcísicas" os casos não analisáveis, hoje chamados de psicóticos ou *borderline*.

Embora o narcisismo não tenha se constituído num eixo da investigação de Freud, sem dúvida se constituiu num momento importante, graças ao qual a questão do "objeto" teve de ser reconsiderada por ele, que até então havia reduzido sua importância, tratando-o com mais ênfase nas questões das perversões em pacientes adultos.

Segundo Green (1995), nesse texto de 1914 Freud considera o narcisismo um complemento libidinal erótico das pulsões de autoconservação. Essa parece ter sido uma tentativa de harmonizar os problemas levantados em torno da pulsão sexual e da pulsão de autoconservação. Os aspectos autoeróticos, na verdade representando o aspecto destrutivo da sexualidade, ficariam assim focados como parte dos aspectos narcísicos.

Após a elaboração da segunda tópica, com a formulação de pulsões de vida e de morte, o narcisismo parece ter se tornado desnecessário a Freud. Mesmo assim, Green continua a valorizar esse conceito e propõe um interessante acréscimo à proposta de Freud, com a publicação de *Narcisismo de vida, narcisismo de morte* (1983). Na sua concepção, o narcisismo hoje está muito presente numa concepção mais subjetivista da psicanálise, que propõe falar o tempo todo do si mesmo e dos aspectos do *self*. Diz ele:

> *No sentido que lhe atribuímos, o narcisismo recupera aquilo que numa terminologia mais moderna chamaríamos de Self – o si mesmo. No entanto, longe de ver esse Self como o coração da identidade psíquica, eu o veria principalmente como o lugar da grande resistência à interpretação. (Green, 2005, p. 133, tradução minha)*

Curiosamente, sem ter ciência dessas concepções que na verdade cresciam na mesma medida em que eu me desenvolvia como psicanalista, em meu texto anterior insisto bastante na noção do si mesmo (uma noção enfatizada por mim a partir de uma visão de Bion). Acredito que a ideia de um "coração da identidade psíquica" é uma sugestão interessante para a compreensão da noção do "si mesmo", sugestão com a qual, no momento da escrita, eu ainda não tinha contato.

Quando pensamos em narcisismo, muito frequentemente enfatizamos o aspecto dinâmico e tópico, pensando na retirada de investimento dos objetos com o consequente retraimento da libido para o próprio ego. Penso que isso acontece mesmo, é fato. No entanto, concordo também quando Botella e Botella (2003) lembram que essa é a primeira vez que Freud propõe a ideia de uma divisão interna do psiquismo efetuada dentro do próprio psíquico, e isso deve ser considerado importante, pois nessa divisão um aspecto do próprio narcisismo fica deslocado no ego (ou si mesmo).

Numa noção atual de "narcisismo", o investimento em direção ao si mesmo prevalecerá aos poucos em detrimento do investimento em relação ao eu como um todo. É como se cada vez mais diminuísse o interesse em relação a qualquer coisa ou pessoa e aumentasse o investimento da libido no si mesmo. Este, então, se aproximaria da ideia de Freud do "eu de prazer purificado", ou do "ideal do eu", produzindo-se uma vivência de engrandecimento com o aumento da importância do si mesmo.

É esse investimento do eu para o si mesmo, com crescente indiferença ao outro, o que muitas vezes se menciona como uma forma de "egoísmo e de autocentramento", ou seja, é a expressão de uma forte carga destrutiva (*se remplir de soi-même*, uma expressão francesa). A proposta de Green, de aproximação ao que ele denomina "narcisismo de morte", vem justamente nessa direção (uma autossatisfação do si mesmo em detrimento do objeto, quase uma volta ao estado autoerótico).

É curioso também observar que, antes da proposta do "narcisismo", era difícil para Freud falar do objeto. De fato, a ênfase no objeto é anterior à publicação do narcisismo enquanto teoria (Freud, 1977/1905), porém a problemática com os pacientes narcisistas provavelmente levou Freud a deter-se novamente nessa questão e, mais tarde, a fantasticamente discuti-lo em *Luto e melancolia* (1977/1915b).

Esse texto virá em seguida do texto sobre o narcisismo, e a relação entre eles será fundamental para a problemática do objeto; no entanto, em nenhum momento Freud se desviará da importância das pulsões. O objeto nunca alcançará um lugar de tal importância que permitisse ao real suplantar a preocupação de Freud com o pulsional: o papel das pulsões e do inconsciente prevalecerá sempre.

Recuperando um pouco a proposta deste escrito, eu me indago: por que a escolha do tema "o narcisismo e o objeto" para rediscutir o trabalho "Evoluções"? À primeira vista parecem muito diferentes e distantes, no entanto, as questões ligadas ao si mesmo, ao alterego, serão vistas por psicanalistas como Green e Rolland como ligadas intrinsicamente aos temas do "narcisismo" e da "construção do objeto".

Em meu texto, salientei a importância de um continente capaz de tolerar os movimentos entre PS↔PD, mesmo se este for a própria mente do sujeito. Claro que aí estaríamos falando da capacidade de tolerância à angústia, pois esses movimentos não acontecem sem angústia, e também da capacidade de lidar com o desconhecido, com o novo.

Voltando a meu trabalho e pensando na queixa de Cícero quanto a sua violência e suas explosões destrutivas, acredito que estas já demonstravam evidentemente a falta de capacidade dessa mente para funcionar como continente do si mesmo e de suas oscilações.

O que se desbordava em ações violentas, seu "narcisismo destrutivo" ou de "morte", atingia aqueles que o rodeavam. Na verdade, hoje considero que estive o tempo todo falando de um paciente assolado por um narcisismo negativo (ou de morte), alguém que se considerava imune a muitas coisas, inclusive a mim, sem me dar conta. Dessa perspectiva, sua visão do quadro ""Lição de anatomia", na primeira sessão que descrevo, claramente aponta para a grandiosidade de seu si mesmo, deitado no centro de uma sala com todos atentos a ele, ocupados com sua anatomia e com seu interior.

Essa perspectiva não me ocorreu naquele momento, e agora, ao rever o texto, não me parece criar contradições com o colocado anteriormente, porém sem dúvida enriquece bastante a questão da dinâmica de Cícero e das relações transferencial e contratransferencial. Penso que, ao acrescentar a contribuição de Freud e Green sobre a questão do narcisismo, o trabalho ficará muito mais denso teoricamente, além de mais completo. A constante insatisfação de Cícero com o trabalho psicanalítico torna-se clara, posto que "ficar doente é precisar de alguém e essa entrega é muito ruim".

Talvez a formação psicanalítica, a partir da perspectiva das relações objetais, tenha contribuído para uma ênfase constante na relação do sujeito com o analista, na relação transferencial, e não na relação do eu com ele mesmo. É claro que as duas perspectivas se completam, mas a prevalência de uma sobre a outra é nítida em meus primeiros textos.

Na segunda sessão relatada, mais clara ainda fica sua postura narcísica, ele dorme. Quando desperta, diz ter sonhado com uma mulher que cuspia agulhas. É verdade que ele vive assim nossa relação. Eu o incomodo com minhas palavras, muitas vezes o ataco, em lugar de deixá-lo dormir em paz.

O que seria deixá-lo dormir em paz? Penso que estar ali, interessada nele, aguardando-o, disponível, como muitas vezes fazemos com um bebê, o incomoda muito!

No entanto, estar rodeado por todos e atraindo a atenção deles, curiosamente, é algo desejável. Possivelmente, a diferença entre um estado e outro, entre deixá-lo dormir e observá-lo atentamente, reside no fato de que ele não suporta a divisão necessária em seu ego para ter de se dar conta de minha existência ali.

Interessar-se pela análise, pela analista, ter o que denominamos "consideração por si mesmo e pelo outro", é algo que ele ainda não conhece. Seu interesse é em si mesmo, e supõe a não existência do diferente. Poderíamos pensar também numa espécie de "nostalgia da completude", alcançada talvez alucinatoriamente em alguns momentos, quando se retira e se refugia em si mesmo.

O trabalho de Winnicott (1975b) é fundamental aqui. A fase do *concern*, da consideração pelo outro, liga-se a um movimento depressivo, de muita dor, pois é necessário reconhecer fora de si mesmo o que não se encontra no interior. A própria existência de um "outro", acho, pode ser questionada dada a sua condição de um "eu" voltado para si mesmo. Um "outro" igual e diferente dele, de quem precisa, será quem de certa forma limitará sua onipotência narcísica.

O que me parece importante é que, com a inclusão da perspectiva freudiana do "narcisismo", o olhar para Cícero, para sua problemática e seus sintomas, fica muito enriquecido, deixando mais clara também a direção narcísica de sua libido, apontando para uma enorme dificuldade com o investimento e a consequente relação com o objeto.

Édipo: mito e complexo[1]

Uma das contribuições mais originais e importantes que Freud nos legou diz respeito à concomitância do desenvolvimento psíquico com o desenvolvimento da sexualidade. Freud concebeu a ideia de um desenvolvimento psicossexual, chamando assim nossa atenção para os processos que, em diferentes níveis e com características particulares, se desenvolvem de forma interdependente e inter-relacionada.

A atenção a essa dualidade (pensamento-sexualidade) é o que encontramos no centro da experiência psicanalítica, que, longe de pretender representar a essência humana apenas em termos biológicos, centra-se no estudo do psíquico, em todas as suas expressões, suas manifestações e suas dificuldades.

Referimo-nos a Édipo e não ao complexo de Édipo, tentando dessa forma diferenciar as noções das sexualidades biológica e psicopatológica, visando privilegiar uma concepção de sexualidade

1 Uma versão anterior deste capítulo foi apresentada em 1996 no I Encontro do Grupo de Estudos de Psicanálise de Ribeirão Preto.

como expressão e manifestação dos instintos e dos impulsos, presente em toda atividade psíquica e emocional. Ao falar de Édipo privilegiamos a condição mítica de seu relato, que em nosso ponto de vista tem sido menosprezada. Voltaremos a esse ponto mais adiante.

A dualidade pensamento/sexualidade, soma/psique, nem sempre tem sido considerada dessa maneira: ora apenas os aspectos psíquicos (teorias do pensamento, teorias cognitivas etc.) são enfatizados, ora é dada exagerada ênfase às condições somáticas e/ou ambientais (teorias comportamentalistas, teorias organicistas etc.).

Acreditamos que Freud propôs a psicanálise como uma aproximação ao ser humano e considerou também, como um dos seus objetivos fundamentais, a interação entre soma-psique, pensamento-sexualidade, por meio de suas expressões e suas manifestações simbólicas (a linguagem). É evidente a importância que Freud atribui à referência fálica, que faz emergir nos dois sexos, cada um à sua maneira, a fase fálica, quando a situação edipiana começa a ser elaborada.

As identificações, as idealizações e a capacidade para a sublimação são algumas das consequências resultantes da criação e do estabelecimento nesse momento (fase fálica) de um ideal de ego, um ego de prazer purificado, e de um superego, que marcarão a organização psicossexual do sujeito daí para frente.

No desenvolvimento masculino, o "complexo de Édipo" se caracteriza pela vivência de uma "catástrofe", o que faz com que o menino busque o afastamento da situação incestuosa com sua mãe e do desejo assassino contra seu pai, culminando este processo na instituição da consciência e da moralidade, "uma vitória da raça sobre o indivíduo". Esse movimento é feito com a finalidade de substituir a "libido" sexual de objeto, visando a um aumento do investimento libidinal no aparelho psíquico. Uma luta que privilegia o aparelho psíquico em detrimento das "exigências da função sexual".

No desenvolvimento feminino, o clitóris assumirá a função fálica, tanto em nível real (experienciado) como imaginário (fantasiado) e simbólico (no que diz respeito ao desenvolvimento dos processos de pensamento).

Com o trabalho desenvolvido por Melanie Klein, principalmente em "Primeiras fases do complexo de Édipo" (1928) e "O complexo de Édipo à luz das primeiras ansiedades" (1945), ambos publicados em *Contribuições à psicanálise* (Klein, 1948), toda a situação e a dinâmica descritas por Freud são trazidas para os primeiros meses de vida, sendo a elaboração do complexo de Édipo relacionada aos movimentos entre os impulsos sádico-destrutivos e os reparadores, voltados para a preservação da vida. Com a introdução do conceito de "posições" e o abandono da proposta freudiana de "fases", uma maior ênfase é dada às ansiedades e às angústias destrutivas e aos sentimentos de culpa e de persecutoriedade no trabalho de Klein (1976):

> *A própria criança deseja destruir seu objeto libidinoso, mordendo-o, cortando-o e devorando-o, o que provoca ansiedade, já que o despertar das tendências edípicas é seguido pela introjeção do objeto, que se transforma então em alguém de quem se deve esperar um castigo. (p. 254)*
>
> *Minhas observações levam-me a crer que, desde o começo da vida, a libido está combinada com a agressividade e que o desenvolvimento da libido em qualquer estágio é vitalmente afetado pela ansiedade proveniente desta agressividade . . . Em minha opinião, o com-*

> *plexo de Édipo começa no primeiro ano de vida e em ambos os sexos seu desenvolvimento é semelhante. A relação com o seio materno é um dos fatores essenciais que influem em todo o desenvolvimento emocional e sexual. (p. 473)*

Voltando a Freud, os desejos sexuais viriam à tona durante a fase fálica, quando também teria lugar uma escolha de objeto, coincidindo essa fase com o complexo de Édipo. São evidentes as diferenças entre Klein e Freud no que diz respeito ao desenvolvimento da sexualidade e à relação desta com o momento cronológico vivido.

As fases colocadas por Freud – oral, anal, fálica e genital – não se constituem mais para Klein em etapas diferentes do desenvolvimento psicossexual que deveriam seguir certa cronologia. Para a autora, a visão é de um conjunto de angústias, fantasias e defesas, sob a predominância da agressividade desde o início da vida, que organizarão e caracterizarão diferentemente as relações do objeto a serem estabelecidas. A partir da relação de objeto é que se tornará possível a observação e a consideração do desenvolvimento psicossexual da criança.

Essa visão kleiniana, embora já muito modificada atualmente pelos autores neokleinianos, contribuiu sem dúvida para que a psicanálise na atualidade, fortemente influenciada pelas teorias de relação de objeto, mostre certa dificuldade na consideração da sexualidade genital. O foco nas relações de objeto e nas fixações pré-genitais, e as teorias, a prática e a técnica derivadas da observação de bebês e da análise de crianças pequenas alteraram bastante a ênfase na sexualidade como proposta por Freud, levando muito mais em conta as fases pré-genitais do desenvolvimento.

Cito aqui André Green, que desenvolveu uma série de críticas ao modelo kleiniano que, em meu ponto de vista, não devem ser desconsideradas.

> *A ideia de uma relação de objeto que tem início no começo da vida elevou o "seio" a uma posição privilegiada. Sua influência deveria prosseguir em todas as outras fases e momentos. O modelo da relação com o seio estendeu-se à fase genital. O "seio" daí em diante passou a ser o ponto de referência, e o próprio pênis foi a partir desse momento visto como um órgão alimentador e doador, em outras palavras, um seio. Implicitamente, o "felatio" deveria ser a melhor aproximação a uma relação sexual satisfatória. (Green, 1995, p. 877, tradução minha)*

O autor continua:

> *A maior objeção que tenho ao corpo teórico kleiniano, o que não diminui minha admiração por Bion, refere-se ao desaparecimento da sexualidade em seu trabalho . . . Eu questiono a ideia de que toda a minha experiência sexual, inclusive o objetivo de minha sexualidade, seja alcançar um seio totalmente satisfatório. (Green, 1996, tradução minha)*

De certa forma, a influência dos modelos teóricos que privilegiam as relações de objeto provocou uma aproximação exagerada a uma visão de atividade psíquica movida pela "busca de objetos" e nos afastou da noção inicial proposta pela psicanálise de "busca do prazer", o que sem dúvida veio contribuir para certas dessexualização e diminuição na ênfase dada à situação edipiana como o modelo e o momento por excelência da estruturação psíquica.

Green também apresenta ideias muito interessantes a respeito desse ponto:

> *Se pensarmos na definição do instinto como a medida da exigência feita sobre a mente para que esta trabalhe, em consequência de suas conexões com o corpo, é esta referência ao trabalho que explica as transformações que têm lugar e que alteram o conteúdo inicial da exigência. No que diz respeito ao que Freud denominou "vicissitudes dos instintos", acreditamos que podemos pensar em uma espécie de linguagem pré-verbal. Estes se constituem não apenas num conjunto de mecanismos e/ou operações, pois nós não os podemos compreender de um ponto de vista que exclua significações . . . (Green, 1995, p. 877, tradução minha)*

Segundo Green, ao falar de instinto e, principalmente, de instinto sexual, estamos nos referindo à sua raiz no soma (a noção de pulsão), ligada às motivações e aos estímulos tanto internos como externos, que "exigem" um trabalho mental que possibilite não apenas a criação de sentidos e significações visando à representação simbólica, mas também, em algum nível, à integração.

> *É por isso que o recurso ao conceito de pulsão, que pretende situar aquilo que trata no nível da fronteira entre o psíquico e somático, aparece às vezes como uma hipótese fundamental, que preserva a originalidade do pensamento psicanalítico e funciona como uma medi-*

> *da de proteção contra um desvio de pensamento que romperia todas as ligações com o somático . . . As relações entre a organização somática e a psíquica devem ser preservadas como possibilidade e não deixar de serem pensadas de forma aberta e crítica. (Green, 1995, p. 289, tradução minha)*

Voltemos à nossa proposta de caracterizar melhor as noções de complexo de Édipo e de mito edípico, definindo-os como modelos que se constituem em ordenadores psíquicos, elementos que serão determinantes no desenvolvimento psicossexual (pensamento/sexualidade).

Retornando a Freud, diríamos que a expressão "complexo de Édipo" foi usada pela primeira vez para designar o fenômeno psicológico resultante do comportamento emocional do triângulo filho(a)-mãe-pai. A inter-relação dessas três constantes deu origem a uma série de fenômenos variáveis que foram agrupados sob o nome genérico "complexo de Édipo".

A fim de descrever o termo "complexo de Édipo", Freud leva em consideração dois critérios. No caso do menino, ele descobre que a mãe transfere seu amor e seus desvelos para um recém-nascido. Na situação da menina, esta tem de suportar um gradual arrefecimento da afeição e do interesse do pai. Mesmo quando tais possibilidades não ocorrem, a situação está inerentemente frustrada, pelo fato de que meninos e meninas são biologicamente imaturos no tocante ao equipamento sexual.

Outro critério sustenta que os filhos, tendo de passar por estágios da evolução hereditariamente pré-ordenados, inevitavelmente rejeitam e/ou dissolvem a relação edípica quando atingem certo ponto de progresso na direção da maturidade adulta, como quando perdem sua dentição de leite. Freud acha ambos os critérios compatíveis. Cada um deles contém um elemento de verdade: um exprime o aspecto ontogenético, o outro, o filogenético.

Quando o menino vê os órgãos genitais femininos, acaba por se convencer de que a ameaça de castração é real e de que a posse da mãe implicaria a perda de seu próprio pênis. Essa ideia precipita um conflito que normalmente termina com o afastamento da dedicação erótica que o menino mantém pela mãe. Essa dedicação é afastada com o auxílio do recalque, da sublimação e da identificação. Por um lado, todo o processo preserva o órgão genital e mantém em xeque o perigo de perdê-lo; por outro, paralisa-o, retirando dele sua função.

Acreditamos que o "Édipo" esteja presente como elemento fundante, originário, seja do psiquismo humano, seja da cultura e até mesmo da psicanálise. A realidade psíquica, objetivo último da psicanálise, pode vir a ser aproximada utilizando-se o modelo do Édipo, o qual caracteriza a investigação e a busca do conhecimento.

Podemos dizer que a situação edipiana não se limita ao período da história infantil, à infância, quando se exprime livremente. Acreditamos ser necessário tratar a situação edipiana como uma estrutura interna, uma vez que é por meio da relação com o mundo, representada pelos pais, que a criança inicia seu contato com a realidade e, a partir daí, passa a desenvolver sua maneira particular de ser.

Antes de ser formulada por Freud como complexo, a trilogia sobre Édipo, já há mais de 2 mil anos, se constituía na transcrição de um mito, numa representação dramática importantíssima do teatro helênico. Seu texto mostra evidentemente que o estudo e a consideração das relações entre filhos e pais são tão antigos quanto a preocupação do homem em pensar a própria condição humana.

Como os sonhos, os mitos são ricos em símbolos, em significações, constituindo-se numa forma de linguagem. Talvez a consideração dos mitos deveria seguir os mesmos estudos e elaboração que a interpretação dos sonhos vem obtendo desde Freud. No entanto, ocorre que os mitos têm sido considerados por grande número de pessoas como uma história, ou como versões históricas de fatos e situações, que revelariam os conflitos e as angústias, os desejos e as necessidades dos seres humanos na antiguidade. Dificilmente o mito é considerado como elaboração, solução de conflito, proposta de trabalho para o alcance de uma situação ou conclusão mais satisfatória.

O vocábulo *mythos* tem uma etimologia obscura. Tudo indica, no entanto, que vem do verbo *myo*, cuja raiz está relacionada a mistério e místico. *Myo* expressa o ato de entrefechar os olhos para ver melhor, ou seja, um ato até certo ponto contraditório: fechar para abrir, para ver melhor.

O termo *mythos* tem o significado de palavra, mas no sentido de *logos*, que também quer dizer palavra. Enquanto *logos* se liga à ideia de palavra como "construção explicativa ou discurso científico", *mythos* aproxima-se da ideia de "discurso poético, palavra fantasiosa".

Em suas diferentes versões e em diferentes culturas, o mito de Édipo expressa o chamado "complexo de Édipo", como descrito mais tarde por Freud, em que se articulam parricídio (assassinato) e incesto. No entanto, quando examinamos o mito de outros ângulos, por exemplo, do ângulo da Esfinge, é possível perceber possibilidades bastante diferentes de compreensão e captação de suas mensagens e suas significações.

Consideremos aqui o enigma proposto pela Esfinge: "Quem é aquele que, tendo uma só voz, se torna quadrúpede, bípede e trípode?". A pergunta da Esfinge a Édipo encobre e ao mesmo tempo expressa outra pergunta que consideraríamos latente: a da identidade do ser frente às metamorfoses da vida – sua origem, sua completude e sua decaída.

A Esfinge coloca uma pergunta que no fundo é uma indagação também de Édipo. Antes de tudo, Édipo quer saber quem é, de onde vem. Decifrar o enigma, resgatar o segredo, pode ser compreendido como uma forma de se apossar do mistério da vida, reforçar e certificar-se do poder onipotente capaz de fazer frente a qualquer prova.

Dentro dessa perspectiva, Édipo estaria tentando desvendar o mistério e conquistar o poder de decidir entre vida e morte. O humano se transformando em sobre-humano, imortal. Com a resposta que oferece à Esfinge, num certo sentido, Édipo tenta responder a si mesmo a incômoda pergunta: quem sou eu? Um homem.

A nossa atenção tem sido mais constantemente dirigida para o dramático episódio que se segue, ou seja, o encontro com Laio e o assassinato deste na encruzilhada que leva a Delphos. Esse momento do enfrentamento entre pai e filho pode ser considerado o ponto de maior densidade da tragédia, pois é quando se torna visível a enorme ambivalência entre o amor e o ódio.

Essa tentativa ambivalente falida, da busca de um filho por parte do pai e de um pai pelo filho, é um dos sentimentos mais fascinantes do mito de Édipo. Um enorme desencontro que culmina num homicídio. "Um pai que tem um filho e tenta eliminá-lo. Um filho que esbarra com o pai e o mata. Um encontro para sempre condenado ao fracasso" (Abadi, 1976, p. 230, tradução minha).

Como dizíamos, Édipo indaga. Quer saber quem é e de onde vem. *Oedipous* é etimologicamente o que recorda e sabe o que não deve saber. Parece limitador acreditar e equacionar o mito de Édipo ao significado conhecido e expresso no complexo de Édipo.

Todo mito é constituído por uma transação entre consciente e inconsciente, sob a força da repressão, e contém em seu texto um ou vários desejos e significados inconscientes que buscam a elaboração. A transação é uma tentativa de elaboração, uma busca de solução. O assassinato de Laio e o casamento de Édipo com Jocasta, desse ponto de vista, podem ser considerados a satisfação de desejos proibidos, como a transação exitosa que permite escapar ao conflito e à angústia gerada pela pressão do reprimido para a consciência.

Este seria o manifesto apreensível, consciente, a partir do qual outros significados, outros aspectos latentes podem vir a ser considerados. Aludimos aqui outra vez ao enigma da Esfinge, à presença do Oráculo, aos antecedentes de Laio e Jocasta. Material abundante e rico.

> *Autores como Bettelheim e Groddeck apontam para uma forma de consideração do símbolo que seja menos fixa, eventualmente até ambivalente ou mesmo contraditória . . . É precisamente a oposição entre um símbolo unívoco (por exemplo, a castração no singular) e as simbolizações mais genéricas que ocupa atualmente o primeiro plano nas discussões sobre psicanálise. (Laplanche, 1997, pp. 14-15, tradução minha)*

Para Laplanche, é fundamental buscar outra forma de aproximação e articulação entre mito e teoria. O primeiro passo teria de ser, sem dúvida, uma maior distância entre os dois diferentes campos de conhecimento, o mítico e o psicanalítico.

> *No meu ponto de vista, precisamos procurar um outro tipo de articulação. O primeiro movimento, o prelimi-*

> *nar, seria a psicanálise alcançar uma separação, uma tomada de distância em relação aos mitos e às teorias que contribuíram para a explicitação no homem. Por mais fascinantes que sejam as estruturas de compreensão, e certamente num primeiro plano está o complexo de Édipo, a análise não pode se comprometer e muito menos comprometer suas verdades como coincidentes com as "verdades" destes. (Laplanche, 1997, p. 24, tradução minha)*

Quando falamos de "mito edípico", referimo-nos a seu sentido como produção simbólica. A noção de "complexo de Édipo" é a da sexualidade vivenciada e corporificada, sofrendo a força dos desejos, do medo e da dor. A força da pulsão que busca e exige por meio do corpo que uma representação mental seja criada, visando possibilitar a satisfação em algum nível.

Segundo Mauricio Abadi (1976, p. 234, tradução e grifo meus):

> *. . . no mito de Édipo o oculto é manifesto, o latente, patente: o inconsciente consciente, como se o mito de Édipo fosse um mito atípico sem repressão, e aquele que induz a elaboração mitopoética que é a repressão estivesse totalmente ausente . . . há no mito um trabalho de repressão que nos convida a buscar o manifesto do que o mito* ***não*** *diz . . .*

Acreditamos, como já dissemos, que um dos elementos latentes que o mito não nos diz, mas que está presente na pergunta da Esfinge e na resposta de Édipo, diz respeito à busca da identidade psíquica, ao desejo de saber e conhecer, bem como à fantasia onipotente de alcançar o poder divino sobre o conhecimento, sobre a morte, na verdade, sobre a condição humana. O próprio incesto pode ser visto dessa forma, como a tentativa de volta ao ventre materno, como retorno ao triângulo original, numa tentativa de renascimento e busca do incognoscível, fadada ao fracasso.

Dessa forma, mito e complexo se complementam. Partindo da origem, da indagação de quem sou eu e de onde venho (mito), entramos no complexo de Édipo, ou seja, no caminho que será percorrido pelo sexual, nas transações realizadas pela mente humana, de forma a tornar possível o alcance às respostas dessas perguntas iniciais. Voltar à mãe, objeto amado, desejado, original, tendo de se defrontar com o pai, com a ameaça de castração e proibição, para poder aproximar-se novamente à obscuridade e ao mistério do início.

Início este tão bem lembrado por Green (1990, p. 880, tradução minha):

> *. . . tenho de lembrá-los e muitas vezes lembrar a mim mesmo, caso seja esquecido, de um fato muito simples. Se qualquer um de nós respira o ar que nos circunda e está vivo, isto é uma consequência, feliz ou infelizmente, de uma cena primária, para dizê-lo mais explicitamente, de uma relação sexual . . .*

Para muitos leitores, pode parecer que fazer uma diferenciação entre complexo de Édipo e o mito de Édipo seja tarefa desnecessária. No entanto, a questão nos parece fundamental.

Queremos enfatizar, ao falar em mito de Édipo, o aspecto de generalidade do mito, a diversidade e a pluralidade de linguagens e mensagens, seu nível simbólico, seus códigos inconscientes, sua função de transmissão de conhecimento etc. Já a ideia formulada por Freud de complexo de Édipo veicula mais especificamente o modelo triangular da sexualidade, o problema do incesto, da angústia de castração e da punição em cada indivíduo.

Ambos, tanto mito como complexo, sem dúvida tratam da relação entre homem/mulher, filhos/pais, indivíduo/grupo social, ignorância/sabedoria e, principalmente, em nosso ponto de vista, da busca da identidade, seja ela histórica, psíquica ou sexual. Esse movimento em busca da identidade psicossexual é ao mesmo tempo um movimento em busca do conhecimento das origens e do saber.

Como propõe Laplanche, parece importante buscarmos outra forma de aproximação e articulação entre mito e teoria psicanalítica, que leve mais em conta o individual, o singular de cada ser humano. Uma ênfase exagerada no simbólico, elemento básico do mito, como referência unívoca e geral, pode nos levar a deixar num segundo plano a associação livre, o particular, o individual, e este pode vir a desaparecer.

O contrário também é verdadeiro, não há dúvida. Seja porque privilegiamos uma aproximação simbólica, seja porque pretendemos teorizar a partir de cada caso clínico individualmente, o fato é que uma articulação entre esses campos diferentes é uma tarefa que se mostra necessária.

Bion nos parece um autor que, ao tratar do modelo do "Édipo", propõe uma nova forma de aproximação e articulação entre teoria psicanalítica e mito. O autor trata o mito como um elemento psicanalítico, capaz muitas vezes de emprestar significação a uma massa de outros elementos desconexos; como uma forma primitiva de preconcepção, esta definida por ele "como um elemento particular do indivíduo, possivelmente não consciente. O mesmo se aplica à premonição" (Bion, 1962, p. 186, tradução minha); e como um estágio da publicação, ou seja, da comunicação do conhecimento para o grupo.

O mito como elemento psicanalítico pode ser inserido na fileira C da grade de Bion. Ele pode também ser representado por F (conceito) ou G5 (indagação científica), como instrumento para uma visão macroscópica do material analítico. Se vamos apenas usar um componente do mito, em lugar do mito integral, a leitura por meio da grade ficará mais restrita.

Voltando à proposta de considerar o enigma da Esfinge: de acordo com Bion, o enigma tradicionalmente atribuído à Esfinge é também expressão da curiosidade do homem voltada para si mesmo. De fato, o desejo da busca do conhecimento e a curiosidade são elementos que se encontram presentes não só no mito do Édipo, mas também em outros mitos, como o do Jardim do Éden e o da Torre de Babel.

Essa curiosidade, que visa ao alcance do conhecimento, de certa forma é associada sempre ao pecado e a alguma forma de proibição. Como no mito de Prometeu, desejar ter posse do conhecimento é cometer um crime contra os deuses, sendo a punição inevitável. A Esfinge no mito edípico representa um papel de deus infenso à aquisição do saber pelos seres humanos, entendendo essa busca como ameaça à sua supremacia.

A articulação entre o mito de Édipo e a teoria psicanalítica, considerando como um de seus vértices a noção de complexo de Édipo, nos aponta claramente para a proibição e a punição. Jocasta, a mãe, símbolo da origem da vida, do objeto nutridor, é ao mesmo tempo proibida e desejada. Ao responder à pergunta da Esfinge, Édipo se caracteriza e se reconhece como homem, como filho, como aquele que veio de uma relação entre um homem e uma mulher, em busca de desvendar sua origem, de retornar ao início para decifrar o mistério da vida (cena primária).

A proposta psicanalítica de Bion ao considerar a relação continente-contido pode aqui nos ajudar. Em "Mudança catastrófica"

(1971), Bion visa representar a relação continente-contido com os símbolos de masculino e feminino. Isso não significou, no entanto, que outras possibilidades de compreensão da relação além da representação sexual fossem excluídas por ele.

A noção de continente-contido indica uma relação que, de certa forma, nos leva a fazer uma analogia com a situação sexual, mas tendo como objetivo fundamental a investigação do vínculo que prevalecerá nessa relação. O modelo de desenvolvimento emocional de Bion supõe a presença de um continente suficientemente forte, que seja capaz de conter tudo aquilo que é intolerável em virtude da dor e da frustração produzidas pelo contato com o desconhecido. Esse conteúdo, tendo encontrado um continente suficientemente bom e capaz de elaboração, poderá evoluir, transformando-se em pensamento.

Sucintamente, esse é o modelo de uma relação fértil, propiciadora de desenvolvimento. A relação sexual, sem dúvida, pode ser aproximada, ou melhor dizendo, está na origem desse modelo de desenvolvimento mental e emocional. Penetrar, fertilizar e conter são atributos necessários para a geração tanto de um bebê como de conhecimento. A tragédia de Sófocles veicula esse modelo, que na verdade nos fala da criação e da origem da vida. O triângulo, a proibição e o castigo são uma possível evolução da relação continente-contido, expressando diferentes consequências dos vínculos estabelecidos.

A relação entre Édipo e a Esfinge, no nível do mito, revela parcialmente a evolução de um vínculo bastante primitivo, em que predominam a curiosidade e a indagação. Esse modelo de relação representa a função psicanalítica que Freud já havia atribuído à atenção dirigida para o conhecimento. Édipo representa o triunfo da curiosidade resoluta sobre a intimidação, curiosidade como instrumento de investigação científica, e não como arrogância.

Édipo promove a descoberta não só de quem ele é, mas também do criminoso que é ele mesmo, e a partir daí deve sofrer o banimento, a cegueira e o exílio. Ao mesmo tempo que se constituiu em elemento promovedor e estimulador da investigação, tornando-se um modelo para o aprender, Édipo representa também o temor e o desejo daquilo que não pode ter (retorno ao ventre materno). No modelo da relação de Édipo com a Esfinge, prevalece um vínculo que poderia ser considerado simbiótico, permitindo encontrar soluções de natureza criativa, como a solução do enigma.

Seja qual for a situação, é fundamental esperar que o mito apareça em sua versão particular, e a partir daí poderemos delimitar o "complexo de Édipo", tentando elaborá-lo psicanaliticamente. "A lacuna perdura e só poderá ser preenchida pelo exercício e pela experiência e, em certa medida, pela interpelação entre o conceito de 'componentes edípicos' e os eventos do consultório e a descrição destes em termos vividos e exatos" (Bion, 1962, p. 180, tradução minha).

As formulações/interpretações desenvolvidas pelo analista nem sempre se constituirão em enunciações do fato observado ou da teoria que representaria a realização do fato. Muitas vezes, são asseverações do "mito pessoal", isto é, a versão particular da situação edipiana, em que é possível na maioria das vezes determinar o vínculo emocional que permeia a relação analítica. À guisa de ilustração, traremos um pequeno fragmento clínico que nos parece ilustrar nosso posicionamento.

Fred está em análise há pouco mais de dois anos. Já havia se submetido a duas longas análises em outra cidade, antes de mudar-se para São Paulo. Considera que suas análises anteriores, apesar de longas, não haviam sido de muita utilidade em sua vida, e apresenta-se extremamente angustiado e inseguro de si mesmo. Eram claramente visíveis angústias persecutórias muito intensas, ligadas à sua dúvida quanto à masculinidade e ao seu medo de não conseguir alcançar um relacionamento satisfatório com uma mulher, casar-se e ter filhos. Aos 35 anos, parece ter desenvolvido um enorme arsenal intelectual-explicativo, que na verdade apenas serve para controlar precariamente seu estado de pânico constante.

Na adolescência, pelo que descreve, parece ter passado por uma crise psicótica, quando se trancava em casa, recusando-se a comer (até hoje é seletivo em sua alimentação). Em suas fantasias, seu pênis aparecia como sendo pequeno demais e ficava apavorado com a ideia de que lhe cresceriam seios. A relação com sua mãe foi sempre muito importante, porém colorida por aspectos sádico-masoquistas intensos. Ou ele era a vítima, desprezado e ignorado pela mãe, ou torturava-a recusando seus cuidados e/ou ajuda. O pai distante e quieto parece nunca ter tido um papel muito importante, pelo menos é o que Fred conscientemente relata.

Apesar de suas dificuldades, Fred é um homem inteligente e competente em sua área de trabalho. Seu sofrimento é intenso e parece ter desenvolvido uma vasta teorização psicanalítica em suas análises anteriores que dificulta muito o contato emocional e afetivo, seja consigo mesmo, seja com a analista.

Não diríamos que se tratava de uma "falsa identidade", e sim de uma identidade não desenvolvida, protegida por uma armadura de caráter obsessivo-compulsivo. Na área profissional, no entanto, desempenhava muito bem sua função. Pensamos na possibilidade de um *splitting* horizontal como proposto por Bion, em que tudo que se relaciona a afetividade/sexualidade vinha ficando seccionado, afastado de sua mente, onde só os elementos racionais-explicativos tinham lugar. Mente/corpo, pensamento/sexualidade caminhavam quase totalmente separados, em virtude da intensa cisão que haviam sofrido desde o início da vida.

Fred não é homossexual nem heterossexual, é um executivo eficiente. Sua aparência e seu corpo oferecem um excelente quadro do que se passa em sua mente: alto, ereto, muito magro e quase sem expressão facial. Quando tenta sorrir, mais expressa dor e sofrimento que alegria. Seu *rictus* facial lembra o rosto crispado pela dor e pela angústia de um bebê recém-nascido.

É possível observar claramente a falta de integração em seu desenvolvimento psicossexual, que parece estar bloqueado, substituído por uma intelectualização com funções controladoras a serviço da repressão dos afetos. Consequentemente, sua noção de identidade, tanto sexual como psíquica, é precária. Fred sabe que é um executivo, porém não tem a menor ideia de quem é ele mesmo, internamente.

A ideia de que seria possível conversar e alcançar por meio do encontro algum elemento que nos ajudasse parece a ele totalmente revolucionária e nova. Como um doente, ele vem ao consultório de um médico-cirurgião contar seus males e suas dores, esperando ser curado por uma meticulosa e delicada operação cirúrgica.

Aos poucos, Fred aceita o risco e começa a se desarmar, deixando de fabular e alucinar com tanta frequência. Suas angústias parecem diminuir. Uma namorada surge em cena, a primeira em muitos anos. Sonhos começam a ser trazidos à análise e é possível elaborar algo. Passo a relatar um fragmento recente de sessão.

Chega para a sessão como sempre pontualmente, parece mais relaxado e alegre. Cumprimenta-me com um sorriso, que apesar de mais leve ainda parece corresponder a uma espécie de movimento automático. Após deitar-se no divã, comenta que foi um dia cheio. Mesmo assim, ele pensou muito na sessão do dia anterior e no que conversamos, sobre ele poder prestar atenção ao que se passa com ele mesmo. É como se percebesse que existe alguma coisa que funciona dentro dele e que não segue suas ordens. Ele não controla tudo como imaginava. Isso é um tanto assustador, mas percebe que é verdade, que não tem como controlar o que passa em sua cabeça.

Lembra-se de um episódio de sua infância que o marcou muito. Sem saber exatamente por que, se vê sentado no chão da cozinha chorando copiosamente sem parar. A mãe está ocupada e não lhe presta muita atenção no começo, porém, conforme o desespero e o choro continuam, ela lhe pergunta: "O que houve? Por que você chora tanto?". E Fred lembra-se apenas de que queria um pijama que a mãe havia levado para lavar e não estava mais lá. O desespero continua e não há nada que a mãe tente fazer que o acalme. Ela termina ficando desesperada, e ele, inconsolável.

Digo-lhe que ele se dá conta de que dentro dele estados emocionais se alternam, apontam para situações que ele não entende nem alcança. Que me parece se sentir muito desamparado, em busca de alguém ou algo que possa prover-lhe do que necessita e sente que perdeu. Mas parece que tem muitas dúvidas se isso será possível.

Ele rapidamente diz:

> *Isso faz com que eu me recorde do sonho que tive durante esta noite. Sonhei que estava num lugar muito grande e amplo. Via uma casa que poderia ser uma casa no campo onde eu vivia em minha infância. Essa casa tinha uma grande porta e dirigi-me a essa porta para entrar na casa. Curiosamente a porta foi ficando pequena, cada vez menor e se transformou numa espécie de motor ou máquina que ia estreitando o buraco. Era assustador, eu queria entrar, mas me via muito grande, não vou caber no buraco que há, pensei. Senti-*

> *-me sem saída, não queria voltar para aquele enorme espaço, queria entrar na casa, mas não dava mais. Sinto-me de novo angustiado aqui na sessão, contando-lhe o sonho. Eu só me sentiria seguro dentro daquela casa.*

Peço-lhe associações ao sonho. Depois de um silêncio, ele recorda que na sua infância ouvia muito falarem sobre guerra. Seu pai havia participado da guerra contra Hitler. Ele só pensava em como se defenderia caso uma nova "catástrofe" ocorresse. Uma catástrofe nuclear como as que aparecem nos filmes. Sua ideia era cavar um túnel dentro da terra e esconder-se. Havia dedicado muito tempo na sua infância pensando nesse túnel, como entrar nele, como aprofundá-lo.

Sugiro-lhe o modelo de "Alice no País das Maravilhas", suas aventuras e suas desventuras, que tal como ele ora ficava pequena, ora grande demais, despencando no vazio, escondendo-se com medo de uma rainha má, assustada com os perigos. Parece-me estar há muito tempo vivendo num país de horrores, e não de maravilhas. Talvez as recordações que traz da infância sejam uma tentativa de me falar sobre um momento de "catástrofe", quando todo esse horror e guerra começaram. Ele fica silencioso por um tempo, depois diz:

> *Ouvindo você falar me acalmou. Eu nunca imaginei que poderia haver algo diferente. Que na minha vida eu não estaria sempre às voltas com esses horrores.*

Que a porta se fecharia sempre que ele se aproximasse? Que não seria possível voltar e se esconder dentro desse túnel ou buraco que o protegeria?

> *Pode ser. O que você me diz me faz lembrar de meu irmão menor. Brincávamos sempre de esconde-esconde, e ele como era pequeno se enfiava dentro de qualquer cantinho.*

Talvez o que essa associação sugira seja o desejo de ignorar o fato de que teve um irmão menor, que o tirou do País das Maravilhas.

> *Nunca havia pensado nisso. Sempre expliquei tudo que aconteceu comigo como sendo culpa da minha mãe, que não me dava a atenção nem o carinho que eu queria. Minha vida foi cheia de bruxas sempre. Que horror! Ter uma bruxa como mãe. Mas sem ar no túnel... Não sei. Sempre achei que seria uma delícia estar envolvido por todos os lados. A ideia do túnel sempre foi muito atraente para mim. Agora não sei mais se é. Bem, acho que tenho que ir. Já está na hora. [Levanta-se e dirige-se à porta]*

Termina a sessão.

O corte abrupto imposto por Fred parece apontar para o limite de sua tolerância à angústia e ao conhecimento. Prosseguir seria correr o risco de defrontar-se com desespero, medo e provavelmente muito ódio por ter tido de abandonar um lugar que, imaginava, seria sempre seu.

Em nosso ponto de vista, essa sessão aponta para um movimento em direção à curiosidade, quando seu mundo interno passa a poder ser considerado. A atenção é estimulada e desenvolvida a partir da noção de que existe subjetividade. Fred sofre de uma deficiência em seu desenvolvimento psíquico/emocional, e consequentemente também sua sexualidade é pobre e não desenvolvida.

Embora nesse fragmento, e no geral da história de Fred, a figura do pai esteja bastante ausente, pensamos que ele está nos falando de Édipo, de suas transformações, de aspectos de seu "mito pessoal". Nesse mito pessoal, a figura masculina paterna surge timidamente por meio da menção a um irmão menor, concebido obviamente pela existência de um casal parental sexual.

No entanto, na verdade, o que começa a ser investigado e a ser motivo do interesse de Fred é sua relação com a figura feminina; a mãe-bruxa, desejada e odiada, com quem Fred parece estar identificado até o presente, talvez ainda aprisionado ao desejo de permanecer ligado, fundido a essa mãe, mantendo a fantasia onipotente de ser o objeto do desejo da mãe, da mesma forma que esta é para ele a fonte de tudo que quer para si.

A quebra dessa fantasia o leva ao desamparo, ao desespero. Faltar algo (o pijama), não ser satisfeito em seus mínimos desejos, detona um sofrimento intolerável. Daí a necessidade do controle, da ritualização, da mecanização de sua maneira de ser. Também colocar-se como vítima de seus maus-tratos e seu pouco caso seria uma forma de impor sadicamente sofrimento a essa mãe, por o haver decepcionado.

Na história de João e Maria, há uma bruxa que espera que o dedo do menino engorde para devorá-lo (seu pênis). Na de Alice no País das Maravilhas, a Rainha de Copas determina: "cortem-lhe a cabeça". Sexualidade e pensamento, ameaçados e impedidos caso tentem o caminho do desenvolvimento. Resta-lhe poder resgatar o desejo de saber, de conhecer, para talvez transformar essa dimensão mítica fantástica num componente do "como se", elementos fantasiosos que poderão vir a ser elaborados, para assim poder se libertar dessa mãe-bruxa, que na verdade corresponde à figura da Esfinge no mito.

A ameaça e o medo da punição e da castração surgem no corte de sessão. Antes que possa ser castigado, ele mesmo interrompe. Foi assim a vida toda. Numa relação sadomasoquista com a figura feminina, Fred deseja submeter-se, ser igual a ela, não crescer como homem, ter seios e assim continuar fundido. Não pode desenvolver pensamento nem sexualidade. Diferenciar-se dela significa desejá-la como mulher, penetrá-la e vir a descobrir o enigma da geração da vida. Também esta seria uma alternativa apavorante. O corte, a paralisia é a única forma que Fred conseguiu encontrar. Cabe agora ajudá-lo a talvez descobrir outras possibilidades. Não é à toa que surge uma namorada. Fred se espanta por ser capaz de ter um desempenho sexual. Mas diz frequentemente: "eu aprecio a companhia dela, mas não sei se isso quer dizer que gosto dela".

Por enquanto, precisa parar neste ponto. Sua identidade sexual desponta timidamente, ainda sem conseguir integrar sexualidade/vida emocional.

Embora a analista tenha tentado evitar uma interpretação simbólica, visando com isso estimular o desenvolvimento das associações, o surgimento do irmão, ou seja, da figura do pai e da situação triangular, detona uma angústia insuportável.

Com apenas alguns elementos, no entanto, foi possível para a analista vislumbrar, se não completamente, pelo menos parcialmente, como nessa personalidade a situação edipiana se configura. Uma mãe, bruxa/fada, capaz de atrair e ameaçar. Uma mãe traidora que o esquece, tendo outro bebê, produzindo uma falta (buraco) irreparável. Um irmão/pai que ocupa seu lugar e desperta seu desejo de retorno ao ventre materno, sua origem, para conhecer os segredos, enfrentar o rival e apossar-se do objeto desejado.

Por enquanto, Fred não tolera a possibilidade de viver uma relação triangular sem sentir-se tomado por angústias muito internas. A relação continente-contido, como modelo da relação sexual genital, é vivida por ele de forma fusional, primitiva. Para que seja possível algum desenvolvimento, seja emocional, seja de sua sexualidade, será necessário admitir que busca uma relação simbiótica impossível, em que 1 + 1 = 1.

O retorno ao ventre materno, a ideia de ser único, capaz de controlar todas as suas necessidades e os seus desejos (bem como os do outro), revela um modelo de vínculo simbiótico, que poderá ser eventualmente transformado numa busca de solução criativa. Para tal, será necessário abdicar de sua fantasia onipotente, que revela a intolerância à separação e à individuação. Assumindo sua condição de ser humano adulto e mortal, será possível conceber a transformação de sua matemática e, então, 1 + 1 = 2, ou seja, sendo continente de seus conteúdos emocionais internos, algo poderá surgir e sua mente poderá ser fertilizada.

Dentro de uma relação como essa, de natureza fértil, os pensamentos podem evoluir. Sexualmente, o modelo é ainda mais claro e evidente. Um homem e uma mulher mantendo uma relação adulta, emocional e sexual, podem vir a gerar um terceiro, que poderá ser um bebê ou um relacionamento amoroso que evoluirá. Bion descreve esse processo como correspondendo a um *matching* entre a preconcepção e a realização, entre o mito de Édipo (preconcepção) e a situação edipiana experenciada.

Reflexões atuais – a sexualidade e o "sexual"

Este foi um trabalho que muito me agradou e que tenta, de uma forma complexa, ligar a questão da identidade psíquica à da sexualidade edípica. Talvez esse não seja um tema novo, nem o trabalho consiga alcançar o nível que eu gostaria hoje, mas, dentro de suas possibilidades, acredito que foi um esforço bastante considerável.

Sem dúvida nenhuma, Freud é o inspirador e o criador dessa dinâmica e de toda essa complexidade, portanto, nestas reflexões atuais, um novo olhar sobre seu trabalho é fundamental. Mas tenho muito a agradecer também a Mauricio Abadi, que despertou minha reflexão sobre as questões identitárias presentes no mito edípico.

Quando Freud publica, em 1905, *Três ensaios sobre a teoria da sexualidade*, fica claramente definida a importância da sexualidade para a vida psíquica, e plenamente assegurada a proposta de um desenvolvimento psicossexual. Este se foca inicialmente no próprio corpo da criança, sendo mais tarde dirigido para os objetos. Na verdade, esse processo aponta para o movimento que se inicia com o autoerotismo, para posteriormente alcançar a possibilidade do investimento objetal.

A proposta de uma "sexualidade infantil" não alcançou imediatamente a aceitação nos meios científicos da época, nem mesmo entre os discípulos mais próximos a Freud. A moral da época, aliada às crenças e às visões da infância como um momento assexuado e puro, dificultou muito a imediata colaboração dos colegas.

Lendo com atenção o trabalho de 1905, é possível entender pelo menos em parte essa dificuldade. Não só Freud propõe a presença da sexualidade em toda criança desde o início, como descreve o que ele chama de "aberrações sexuais", isto é, os desvios que observa nas crianças tanto em relação ao objeto do investimento sexual como à meta desses investimentos.

Essa colocação prevalecerá também na descrição posterior sobre as "perversões" nos adultos, quando as ideias de instinto parcial e de extensões das áreas do corpo passíveis de erotização (as zonas erógenas), a dor e o pudor como geradores do sadismo e do masoquismo serão acrescentados à sua investigação. Tudo isso levou o leitor dos *Três ensaios* a se surpreender e colocar em questão a proposta freudiana, e só mais tarde esta foi considerada indispensável para o prosseguimento da investigação psíquica.

Chama nossa atenção também, nesse texto inicial, a seguinte afirmação: "Que a crueldade e a pulsão sexual estão intimamente correlacionadas é-nos ensinado, acima de qualquer dúvida, pela história da civilização humana . . . [de modo a] acentuar o fator agressivo da libido" (Freud, 1977/1905). Esse tema da crueldade e da agressividade presentes na libido será um dos mais interessantes desenvolvidos por Freud em seus trabalhos após 1920, a começar por *Além do princípio de prazer* (1977/1920), *O mal-estar na civilização* (1977/1930) e *O futuro de uma ilusão* (1977/1927). Na verdade, esses trabalhos focam uma questão já trazida em 1905, quando a sexualidade é apontada como o principal motor do desenvolvimento.

Também neste trabalho excepcional de 1905, podemos identificar vestígios das futuras concepções sobre o *après-coup*, a memória inconsciente e o princípio do prazer, encontradas em trabalhos posteriores, como na observação a seguir:

> *Está claro, além disso, que o ato da criança que chupa é determinado pela busca de um prazer já vivenciado e agora relembrado. . . . A atividade sexual apóia-se primeiramente numa das funções que servem à preservação da vida, e só depois torna-se independente delas. (Freud, 1977/1905)*

A ênfase que dedico a esses poucos aspectos aqui mencionados decorre de meu interesse nestes e liga-se ao que me parece ser possível observar no caso apresentado.

Em 1908, em um pequeno artigo intitulado "Sobre as teorias sexuais das crianças", Freud abre caminho para o que em seguida Klein denominará "instinto epistemofílico". O desejo de saber intenso, aliado a um natural *voyeurismo* nas crianças pequenas, se desenvolverá mais tarde como um componente do que Freud já havia observado como um aspecto "cruel do instinto sexual".

> *A crueldade é perfeitamente natural no caráter infantil, já que a trava que faz a pulsão de dominação deter-se ante a dor do outro – a capacidade de compadecer-se – tem um desenvolvimento relativamente tardio. . . . A ausência da barreira da compaixão traz consigo o risco de que esse vínculo estabelecido na infância entre as pulsões cruéis e as erógenas torne-se depois indissolúvel na vida. (Freud, 1977/1905)*

Os termos "instinto" e "pulsão", ambos utilizados por Freud, precisam ser diferenciados. Green discute bastante essa questão em seus trabalhos e faz uma observação fundamental ao rever a noção de pulsão como o conceito a se privilegiar, pois esta aparece como uma medida cuidadosa contra uma derivação do pensamento que rompa todos os vínculos com o corporal.

Fred, quando procura a análise, parece sofrer de uma cisão justamente entre seus aspectos humanos (corporais) e emocionais, mantendo estes afastados e isolados em seu psíquico, constituído por uma enorme rede de representações em palavras desprovidas de emoção e significado. Minha atenção foi chamada à questão edípica, certamente ainda embrionária, quase congelada, sob um enorme arsenal de palavras. Por que edípica?

Porque Fred sabia ser incapaz de se envolver emocionalmente, especialmente com mulheres; porque se surpreendia quando a analista mencionava qualquer clima emocional, como se fosse alguma coisa desconhecida, mas também proibida; e, finalmente, porque a aparência dele chamava atenção. Era um "robô", mas seu rosto aproximava-se ao de um menino, em certos momentos até afetivo.

Além da cisão entre um mundo verbalizado e mecanizado e um corpo esquálido, ele é dominado por violenta negação, que o torna mais um "robô" que um homem assustado e amedrontado. Seus impulsos sexuais são descarregados sob forma de masturbação física e mental.

Poderíamos pensar aqui no trabalho desenvolvido por Suchet (2015), que, permanecendo bastante fiel às propostas de Freud, considera a existência de um estado precoce da sexualidade infantil, denominado pela autora como o "sexual infantil"; um estado de muita intensidade, violento, primitivo e parcial, diferente do que conhecemos como sexualidade propriamente dita, a "sexualidade genital".

Nesse trabalho, ao tratar da questão do "trauma sexual infantil", a autora coloca uma questão intrigante: "de que maneira o trauma permanece ativo, se não pode ser inscrito?" (Suchet, 2015, p. 13). E prossegue lembrando Freud, quando este traça a estrutura das psiconeuroses, chamando atenção para a reprodução das cenas originárias da sedução e insistindo no fato de que a lembrança não se dá diretamente, o que é lembrado são as fantasias.

Na verdade, na vida adulta estaremos sempre lidando com reedições de moções infantis fantasiadas, e a partir destas se abrirão outras modalidades para o retorno do traumático infantil. A cena a ser encontrada na análise não é a lembrança real do trauma, e sim o recalque da fantasia.

Laplanche (1987) insere essa situação como proveniente do inconsciente sexual adulto, e o não representável, o não ligado, que existe no cerne de toda fantasia, o "resto inconsciente", é o que fará com que a situação do sexual infantil seja entendida e se pareça com uma experiência viva, presente.

Já Suchet (2015) insiste no papel da excitação sexual infantil nesse processo, apoiada nas zonas parciais sexuais de prazer oral e anal, que acabam por provocar na vida adulta o retorno do que outrora foi recalcado, e o que proporcionou prazer termina por provocar asco e desprazer.

> *Os desejos da infância estão sempre em movimento, sempre prontos a adotar uma expressão quando a ocasião se apresenta de se aliarem a um desejo atual, que lhes possa dar forma, como as sombras do inferno despertam para uma nova vida tão logo tenham bebido sangue. (Freud, citado por Suchet, 2015)*

Neste ponto, pensando na citação freudiana, talvez seja possível considerar que o "sexual infantil" é sempre um acontecer traumático, pois as vivências são sempre substituídas pela excitação sexual, uma excitação dolorosa que acontece sem possibilidade de solução. Nesse sentido, Suchet fala de um sexual traumático e trágico, que será objeto da repetição, pois foi registrado, desde o início, psiquicamente.

Penso que Fred conta uma lembrança que se aproxima dessa ideia. Refiro-me ao seu "choro intermitente", sem razão, sem um saber por quê, um choro violento, que deixa a mãe desesperada e imobilizada. Na verdade, um aspecto da crueldade sádica da criança, que caracteriza o estado do "sexual" infantil.

Da mesma forma, as lembranças da guerra e de Hitler, contadas por seu pai, são agora trazidas à sessão por ele, reforçando esse clima de horror e ódio. É evidente seu sentimento de perseguição atual, que deve ser escutado como uma intensa perseguição vivenciada por ele na infância ao se ver tomado por essa intensidade.

Finalmente, a sessão que termina com um sonho relatado, em que a existência de um "buraco no qual ele queria entrar, mas que ia se fechando, e que ele só se sentiria seguro lá dentro, envolvido por todos os lados", me levou a pensar no desejo do retorno ao estado pré-natal, e seu desespero ao ver-se fora, sozinho, em contato com uma dor insuportável, o faz se levantar e ir embora. Sem estar envolvido por todos os lados, ou seja, escondido, num retorno a um estado narcísico, é intolerável para Fred estar vivo, tendo contato com os objetos fora dele.

A análise busca o prosseguimento desse desenvolvimento psicossexual e, com isso, a definição de sua identidade psíquica e sexual. Fred ainda vive como um menino-robô, em busca de um "País das Maravilhas" da primeira infância, que, na verdade, poderíamos dizer hoje, se constituía num "País de Horrores".

O mesmo e o outro[1]

Imóvel, deitado no leito, vendo meus próprios olhos,
Você me olhava com eles.
Morrer! Esse desejo é tão sem palavras
que poderia acreditar
Que sou eu mesmo que morro!
(József, citado por Bak, 2001, p. 78, tradução minha)

Rita é psicóloga, casada há pouco mais de dois anos, e pretende ser psicanalista. Sempre se caracterizou pelo que eu chamaria de "uma boa menina"; talvez por ser a primeira filha de um casal com muitos filhos, desde cedo aprendeu a esperar, concordar e não exigir muito. É assim em seu casamento, e foi assim em sua infância.

1 Uma versão anterior deste capítulo foi apresentada em 2018 em mesa redonda no I Simpósio Bienal da Sociedade Brasileira de Psicanálise de São Paulo (SBPSP).

No atual momento, Rita pretende fazer a formação em psicanálise, tema este que talvez esteja contribuindo para que eu seja levada a pensar com mais frequência na questão da transferência e da individualização. Não que Rita desenvolvesse comportamentos que me fizessem pensar em "imitação" ou em uma "exagerada adequação" à analista, mas essa paciente, como outros, sentia que a análise exercia um "certo poder" sobre ela, e daí em diante faltava pouco para transformar a analista em poderosa, cheia de desejos de como ela devia ser, uma analista exigente e formatadora.

Nos anos que antecederam este momento que apresentarei, Rita delongava-se em relatos e narrativas em que descrevia sua vida e suas relações familiares. Dificilmente ficava silenciosa, parecendo-me que parte de sua angústia se mostrava aí: em sua necessidade de falar. Com o passar do tempo e em virtude de minha postura, evitando constantes interpretações, procurando mais escutar que falar, pareceu-me que a postura de Rita foi se modificando. Especificamente no momento que pretendo relatar (um fragmento de sessão), ela tem estado mais silenciosa, e, portanto, mais angustiada. E assim começa uma sessão de segunda-feira.

> *[Silêncio de cinco minutos] Deitei aqui e me senti achatada, mas de um jeito diferente. É como se eu fosse e estivesse numa bolha achatada dentro d'água, então, olhando de fora, não daria para me ver! Uma mesmice, sem diferenciação... [Silêncio]*

Eu penso nas questões da identidade e da indiferenciação, sua fala me sugere um desejo de estar dentro de uma bolsa amniótica, por exemplo, porém não digo nada. Ela continua:

> *Estou com um cisto no meu dedo, tenho que operar, mas a pele está tão fina, cheia de água, que não sei se o*

> *médico vai querer fazer isso. É uma cirurgia pequena, fiquei meio ansiosa, mas saí de lá bem. É uma coisa prática, não me perturba. Mas... Essas coisas da minha cabeça, não sei, é muito difícil, parece que eu não tenho nada, fico aqui entregue a você, esperando uma dica sua... [Silêncio] Será que vou ter que voltar atrás? Eu antes tinha menos dúvidas, agora não sei nada, o que devo fazer... O A. [marido], com toda aquela verborragia dele, me faz ficar pior!*

Digo-lhe que desde que chegou hoje, parece estar lutando com seus sentimentos e seus desejos. Uma bolha ora na água, ora no dedo, e ela sentindo que nem eu, nem seu marido a ajudamos.

> *Eu antes tinha menos dúvidas. Agora sinto que não sei o que fazer! Lembrei-me de um sonho... Estava com meus irmãos, todos, íamos ter que construir um piso, eu me via muito empenhada. Era algo bem simples, para a gente poder pisar, andar em cima, mas era tudo tão sombrio nesse lugar! Acho que é isso, estou nessas de fazer um chão, aí então achar um caminho e fazer algo meu.*

Digo-lhe que então não é verdade que não tem nada, ela até sonha e consegue construir caminhos, pisos...

> *Isso que você me falou me fez lembrar agora que uma vez me esqueceram por muito tempo na escola, e eu fiquei "colada" no chão, até fiz xixi na calça! Colada no chão tem que ver com piso, não é?*

Digo-lhe que começou a sessão falando de uma bolha achatada no fundo d'água, invisível, depois essa bolha foi para o seu dedo, agora parece que ela se tornou visível, porém como uma menininha esquecida e apavorada!

É mesmo!

Interrompo aqui o relato da sessão, pois acredito que esse material é suficiente para abordarmos brevemente o tema do mesmo e do outro. O "outro", ou seja, o objeto que não é a própria pessoa, exterior e diferente dela mesma, e ao mesmo tempo expressão dela mesma, não se constituiu num dos temas preferidos de Freud; no entanto, num trabalho de 1912, é visível uma referência a esse primeiro objeto.

Ao se referir às diferentes correntes afetivas presentes nas relações com o objeto, diz Freud (1977/1912) que o objeto original do *infans* é aquele que assegura a passagem entre a necessidade de autoconservação e a pulsão sexual, ou seja, entre a libido autoerótica e a libido de objeto. A confluência dessas duas diferentes correntes, uma terna e afetiva e a outra sexual, não é facilmente alcançada.

Em 1919, ao tratar do tema do "estranho", Freud nos oferece um longo e instigante texto sobre o "outro", o desconhecido, mostrando como as diferenças e os aspectos misteriosos do outro podem facilmente ser identificados com o indesejável, o proibido etc. Talvez a associação a esse outro, o "estranho", seja um dificultador das relações de objeto e o responsável pela manutenção do investimento no que Freud aponta como a "libido autoerótica".

A tolerância à frustração e as possíveis e consequentes fixações serão elementos importantes para garantir a transição entre a libido erótica, ou seja, voltada para si mesmo, e a libido de objeto. Maior ou menor dificuldade nessa transição será o que permitirá ou não, mais tarde, a transformação da libido infantil edípica, até certo ponto correspondendo à libido erótica, no objeto libidinal da sexualidade adulta.

Após Freud, e com o desenvolvimento da psicanálise, a noção de objeto se impõe e a "relação de objeto" passa a ser um dos temas mais estudados pelos psicanalistas. Não nos referimos aqui apenas à noção e à presença de um objeto externo, diferente da pessoa mesma e indispensável para o desenvolvimento desta, mas também à noção de representação interna do objeto, necessária para a constituição de um psíquico simbólico.

Na epígrafe deste texto, fiz menção a um pequeno trecho de uma poesia do poeta húngaro Attila József, no qual penso que é enfatizada de maneira muito bonita a relação entre esse eu e um outro, que na verdade é frequentemente identificado como o "si mesmo". Aprecio também, de forma muito especial, um trabalho de Rolland (2015) em que os temas do objeto e da libido sexual são tratados de forma bastante interessante, que mencionarei aqui.

O ver a si mesmo nos olhos do outro, confundir quem está fora com quem está dentro, o si mesmo, é uma possibilidade muitas vezes presente em momentos da psicossexualidade da criança, que ainda não consegue distinguir o eu do outro, o fora do dentro. Com o desenvolvimento psíquico, essa dificuldade tenderia a diminuir e, talvez, desaparecer.

No entanto, a transferência na análise revela que, muitas vezes, a indiferenciação destes limites, fora-dentro, eu-outro, continua a existir, mesmo quando pensávamos que já houvesse desaparecido. Talvez essa possibilidade tenha contribuído para que esta colocação focando a questão do objeto me parecesse tão interessante: "O objeto é, na teoria psicanalítica, aquele que atende e responde à pulsão. Será sempre um mediador entre o objeto original e o objeto definitivo da pulsão sexual, seu sucedâneo" (Rolland, 2015, p. 319, tradução minha).

Aqui, "objeto original" se refere a um objeto mítico, virtual, que precisa ser inferido. Mas este é sem dúvida "original", isto é, inicial, fruto de uma intensidade aplacada com seu aparecimento, seja este fantasmático ou alucinatório.

Em seguida, podemos pensar que têm lugar os objetos parciais, como postulados por Freud e Klein, partes sempre em busca de uma fusão, ou de um maior apaziguamento da necessidade.

Por fim, podemos pensar num "objeto definitivo", porém sempre diferente do real. Um objeto muito mais "criado" que percebido. Esse objeto definitivo corresponderá ao que é mencionado no trecho inicial de Freud, o "objeto da pulsão sexual", que dependeria, então, de um deslocamento da origem para um investimento no seu sucessor.

O caminho é longo e penoso, sendo, portanto, o alcance ao "objeto da pulsão sexual sucedâneo do objeto inicial da pulsão" o objetivo de todo desenvolvimento humano, que é caracterizado por essa necessidade. Do si mesmo para um outro.

Por essa razão, talvez, uma parte do corpo investida prazerosa e originalmente pela pulsão nunca deixará totalmente de ter um papel na sexualidade adulta. Também por essa razão, as experiências muito frustrantes poderão provocar fixações, menores ou maiores, impedindo que o investimento de objeto possa migrar para outros objetos, sexualmente mais adequados.

Mudança de investimento, fusionamento dos objetos parciais, mudança de objeto, uma complexidade crescente.

> *Na origem do desenvolvimento humano, podemos inferir uma enorme proximidade em virtude da indife-*

> *renciação entre a criança, então sem autonomia, e sua mãe, o outro que a atende: talvez pudéssemos aproximar essa situação à paixão amorosa. Uma plenitude e uma harmonia paradisíaca entre a criança e sua mãe, que, no entanto, o passar do tempo logo terá de desmentir. Sem dúvida, é a relação de objeto original que determina esse sonho: sonho de satisfação de desejo (alucinatório) que será buscado durante toda a vida, nos novos objetos investidos sexualmente. (Rolland, 2015, p. 320, tradução minha)*

E de que fala Rita senão desse intenso desejo de se fundir, estar dentro, indiferenciada, como uma bolha dentro d'água? Bolha em seguida identificada em seu dedo, objeto de uma cirurgia, para desfazer a fusão?

A transferência na análise é também uma situação amorosa e de repetição. É isso que possibilita que sua retomada e sua reconsideração a partir de uma realidade externa inquestionável.

Rita está na sessão e se vê primeiro como dentro de uma bolha (dentro do corpo da mãe, dentro de mim?), para depois conseguir migrar para seu dedo, numa outra bolha, mais objetiva/real, que pode até ser extirpada; o dedo, talvez objeto erógeno de sua primeira infância, objeto que precisa ser cirurgicamente tratado.

Em seguida, pode começar a associar psiquicamente e distinguir algo do si mesmo, relembrando um sonho. Quando sonha, penso que não está mais indiferenciada. Surge uma mente que tenta representar e comunicar.

O sonho recupera e retoma a perda de objeto sofrida, a perda do objeto inicial, e tenta iniciar um luto, que se repete infindamente.

Nas lindas palavras de Pontalis (2000, tradução minha): "O sonho trata a dor".

Quando sonha, Rita tem sua história, sua existência em meio a vários irmãos, tratada e visualizada. Precisa construir um piso, um chão, portanto o desejo do passado, de imobilidade e extrema dependência, está sendo substituído pela necessidade de caminhar, de se mover. É sem dúvida um momento sombrio, pois supõe a separação, a dor.

Um momento de dor que a faz rememorar a escola, o esquecimento. Rememorar o sofrimento da "desmentida", pois até na infância a tinham esquecido! E essa lembrança a deixa tão assustada e amedrontada que ela fica "colada" (fixada) no chão, e regredida (fazendo xixi).

Ao propor essas ideias, estamos fazendo uso também de uma teoria de representação psíquica, supondo a presença de traços mnêmicos que virão a ser utilizados, graças à sua preservação numa reserva (memória), para que essa paciente possa associar e fazer uso de "imagens" e palavras que serão resgatadas nesse momento.

Refiro-me às imagens do sonho, às lembranças do dia anterior e da infância, expressas fantasticamente com a palavra "colada", que, com sua riqueza de possibilidades, fala da sua dor e da sua impossibilidade de alcançar uma relação de objeto significativa.

Para que essas representações possam ser assumidas por ela mesma como lembranças e associações livres, é necessário que

> *... a representação rompa a ligação prévia com seu modelo e seja investida com certo poder, tal como um rei decapitará um usurpador para assumir seu trono . . . Será também necessário que a organização psíquica*

> *sustente esse processo, e não permita que a representação seja confundida com o que ela representa. A esse processo denomino introjeção . . . e ocorre cada vez que a perda do objeto possa ameaçar ao sujeito com o perigo de morte. (Rolland, 2015, p. 322, tradução minha)*

Claramente, a ideia de rompimento da representação com o modelo anterior fala da possibilidade de separação e renúncia, sem dúvida um momento doloroso na vida da criança, bem como de uma aproximação do que se constituirá mais tarde na sua identidade psíquica individual. Não se trata de um processo simples ou imediato, serão sempre tentativas feitas no sentido do exemplo de Rolland, de assumir escolhas e aceitar a renúncia psíquica, por meio de figurações ou representações de palavra, numa construção constante do si mesmo via os objetos armazenados pelo sujeito.

Surge o "outro", inicialmente vislumbrado em meio a uma nebulosa, próximo, porém também diferente. No entanto, o objeto original nunca desaparece; ele é conservado na memória. Este se constituirá no protótipo do "objeto interno", um objeto primitivamente amado (Édipo), que seguirá daí em diante em busca de um novo objeto para substituí-lo.

Este será um processo complexo e lento, que se desenrolará desde o início da vida: objeto edípico formatado inicialmente graças aos vínculos estabelecidos com os pais, encontrado e reencontrado uma infinidade de vezes durante a vida da criança e posteriormente, na vida do adulto, se constituindo no objeto sexual. Esse objeto primeiro, virtual de certa maneira, estará sempre presente nas escolhas feitas posteriormente, constituindo-se assim num "mesmo que é outro".

Reflexões atuais – a pulsão e a representação

A representação psíquica veio desde sempre ocupando um lugar importante no pensamento psicanalítico. Enquanto a "pulsão", conceito-limite entre o soma e a psique, atraiu muito a atenção de Freud, foi sobre o conceito de representante psíquico que a psicanálise se desenvolveu.

O inconsciente, meta e objeto da investigação psicanalítica, só poderá ser alcançado indiretamente, por meio da representação psíquica. Representações de coisa e de palavra, como metades de um todo, que se constituíram desde o início em universos diferentes, produzidos pelo sistema perceptivo, às vezes se atendo ao que se encontra fora do psíquico, às vezes ao que está dentro. Representações de coisa e de objeto formam um par conceitual e estruturante do psiquismo.

O trabalho realizado psiquicamente visa transformar a pulsão em representação psíquica, formada sempre por traços mnêmicos, os representantes da pulsão. Esse trabalho, na verdade, é o único capaz de tornar possível o acesso à pulsão (que, estando no soma, é inconsciente), por meio das representações em imagens, palavras e sons, passíveis de ser captadas pelo nosso pré-consciente e, quando interpretadas por este, transformadas em representações verbais conscientes.

A questão do que denominamos traços mnêmicos é complexa. Obviamente, quando falamos em mnêmicos, estamos nos referindo a um aspecto da memória, que automaticamente é inscrita, mas sabemos também que há formas de memória inconsciente, portanto, restos de memórias também inconscientes.

Neste ponto, talvez a noção de fantasia se coloque inexoravelmente. Restos mnêmicos são traços do objeto externo real? Ou o objeto real é percebido sob a base da fantasia inconsciente? Talvez possamos colocar mais perguntas que respostas.

O processo onírico nos permite considerar a complexidade do que chamamos de memória, percepção e, principalmente, traços mnêmicos. Os processos utilizados pelos sonhos, basicamente deslocamento e condensação, são suficientes para mostrar como a mente humana, longe de estar determinada por objetos e fatos externos, é na verdade uma indústria criativa inimaginável de formas, figuras, sons etc. Provavelmente, foi essa constatação que permitiu a Freud interpretar sonhos, associar situações e imagens a seu contrário, pensar nas deformações e nas transformações sempre presentes.

O material psíquico, na verdade, é extremamente plástico, mutável e transformável; enfim, a liberdade do funcionamento psíquico mostra como é difícil afirmar qualquer coisa referente aos começos da vida psíquica. Montando e desmontando, construindo e desconstruindo o psíquico é possível interpretar e falar a linguagem do inconsciente.

"As lembranças se formam por meio das fantasias" (Suchet, 2015, p. 28). E poderia ser diferente disso? Temos realmente a possibilidade de reprodução de fatos ou de objetos? Não será por isso que a palavra "construção" é tão importante para a psicanálise, muito mais que "reprodução"?

O modelo psíquico do consciente/pré-consciente/inconsciente permite uma compreensão virtual do trajeto feito pela pulsão até o sistema pré-consciente/consciente. A pulsão, tendo alcançado alguma forma de representação, poderá vir a se tornar consciente, sempre ligada às palavras. Representação verbal e representações de coisa, possivelmente imagens.

Neste instante, levando em conta o trabalho freudiano no sentido dos dois princípios do funcionamento psíquico, esse representante da pulsão, ao ser alcançado, produzirá no psíquico uma descarga de intensidade e alguma satisfação de desejo, nos moldes do sonho.

O trabalho de Freud de 1900, *A interpretação dos sonhos*, parece já apontar para uma concepção muito interessante, devida sem dúvida ao caráter investigativo de Freud: o sonho relatado em palavras pelo paciente permite considerar e acessar o trabalho onírico latente do sonho. Poderíamos até dizer que a primeira teoria da representação psíquica é dessa data, pois o sonho como representação de coisa é transformado em representação de imagem e, posteriormente, em palavra.

A ideia subjacente supõe, então, ser possível o alcance via palavra manifesta à moção de desejo pulsional: do mesmo modo que a partir do sonho relatado alcançamos o conteúdo latente dos sonhos, talvez a única forma de ter acesso à pulsão seja pelo trabalho de representação, em imagens e em palavras.

O objeto é revelador da pulsão, e esta nada poderá significar sem ser representada. Nessa caracterização das representações de coisa e objeto, a representação de coisa ocupa um lugar muito importante. É ela que permitirá a passagem de um sistema para outro, pois dará figurabilidade às marcas deixadas pelo objeto, possibilitando assim a transformação da energia (pulsão) em representação (objeto).

As marcas deixadas pela experiência com os objetos se constituirão em marcas mnêmicas, conservadas no psiquismo como memória inicial, enquanto a energia (pulsão, afeto) será eliminada após o investimento no objeto, na situação, ou mesmo na representação de palavra. No entanto, atualmente é reconhecido que os afetos (ou energia) produzem um tipo diferente de memória, relacionada às marcas mnêmicas também deixadas pelos processos de descarga (*memory on feelings*).

Pensamos que essas ideias, talvez muito áridas, possam ficar mais claras e compreensíveis no texto apresentado. Na verdade, talvez também o próprio texto possa ficar mais interessante e vigoroso se pensado a partir dessa perspectiva, a da representação.

O fragmento de sessão apresentado faz menção à "imagem de uma bolha, dentro d'água, que a torna invisível". Não seria esta uma imagem mais onírica que a de uma representação em palavras? É claro que foi relatada, e como tal recebeu uma representação verbal. Acredito, no entanto, que a força está na representação imagética, e não na representação verbal. Essa é apenas a minha escuta, mas será esta que dará prosseguimento à experiência daquele momento.

Continuando por esse caminho, acredito que essa foi a única expressão que a paciente alcançou ao chegar, comunicando-me um estado em que o desejo de imersão e invisibilidade talvez se referisse a uma condição menos ameaçadora que a sua presença na sessão de análise. Daí minha associação a um "desejo" de volta a um estado anterior ao nascimento, protegida pela imersão e pela invisibilidade, restos mnêmicos possíveis graças à regrediência.

Ao falar "desejo", refiro-me a uma moção pulsional que encontrou nessa imagem e nessa representação verbal uma maneira de diminuir a tensão de sua chegada, uma vez que tanto a imagem como as palavras são formas de descarga da energia excessiva (angústia). Como o momento é o de "análise", essa expressão será considerada "comunicação" e despertará na mente da analista uma resposta, afetiva e empática, que permitirá que uma sequência de representações tenha lugar, ampliando e expandindo o processo representativo com movimentos progredientes e regredientes.

Tem sequência o que denominei um deslocamento, ou melhor, uma migração, da imagem inicial para "uma bolha" no dedo, seguindo o mesmo processo de descarga e alívio provocado pela representação em imagens e palavras, nesse momento principalmente regrediente.

Tenho consciência de que o modelo aqui utilizado por mim é o modelo do sonho, da associação livre, da dialética consciente-inconsciente, da repressão e do recalque. O modelo da primeira tópica, modificada por Freud algumas vezes. Não necessariamente será esse o modelo apresentado em minha comunicação.

As denominadas moções pulsionais, que pressionam o psiquismo, podem não alcançar a representação em virtude de sua exagerada intensidade, ou das impossibilidades do sujeito. O fato é que estas serão descarregadas no corpo, ou no ato, caso não possam ser representadas. Esse não foi o caso de Rita, que alcançou representações e, inclusive, após alguns minutos, pôde acessar sua memória, contribuindo com uma lembrança importante!

Ela havia sido esquecida na escola, ficara tão angustiada que fizera xixi no chão. Essa lembrança é um elemento bastante comprovador de sua manifestação inicial, "ficar invisível, numa bolha dentro d'água". Ser esquecida, não ser amada se constitui num doloroso ponto de medo e angústia, fruto de situações regredientes, elemento traumático repetido aqui.

O trabalho de representação na sessão analítica mostra-se importante e permite à dupla elaborar sentimentos antigos, repetidos sem que ela se dê conta sempre que suas angústias e seus temores, girando em torno de seus sentimentos de autoestima e segurança afetiva, se mostram além do tolerável!

Que se siga no trabalho uma consideração sobre o "objeto" nos parece claro. O investimento no objeto e as vicissitudes que esse processo apresentará na situação de transferência com a analista poderão ser utilizados para conjecturar, mais tarde, sobre o tipo de vínculo que Rita desenvolverá com seus objetos.

Para Green, a origem do psiquismo é essencialmente "retorno" (Freud, 1977/1920), isto é, a capacidade de, na ausência, no distanciamento, trazer de volta o elemento da experiência, o objeto inscrito na memória, para vir a representá-lo. Retorno do não representado, do traumático, numa tentativa de inscrevê-lo na cadeia de representações psíquicas, possibilitando a continuação de um processo iniciado.

A interpretação dos sonhos na validação do processo clínico psicanalítico[1]

Debalde erra ao redor da ciência o aluno.
Cada um aprende apenas o que pode aprender.
(Goethe, 2004/1808, p. 195)

Acreditamos que é como processo terapêutico e como método de investigação que a psicanálise precisa ser considerada e pensada. Nossa proposta de que os sonhos e sua interpretação são elementos importantes na tentativa de validação do processo clínico psicanalítico será considerada na apresentação do material clínico.

Posteriormente, tentaremos correlacionar nosso ponto de vista às outras posições e teorias psicanalíticas. Em outros momentos,

1 Uma versão anterior deste capítulo foi publicada em 1994 com o título "Validation of the psychoanalytic clinical process: the role of dreams", em *The International Journal of Psychoanalysis, 75*(5/6), 1181-92 e apresentada em 1995 na International Journal of Psycho-Analysis 75th Anniversary Celebration Conference. Outra versão foi publicada em 1994 com o título "Validação do processo clínico psicanalítico: o papel dos sonhos" na *Revista Brasileira de Psicanálise, 28*(4), 775-96.

nos deteremos na questão da objetividade e da subjetividade em psicanálise e caracterizaremos o método psicanalítico como um processo que passa pela intersubjetividade da dupla analítica, considerando a necessidade de pensar e validar a psicanálise fazendo uso daquilo que lhe é intrínseco: a intersubjetividade.

Parece-nos que nada melhor que os sonhos, produção intrapsíquica solitária, porém compartilhada na intersubjetividade da relação emocional psicanalítica, para nos orientar e conduzir em nossa tentativa.

Em virtude da preocupação com o sentido dos sonhos e seu conteúdo, os analistas vêm talvez se descuidando da consideração do sonho como experiência emocional subjetiva. Pontalis (2010, p. 126) chama nossa atenção para um ponto importante: "Lendo *Traumdeutung* tendemos a confundir o objeto de investigação – o sonho – com o método de interpretação e a teoria do aparato psíquico que permitiu ao autor formulá-lo".

Pensamos que o trabalho do sonho, além de ser um trabalho de representação em imagens, é também um trabalho de transformação e elaboração, que, partindo de uma experiência emocional vivida com o analista e retornando a ela como comunicação dos movimentos intrapsíquicos do analisando, pode ser aproximada à noção de objeto psicanalítico.

O sonho é um momento em que, por excelência, a realidade psíquica pode ser vislumbrada. Constitui-se numa realização interna e seu relato na sessão analítica possibilita e, por que não dizer, provoca na dupla analista-analisando outro sonho.

Dentro do processo analítico, considerando a especificidade do momento e do *setting* analítico, o analista "constrói" a partir da experiência com seu analisando uma hipótese e uma interpretação que oferecerá a ele para o prosseguimento da elaboração. Será, então, o analisando quem poderá aceitar essa hipótese ou não.

A ideia de que os sonhos podem ser interpretados implica a premissa básica de que são fenômenos mentais e que, como tais, têm significado para o sonhador. Os sonhos desde Freud revelam uma ordem mental diferente daquela que nos é familiar na vida desperta, consciente.

O sonhador é, segundo Sandler (1976), um observador do sentido simbólico de seu sonho, o que caracterizará a relação intrapsíquica subjetiva. Há um certo conhecimento inconsciente do sonho e de sua representação simbólica que atinge áreas do ego (conscientes e inconscientes). Sem dúvida, há uma preocupação o tempo todo em proteger a consciência do que se passa, mas concomitantemente está presente o objetivo de comunicar e elaborar, pois o sonho é lembrado e colocado em palavras para um outro. Talvez possamos dizer que o sonho, como outros processos inconscientes, é intuitivamente percebido e compreendido pelo sonhador.

Quando nos lembramos de um sonho, sempre estamos apontando para o fato de que houve uma irrupção no ego de aspectos reprimidos inconscientes. Essa irrupção, além de ser uma elaboração, é uma revelação.

O sonho será considerado, dentro de nossa hipótese, como "construção de conhecimento", como uma elaboração mental, parte de um processo mais amplo de *working through* em psicanálise. Como menciona Segal em *Sonho, fantasia e arte* (1993, p. 64), "sonhos são parte da elaboração de um conflito inconsciente. Provam também uma comunicação intrapsíquica entre o consciente e o inconsciente".

Para Segal, não apenas o reprimido se constitui em material para os sonhos. Todas as relações emocionais, tanto externas como internas, podem estar representadas neles. A capacidade para a elaboração da fantasia inconsciente e para a formação de símbolos será elemento fundamental em nossa proposta do sonho como *working through* e como um caminho para o *insight*.

É importante salientar que estaremos nos detendo apenas em alguns momentos de nossa experiência psicanalítica com a analisanda, que chamaremos de Eva. Sem dúvida, consideramos o processo psicanalítico um processo longitudinal, complexo e dinâmico, em que a experiência emocional evolui e se transforma. No entanto, em virtude da limitação de nosso espaço, bem como da quantidade de material que a análise com Eva vem nos oferecendo, decidimos apresentar apenas alguns fragmentos do processo em andamento.

Dessa forma, efetuaremos um corte transversal que, por um lado, nos fará perder a visão mais ampla e geral do caso, porém, por outro, nos permitirá colocar em evidência e examinar em detalhes alguns aspectos, aproximando-nos do tema proposto. Verificando que, após sessões em que era possível alcançar algum *insight*, surgiam sonhos associáveis ao material que vinha sendo trabalhado, pudemos observar que esse funcionamento permitia a analisanda e analista seguir de perto a angústia, as fantasias e o processo de elaboração em curso.

Atualmente no quinto ano de análise, Eva, que tinha 28 anos quando iniciou o processo, está casada e é mãe de uma menina de cinco anos. Eva é pedagoga e, quando iniciou sua análise, havia se separado do primeiro marido (pai de sua filha), com quem ficou apenas dois anos casada. Suas queixas principais ao buscar a análise ligavam-se a sentimentos de perseguição que a atormentavam, provocando estados internos de muito medo e insegurança. Preocupava-se em não poder conduzir sua vida afetiva e profissional adiante. Sentia-se paralisada e tomada por fantasias persecutórias constantemente. Apresentava junto a essa situação alguns sintomas psicossomáticos difusos e comportamentos antissociais (fazia esporadicamente uso de maconha e cocaína).

Durante os cinco anos em que trabalhamos, foi possível alcançar algum desenvolvimento. Eva vem conseguindo se dedicar ao trabalho e à família, sentindo-se mais segura e menos angustiada. Sua relação com o trabalho psicanalítico e com a analista tem sido produtiva. Mostra-se interessada, comparece às sessões no horário e colabora com a analista. A transferência, que desde o início se caracterizou por forte idealização, nos últimos meses vem acentuando a presença de fantasias persecutórias em relação à analista e, segundo Eva, ela está "regredindo"!

No início do quinto ano de análise, antes de umas férias da analista que seriam mais longas que o usual, Eva começa a se sentir muito assustada e angustiada. Relata que suas dificuldades antigas voltaram; sente dores muito fortes no corpo e na cabeça, não consegue mais dormir e está o tempo todo com medo de adoecer. Sua fantasia é que, se todos os sintomas voltarem, ela não vai aguentar, ficará louca.

Ao mesmo tempo que se queixa e se desespera, por outro lado parece-nos que há nela certa noção de que a análise a tem ajudado muito e de que será terrível perder o que já conquistou. Eva sente que pode estragar tudo como já fez muitas vezes em sua vida. A ideia de separar-se da analista a deixa às voltas com sentimentos muito ambivalentes, ora de ódio, ora de gratidão. Numa sessão de segunda-feira, na última semana antes das férias, chega à sessão pálida e aflita.

Deita-se no divã e queixa-se de ter passado muito mal no final de semana. Tudo está dando errado em sua vida e não sabe mais o que fazer. Não tem dormido bem à noite, sente-se doente, com o corpo todo dolorido como se tivesse levado uma surra. Esperava que o marido pudesse ajudá-la e, em vez disso, ele saiu no sábado, chegou muito tarde, quando ela já dormia, e no dia seguinte mal a olhou. Ela ficou com muita raiva, mas não podia dizer nada. Sente que sua vida está insuportável, não sabe o que fazer, ou a quem pedir ajuda. Tem vontade de largar tudo e desaparecer. É como se estivesse sempre envolvida com as mesmas dificuldades, presa sem poder sair.

A analista interpreta que a percebe muito frustrada, queixando-se de ser abandonada com suas dificuldades. Que o final de semana talvez tenha representado uma prévia das férias que estão por vir frente ao que ela sente, que não há nada a fazer senão se queixar. A analista, como o marido, é sentida como insensível à sua dor, o que lhe desperta ódio e vontade de ir embora.

Eva se enfurece e responde agressivamente, dizendo que é incrível ter de escutar isso da analista. Que ela já devia saber que do marido e da analista não se pode esperar nada. Em lugar de ajudá-la, só sabemos acusá-la. Está decepcionada e já devia ter aprendido que na vida é assim mesmo, não dá para confiar. "Quero que vocês todos desapareçam da minha frente", grita e começa a chorar.

A analista aponta que suas palavras foram ouvidas acusatoriamente, e que agora ela se defendia atacando de volta, como num duelo. Que se tratava de algo tão doloroso que não lhe era possível refletir sobre o que estava ocorrendo. Alguém ou algo teria de desaparecer.

A sessão transcorre até o final com oscilações entre momentos de queixa e outros de violência, alternados por instantes depressivos. Prevalece a angústia persecutória, no entanto, e a situação emocional da sessão é difícil tanto para ela quanto para a analista. São momentos de muito desconforto.

A analista conjectura que Eva precisa atacá-la para se desvencilhar da frustração e da angústia. A função desse momento e de todo esse barulho parece ser produzir na analista um estado emocional de sofrimento, equivalente ao que ela sente estar sendo imposto a si mesma. Eva parece poder escutar algo do que a analista lhe propõe e no final da sessão diz:

> *Acho que não tem jeito mesmo. Quando minha filha era pequena, eu me sentia muito mal quando tinha que sair e deixá-la sozinha. Sempre imaginava que ia acontecer algo ruim, ela ia se sufocar, cair, qualquer coisa que me deixaria enlouquecida quando voltasse. Na verdade, acho que é horrível deixar as pessoas sozinhas. Não dá para saber como vai ser.*

A sessão termina em silêncio e a analista sente que Eva chegou mais perto de sua angústia e de suas fantasias quanto à separação. Ficar com a ausência, em sua fantasia, é como enlouquecer ou morrer.

No dia seguinte, vem para a sua segunda sessão da semana. Deita-se e fica em silêncio. Parece tranquila. Em seguida, começa a relatar dois sonhos da noite anterior.

Primeiro sonho: Eva se vê em pé num cruzamento de avenidas muito movimentado. Em seguida, está dentro de um carro com sua mãe ao lado. Olha para frente e vê que o chão da rua começa a ceder, como se estivesse mole. Vai surgindo um enorme buraco nesse chão, que vai aumentando até acabar por engolir uma mulher que empurra um carrinho de bebê. Desaparecem, no buraco, a mulher e o bebê. É assustador. Eva começa a gritar e sua mãe continua sentada no carro.

Segundo sonho: Eva está deitada numa cama muito grande e a seu lado há um buraco. Ela sabe que pode cair, é preciso tomar cuidado. Há fezes na cama, e ela começa a empurrar as fezes para dentro do buraco até acabarem!

Ao primeiro sonho, que é contado num clima emocional de aflição, associa seu medo de ficar sozinha. Lembra-se de como era difícil cuidar da filha quando bebê, como tinha medo de que acontecesse algo terrível. Lembra-se de como era comum, anos atrás, que ao guiar seu carro tivesse pressentimentos de que algo ruim ia acontecer. Ela iria desmaiar e haveria um desastre. Às vezes tinha de parar o carro para ter certeza de que estava bem. Quanto à sua mãe, diz: "Ela sempre foi assim mesmo, nunca se perturbou com nada". De repente, lembra-se de que o espaço entre o divã onde está deitada e a parede às vezes parece-lhe enorme, e de que conversamos sobre a separação ontem.

Ao segundo sonho, Eva associa as brincadeiras que costumava fazer na infância. Como era muito sozinha, tinha poucos amigos e poucos brinquedos, brincava e conversava com plantas, pedras e móveis. Lembra-se de que fazia buracos na terra e escondia pedrinhas, que cobria com terra. Eram como pedras preciosas; tesouros escondidos.

Esses dois sonhos foram escutados pela analista e imediatamente associados à questão da separação, da perda e do medo de ser abandonada, que havia surgido na sessão anterior. A analista interpreta o desejo de Eva de preencher o espaço (buraco) da separação para não sentir que está em perigo de ser tragada pelo horror da solidão e da loucura. Que ela gostaria talvez de poder fazer com a analista como fazia com suas pedras preciosas: guardá-las, prendê-las dentro de si mesma para ter certeza de que não desapareceriam. Ao mesmo tempo, a ideia de preencher esse espaço com fezes sugere também seu desejo de tentar atacar a analista, em virtude de seu ódio e suas fantasias de abandono. Não acredita que seja possível ficar só numa cama, imagina que a analista é insensível e que fica impassível em vez de ajudá-la.

Eva parece pensativa e fica um bom tempo em silêncio. Quase no final da hora, diz:

> *Acho que vamos viajar uma semana nestas férias. Meu marido achou uma casa na praia, vamos alugar e iremos os três. Você deve ir viajar também, não é? Fico pensando se vai com sua família, para onde você vai... Você não parece sozinha.*

A analista interpreta que parece, em certos momentos, que ela imagina que todas as coisas boas, tudo que é desejável vai ficar ali com a analista. Mas que, neste momento, ela parece poder considerar que, na verdade, também tem coisas boas e não é tão só como fantasiava. Com isso também seu ódio diminui. Eva chora baixinho e a sessão termina em silêncio.

Numa das primeiras sessões depois das férias, Eva retorna e diz:

> *Quando saí daqui, antes das férias, eu estava muito assustada. Mas parece que foi possível aproveitar meu tempo livre. Desde que você voltou, comecei a ficar agitada de novo. Às vezes parece que estou tão triste; é um sentimento dentro de mim como um pano de fundo. Tenho sonhado bastante, antes eram pesadelos, você lembra? Agora parece diferente: acho gostoso sonhar. Estou meio confusa, meus sentimentos se misturam. Na semana passada tive um sonho muito forte. Veio à minha cabeça agora: eu estava num shopping center*

> *com minha mãe e minha filha fazendo compras. Minha mãe não entendia por que eu queria comprar um maiô. Ela me dizia brava: "você já tem tudo, para que quer mais coisa?". Eu ficava muito triste e amolada, pegava minha filha e me separava dela, ia para outro lado. Entro num lugar que parece uma praia e surge um maremoto ameaçador. Fico apavorada e penso que vamos morrer. Vem uma onda enorme que cresce cada vez mais e penso que vai cair sobre nós e nos achatar. Aí me lembro que sei nadar. Pego minha filha e tudo acaba bem. É um alívio.*

Eva associa suas férias na praia à satisfação de poder nadar e não ter mais tanto medo. Lembra-se da mãe, "ela é assim mesmo", não gosta de gastar dinheiro, vive muito mal acomodada, num apartamento apertado. Tem dinheiro, mas não pode usar, é mesquinha. Diz que tem vontade de se afastar dela, ela a deixa nervosa. A ideia de ser achatada pela onda enorme a faz lembrar de um filme de TV, em que um homem é esmagado por um trem. Era um filme de protestos políticos e lutas, esse homem acaba mal. Lembra-se da irmã, que era tão corajosa, ao contrário dela, e acabou mal também.

> *Agora estou menos medrosa, talvez essa onda enorme do sonho tenha a ver com meus medos, você não acha?*

A analista interpreta, mostrando-lhe que parece que voltar à análise é como defrontar-se com um maremoto outra vez. Ao separar-se, imaginou que ficaria em perigo de vida; agora está aqui e pode verificar que ambas sobreviveram. No entanto, seu desejo de ser mais independente, separada, ainda lhe deixa amedrontada, pois tem a fantasia de que pode se dar mal; como se temesse desgostar a mãe e a analista, que, segundo sua fantasia, não poderão suportar seu desenvolvimento.

Eva pergunta:

> *Já lhe contei a história de minha irmã? Um dia tenho que contar, mas preciso de coragem. Lembrar-me dela me deixa aflita e angustiada e eu nunca fui corajosa. Você tem razão quando diz que imagino me dar mal se ficar mais independente. Minha irmã era independente e minha mãe vivia reclamando. Ela morreu e parte de nossa vida em casa morreu junto com ela.*

Duas sessões mais tarde surgem mais dois sonhos.

Primeiro sonho: Eva se vê saindo de um buraco cheio de água cristalina. Consegue subir à tona com facilidade.

Segundo sonho: está na sala de análise com a analista, porém sente que a analista não gosta dela. Não sabe por quê. Em seguida, entra sua irmã na sala e a situação muda; fica um clima gostoso e amoroso. A analista é loira e a irmã morena, mas muito diferente do que era na realidade. A situação parece muito afetiva. A irmã deita-se no divã e ela fica olhando. Não é análise, é uma situação afetiva de encontro.

Ao primeiro sonho, ela associa seu sonho de antes das férias.

> *Que curiosa a imagem de cair no buraco e agora de sair de um buraco! Mas tem a ver também com as férias, a praia e o mar. Sinto-me contente ao pensar nesse sonho.*

O segundo sonho retoma a lembrança da irmã, que morreu há alguns anos. A irmã era idealista e livre. Todos a admiravam e gostavam dela.

> *Ela acreditava que podia enfrentar um trem e acabou morrendo. Vivia correndo riscos. No fundo todos ficavam cativados por ela, inclusive minha mãe. Ela sempre preferiu minha irmã. Não éramos iguais, eu era muito diferente dela. Na verdade, eu gostava mais dela do que de minha mãe.*

A analista interpreta que, no primeiro sonho, Eva ficava contente, talvez por este representar sua necessidade e seu desejo de sair de um estado no qual esteve aprisionada e encapsulada por tanto tempo. Sair das águas é como renascer. A analista traz a hipótese de que há muito tempo ela vinha vivendo aprisionada num estado mental que a deixava amedrontada e desconfiada de si mesma, precisando grudar-se à sua mãe, à irmã ou à analista para sentir-se viva, sem tanta angústia. A imagem da irmã no sonho parece referir-se a esses aspectos bons, afetivos, que começam a ser recuperados depois de muito tempo.

Eva parece emocionada e diz que sempre foi difícil lembrar-se da irmã; agora parece ser uma lembrança afetiva e quente. Em seguida, lembra-se de sua mãe e diz:

> *Você falou de sair de um estado de aprisionamento, sabe o que isso me lembrou? Uma história que minha mãe sempre conta sobre minha infância. Quando eu tinha três meses, muito pequena, pois nasci de sete meses, peguei coqueluche. Essa doença quase me matou.*

Passava noites inteiras sem poder respirar e minha mãe tinha que me segurar no colo, pois na cama eu me sufocava. Minha mãe dormiu mais de um mês sentada numa cadeira, comigo no colo, para eu poder respirar.

Eva se emociona ao lembrar disso. Conjectura que tudo isso a faz pensar em seu medo de ficar sozinha e morrer.

A analista concorda e interpreta que, podendo agora sair desse aprisionamento, percebendo que não está mais grudada à mãe ou à analista e que pode respirar por conta própria, talvez possa também se perceber como uma pessoa adulta e começar a refletir sobre seus sentimentos e suas fantasias. Sem dúvida, a impressão nesses momentos que descrevemos foi a de que estávamos às voltas com a "evolução" de aspectos importantes de sua vida emocional, aspectos que até então não haviam sido formulados e que agora encontravam expressão mental e poderiam vir a ser elaborados.

Levando em consideração as diferentes funções do sonho (Segal, 1981) e as diferentes condições emocionais necessárias para a produção de um sonho simbólico, acreditamos que, ao ser possível relatar um sonho e produzir associações, nossos analisandos começam a ser capazes de dar forma e sentido ao seu mundo emocional inconsciente.

No sonho, algo da mente pode vir a ser representado, adquirir forma ao ser sonhado, e quando essa representação em imagens é colocada em palavras, um salto é dado no sentido de poder vir a ser pensado.

O sonho como representação da experiência emocional

Decidimos interromper aqui a apresentação de material clínico por acreditarmos que já oferecemos elementos suficientes para o prosseguimento deste trabalho. Sem dúvida, sabemos que esses fragmentos clínicos poderiam ser examinados de diferentes pontos de vista, em outras perspectivas teóricas ou mesmo técnicas.

Nosso interesse, no entanto, é apenas salientar como, na evolução dessa paciente, a presença dos sonhos, aliada às suas associações e às interpretações da analista, foi importante e decisiva para o prosseguimento do processo analítico. Nesses momentos, os sonhos surgem como a expressão simbólica das angústias vivenciadas na análise, e como contribuições da analisanda à experiência emocional psicanalítica em curso. É possível, em nosso ponto de vista, apreciar nos sonhos o prosseguimento de um trabalho de elaboração que vinha sendo tentado na sessão psicanalítica. A evolução das fantasias e dos conflitos nos parece evidente no material clínico.

No entanto, essa evolução não se mostra apenas no conteúdo das fantasias. É o próprio processo do sonho que aponta para uma evolução emocional das fantasias inconscientes, na medida em que estas encontram expressão e são contidas pela analista e pela analisanda. Para nos determos um pouco mais na discussão do assunto, e para prosseguir com nossos comentários sobre o material apresentado, faremos uso de alguns modelos e algumas ideias teóricas propostos, principalmente, por Melanie Klein, Wilfred Bion e Donald Meltzer.

Fazemos uso da noção de evolução no sentido dado a essa ideia por Bion em "Notas sobre a memória e o desejo" (1992, pp. 392-393, tradução minha):

> *Em qualquer sessão ocorre evolução. Da escuridão e do sem forma, algo evolui . . . [Essa evolução] compartilha com os sonhos a qualidade de estar totalmente presente ou ser inenarrável e subitamente ausente. É essa evolução que o psicanalista precisa estar pronto para interpretar.*

As ideias de Bion se apoiam, em nosso ponto de vista, nas concepções kleinianas sobre o mundo mental e a experiência emocional. Um sonho, quando sonhado, nos oferece muito mais que apenas uma transação ou um compromisso entre forças opositoras. Examinando a descrição que Freud nos oferece no capítulo VII de *A interpretação dos sonhos* (1977/1900), é possível perceber como o "trabalho do sonho" é uma descrição excelente e perfeita do que até o presente momento consideramos como "trabalho psíquico", capaz de conduzir-nos à compreensão do funcionamento mental e do processo psicanalítico em curso.

Klein, desde o início de sua obra, não concebe a existência de pulsões desligadas de um objeto. O representante mental da pulsão associada ao objeto é a fantasia inconsciente. O impacto da pulsão sobre o objeto gera a experiência emocional. Klein, ao contrário de Freud, faz da existência da emoção no inconsciente o centro da vida mental, o que a organiza e lhe confere sentido. Bion desenvolve essa ideia e propõe ser a emoção o núcleo significativo da experiência que busca uma forma e uma representação simbólica para ser pensada.

Ao tratar as emoções como elos, Bion chegou à conclusão de que não se tratava apenas de amor *vs.* ódio, e sim de vivência emocional *vs.* distanciamento emocional. Esse tipo de colocação muda o centro do conflito e propõe a importância da vivência emocional e o prejuízo e a angústia decorrentes de uma postura de alheamento e distanciamento emocional. Essa dinâmica entre emoções *vs.* distanciamento (resistência) vai sendo transformada pelo sonho.

Ao falar sobre a experiência emocional, Meltzer (1988, p. 20, tradução minha) diz: "Uma experiência é satisfatória, por definição, enquanto produz uma 'experiência emocional', que poderá vir a ser utilizada para o pensar. Estou sugerindo que essa satisfação de ter algo para ser pensado . . . é a principal precondição para a introjeção".

Para esses autores, as emoções são o núcleo significativo não só da experiência emocional, mas também da dinâmica que predomina entre as posições esquizoparanoide e depressiva. No espaço psicanalítico, é possível pensar a dialética entre as posições esquizoparanoide e depressiva tanto em nível intrapsíquico como intersubjetivo. O sonho é tratado como função da personalidade, como aspectos do pensamento. É a representação simbólica da experiência emocional.

A experiência do sonhar, desse ponto de vista, reflete esse dinamismo entre PS↔PD, na medida em que supõe tanto a presença de processos de clivagem e divisão como movimentos em direção à integração na construção e na representação dos objetos internos. Ela representa a experiência emocional do sujeito com ele mesmo, isto é, com seus objetos internos, intrapsiquicamente, enquanto na sessão psicanalítica o relato do sonho gera uma experiência emocional intersubjetiva, que leva à criação de uma relação na transferência em que aspectos internos são possíveis de serem captados e vivenciados pela analista via identificação projetiva e sua capacidade para a elaboração e a captação dos estados emocionais.

Cabe aqui mencionar o modelo de barreira de contato como proposto por Bion. A barreira de contato separa estados inconscientes de estados conscientes de vigília. Consideramos que, em nossa descrição do sonho como experiência emocional, o trânsito entre esses dois estados mentais e emocionais é dinâmico, e a condição da barreira de contato é de enorme permeabilidade e flexibilidade.

Quando, durante a sessão, o analisando evoca o sonho e o coloca em palavras para o analista, prevalece a permeabilidade e o fluxo entre consciente-inconsciente. As associações ao sonho vão depender dessa possibilidade. A vivência emocional, para ser compartilhada pelo analista, requer que este também esteja em um estado em que as ideias fluem livremente.

Goldberg (1994) oferece-nos uma ideia interessante, a da interpretação como "sentido compartilhado", e não como uma colocação estática e fixa. Na verdade, não só a interpretação, mas toda a associação de ideias e o relato do sonho requerem uma condição dinâmica de trânsito entre consciente e inconsciente, e será na relação intersubjetiva da dupla que os sentidos e a significação serão construídos.

Mas talvez seja necessário esclarecer que não nos referimos ao sonho apenas como experiência vivida durante o sono, e sim como uma capacidade, uma função, que possibilita tanto ao analista como ao analisando acessar e contatar o que há de mais íntimo e profundo em cada um de nós.

Voltamos a fazer uso de algumas ideias de Bion. Esse autor define o sonho como um evento emocional, do qual apenas ouvimos o relato ou temos a memória, e propõe expandir a noção do termo "sonho" para outros eventos emocionais em psicanálise.

Para distinguir entre o trabalho do sonho durante o sono e as situações em análise nas quais se instala um clima em que é possível associar livremente e "sonhar" a experiência, Bion usa a noção de função alfa. Essa função seria capaz de produzir elementos alfa, ou seja, elementos que podem se constituir em matéria básica para o pensamento, em contraste aos elementos beta, que só serviriam para projeção e atuação. Bion (1992) fala de sonhos projetivos e sonhos introjetivos, bem como de sonhos que conseguem converter o material da experiência emocional em elementos que podem ser armazenados e utilizados para o pensamento (elementos alfa).

Nesse sentido, o sonho produtor de elementos alfa é visto como um processo de elaboração que possibilita à mente armazenar elementos produzidos pelo "trabalho do sonho alfa", que mais tarde farão parte da memória. Sem elementos alfa estocados, ou seja, sem conhecimento simbólico, não seria possível ter conhecimento.

O movimento inicial, nos primórdios da vida mental, seria, pois, feito pelo "trabalho do sonho alfa" por um lado e pela identificação projetiva por outro. A partir desses elementos, seria possível a uma pessoa começar a explorar a experiência emocional em que se encontra, sempre considerando que é numa relação continente-contido que o conhecimento de si mesmo pode se desenvolver satisfatoriamente.

> *O que eu entendo é que o material consciente tem de ser submetido ao trabalho onírico para tornar-se adequado ao armazenamento e à seleção; portanto passível de sofrer transformação da posição esquizo-paranóide para a posição depressiva; o material pré-verbal inconsciente tem que ser submetido ao trabalho onírico recíproco para o mesmo objetivo . . . .o que torna possível a memória é a simbolização onírica e o trabalho onírico. (Bion, 2000, pp. 56, 60)*

A analisanda encontra-se em análise já há algum tempo e a experiência tem sido, em nosso ponto de vista, satisfatória. Com isso queremos enfatizar que há uma experiência emocional em evolução, e que nessa experiência tem sido possível desenvolver melhores condições para o pensamento e o alcance da significação emocional.

Ao mencionar que tem havido desenvolvimento, estamos supondo que uma introjeção significativa tem prevalecido sobre a identificação projetiva. Estamos também supondo que o movimento em direção à integração e à contenção tem sido predominante. A possibilidade de tolerar frustração e angústia tem possibilitado que uma elaboração depressiva tenha lugar e, portanto, que a linguagem simbólica se desenvolva.

O próprio sonhar é a representação simbólica do significado da experiência emocional. Nos sonhos, os objetos internos se reorganizam, recriam seus sentidos, de forma a alcançar um novo produto, uma transformação simbólica criativa da experiência original. A capacidade para transformação e elaboração iniciada nos sonhos, a partir de certo momento, torna-se mais evidente e a mente passa a funcionar como continente de seus conteúdos emocionais.

Fizemos uso desse exemplo clínico por acreditarmos que a presença de sonhos nesse momento mostrou com clareza um movimento mental em direção a uma ampliação da percepção. Em seus sonhos, há uma tentativa de expressão de seus conflitos em imagens e palavras. A representação em seu sonho de objetos internos primitivos produz uma experiência de contato com algo novo e diferente, que passa, então, a poder ser elaborado. Colocar essa experiência em palavras possibilitou a ela encontrar formas verbais de expressão para falar sobre o que até então eram apenas sentimentos horríveis e assustadores, "angústias sem palavras", que somente poderiam ser reprimidas ou atuadas.

Salientamos que nessas condições que descrevemos, ou seja, quando há um processo analítico em andamento e as circunstâncias mentais e emocionais para a elaboração são possíveis, o sonho surge como um elemento da evolução do analisando, em que a representação da experiência emocional intrapsíquica e intersubjetiva pode ser observada e captada. Propomos o sonhar não como um processo psíquico simples, em que o sujeito contata a si mesmo de forma codificada, mas como uma experiência de desintegrar a própria vivência e integrá-la novamente em um novo contexto no espaço onírico.

No último exemplo que descrevemos, parece-nos que a noção de "evolução", ou seja, de representação mental torna-se perceptível. Apesar de se tratar de um sonho curto e aparentemente simples e de ser possível imaginar outras funções para esse sonho (como afastar-se da analista), em nossa experiência, o resultado foi uma grande aproximação emocional à vivência intersubjetiva da dupla analítica.

Bion denomina *rêverie* o estado psicológico em que a mãe desempenha com êxito a função de "continente" para seu bebê, vivenciando e elaborando as angústias (não pensáveis nem suportáveis) projetadas por ele. Os aspectos metabolizados pela *rêverie* da mãe tornam-se possíveis de serem introjetados pelo bebê (projetor), quando este terá, então, condições para suportá-los, identificando-se com o antes intolerável.

Essa noção de continente-contido e de função comunicativa da identificação projetiva nos permite considerar e conceitualizar a noção de subjetividade e também conceber a interpenetração das subjetividades (intersubjetividade).

Sonhar, como Freud (1977/1923b) já havia dito, é uma forma de pensar; o sonho é um trabalho de transformação. Nossa hipótese apenas amplia e expande essa colocação, propondo que o sonhar é um pensar que gera significados e sentidos para a experiência emocional, uma vez que permite ao analisando construir simbolicamente uma expressão – solução que lhe permite prosseguir na elaboração de suas angústias e na investigação de seu mundo emocional.

Freud nos apresentou pela primeira vez um caminho para o contato com o inconsciente na *Interpretação* (1977/1900). Naquele momento, sua originalidade nos brindou com uma obra que até hoje continua a nos desafiar, frente à qual não conseguimos exaurir as possibilidades de expansão e compreensão.

Nossa proposta nesta apresentação advém em parte dessa situação, ou seja, do desafio e do estímulo que representa pensar o processo onírico quando nos deparamos com sonhos na experiência clínica psicanalítica. Não pretendemos em nenhum momento questionar ou reformular qualquer aspecto da teoria da interpretação dos sonhos, muito menos esgotar ou abranger as várias possibilidades que advêm de seu estudo.

Estamos cientes, contudo, de que propomos a consideração do processo onírico, seu relato, suas funções e sua interpretação na clínica psicanalítica, de forma muito diferente daquela inicialmente concebida e formulada por Freud. Nossa intenção é apenas chamar a atenção dos colegas para aspectos que nos parecem importantes e interessantes, os quais tentamos elaborar e formular a partir de nossa experiência clínica.

Em "Construções em análise" (1937), Freud nos preveniu de que é a atitude do analisando perante as construções do analista que permitirá que ele obtenha informações valiosas sobre suas próprias construções. Freud sempre insistiu na importância de que toda construção e toda interpretação sejam tratadas como uma hipótese ou conjectura que só o trabalho com o analisando poderia comprovar.

Como um método de investigação, essa postura sem dúvida é fundamental. Concebendo a atividade clínica psicanalítica como uma investigação do mundo emocional, e não como uma aplicação de conhecimento, necessitamos não só manter nossas hipóteses como tais, como buscar junto ao analisando as condições para continuar a investigação. Quando nos aproximamos da psicanálise como método terapêutico, no entanto, a situação torna-se bem mais complexa.

A própria técnica psicanalítica, propondo a abstinência, a assimetria na relação analista-analisando, a atenção flutuante e a associação livre, já nos coloca frente a uma situação bastante diferente, em que a meta a ser alcançada supõe que o analista tenha algo a oferecer ao analisando que este não possui.

Como aproximar o método de investigação do método terapêutico de forma a não perder de vista a ampliação do conhecimento e, ao mesmo tempo, atender às necessidades daqueles que vêm em busca de ajuda? Como preservar a ideia de que tudo que propomos como interpretação ou construção a nossos analisandos são apenas hipóteses, e não conhecimentos prévios que possuímos a respeito de suas vidas? Em outras palavras, como manter uma postura científica, e não mágica ou xamanística?

Freud nos propõe acompanhar a atitude do analisando, sua reação às interpretações, suas associações seguintes, buscando aí o que chamaríamos de "destino da interpretação", para então prosseguirmos. Na verdade, partilhamos da ideia de que a interpretação não pode ser utilizada como elemento para a confirmação ou refutação das hipóteses formuladas pelo psicanalista.

Uma interpretação é uma espécie de teoria em miniatura a respeito do que há por trás de um fenômeno manifesto. Interpretar significa, pois, produzir um modelo ou uma hipótese interpretativa que destaca e conjectura sobre a significação, o sentido e a função da experiência emocional. Essa hipótese interpretativa pode ser considerada pelo analista a melhor aproximação possível à experiência emocional vivida com o analisando.

> *Parece-me que é muito grande o hiato entre os dados clínicos reais (experimentais) e a teoria que está sendo testada, a qual deve contribuir para formar uma interpretação . . . É muito importante que o analista não saiba o que está acontecendo. Esta é a única certeza que ele pode reivindicar . . . O fato sujeito ao teste empírico é a certeza, ou o grau de certeza que o analista pode atingir, estar ocorrendo. (Bion, 1992, p. 83, tradução minha)*

Adolf Grünbaum, em seu livro *Validation in the clinical theory of psychoanalysis* (1993), propõe que a tarefa da validação em psicanálise é praticamente impossível, e aquilo que uma teoria clínica como a psicanálise pode fazer, na verdade, é testar suas hipóteses. Essa colocação vem ao encontro da nossa maneira de focalizar a questão no momento e colabora para nossa proposta inicial, que considera as interpretações como hipóteses ou mesmo microteorias que desenvolvemos sobre nossos analisandos. Como qualquer outra hipótese dentro de um campo de investigação científica, poderia vir a ser testada e verificada.

No entanto, a questão não é simples. Como Freud já mencionava, não serão nossos analisandos, tampouco nós mesmos que poderemos verificar a veracidade e a pertinência de nossas interpretações, e sim o acompanhamento da experiência emocional e o prosseguimento do processo analítico.

> *Só o curso ulterior da análise nos capacita a decidir se nossas construções são corretas ou inúteis. Não pretendemos que uma construção individual seja algo mais*

do que uma conjectura que aguarda exame, confirmação ou rejeição. . . . "Tudo se tornará claro no decorrer dos futuros desenvolvimentos." (Freud, 1977/1937)

Reflexões atuais – a questão da pesquisa em psicanálise

Escrevemos este artigo atendendo a um convite do *International Journal of Psychoanalysis*, uma vez que a questão da pesquisa em psicanálise nunca foi um campo que privilegiamos em nosso trabalho. A utilização da *Interpretação* para o alcance de uma perspectiva que fosse minimamente aceitável para elaborar o trabalho nos possibilitou pensar o caso da paciente Eva, já há bastante tempo em análise, que realmente sonhava muito e apresentava em seus sonhos uma interessante evolução.

Aliado a esses aspectos, pareceu-nos que tratar o sonho como uma "experiência emocional", aspecto enfatizado por Meltzer e Bion, seria uma contribuição interessante naquele momento. Não temos dúvida de que só uma "experiência emocional" vivenciada e partilhada num processo analítico pode contribuir para que surjam algumas modificações na estrutura psíquica do analisando e também do analista.

Como temos certa limitação para tratar esse tema da "pesquisa em psicanálise", optamos por buscar o *referendum* de alguém respeitável e reconhecido no campo psicanalítico e expor seu posicionamento, com o qual, aliás, concordamos inteiramente. Trata-se de um artigo de André Green, "Que tipo de pesquisa para a psicanálise?", escrito em 1996 e publicado na *newsletter* da International Psychoanalytical Association (IPA), editada por Leopold Nosek na época. Do artigo seleciono alguns trechos (pp. 10-14, tradução minha):

> *Numa visão rápida em retrospectiva, surge algo que não podemos evitar aqui. Para Freud era evidente que a psicanálise pertencia a algum ramo da ciência. Ele se expressou sem ambiguidade alguma em seu texto "Novas leituras introdutórias à psicanálise": a questão de uma* Weltanschauung. *Ele escreve em 1933: "Nossa melhor esperança para o futuro é que o intelecto – espírito da ciência, a razão – possa no decorrer do tempo estabelecer uma ditadura na vida mental do homem". No entanto, suas ideias radicais sobre a verdade e sua total confiança na investigação científica nem sempre respeitavam os critérios da ciência. Em muitas circunstâncias, como sabemos, Freud foi abertamente contrário à visão científica de seu tempo, por exemplo, suas ideias sobre os traços da filogênese, argumentando que o futuro provaria que ele estava certo. E, de tempos em tempos, ele dizia que estava acima de tudo, o que significa até mesmo acima de sua proposta de ser um cientista, um psicanalista. Portanto, a questão da cientificidade da psicanálise não é certamente um ponto claro. A comunidade psicanalítica também nunca foi unânime.*
>
> *Um novo campo da epistemologia foi recentemente aberto, com conceitos como organização do* self *e hipercomplexidade. As limitações do espaço não me permitem explicar suas diferenças a partir do pensamento tradicional. Em poucas palavras, para a hipercomplexidade (Von Foester, Atlan, Morin), os aspectos cru-*

ciais teriam de aceitar certo grau de indeterminação e admitir o que é incerto ou indefinível. Fica impossível fechar o problema, e somos levados a concordar que as questões continuam abertas. Se há um domínio no qual essas ideias parecem ser relevantes, este é sem dúvida o da atividade psíquica . . . a natureza hipercomplexa não apenas do cérebro, mas do psíquico, também considerando o papel dos grupos, sociedades e civilizações em seu aspecto histórico e estrutural, constitui-se no desafio de nosso século.

Estamos muito longe da psicanálise? Penso que não, porque é um problema metodológico. Temos que perguntar a nós mesmos qual o método apropriado para lidar com o tipo de material que encontramos em nossa experiência psicanalítica. Cheguei à conclusão que, considerando a atividade psíquica (diferente em essência dos mecanismos neurológicos e dos computadores), a ciência teria de mudar seus parâmetros para fazer justiça aos fatos que tenta investigar . . . Há negligência na maioria das investigações, sobre a especificidade do que é intrapsíquico e inconsciente, e a tendência a subestimar os parâmetros da situação analítica relacionados à noção de setting *(Winnicott, Bleger, Donnet), com a ideia implícita de que um procedimento observacional da relação interpessoal pode dar melhor conta do objeto da psicanálise que a especulação dos psicanalistas, obtida na experiência terapêutica . . . Desejo não é equivalente a motivação ou intencionalidade . . . Recentemente, uma vasta pesquisa sobre fatos clínicos e sua conceitualização em psicanálise ofereceu-nos a possibilidade de observar a ausência de concordância sobre várias noções básicas presentes na maior parte de nosso trabalho. É impossível não dar importância a essas divergências presentes nas fundações do pensamento psicanalítico.*

. . . será que estou rejeitando a possibilidade de pesquisa na psicanálise? Mesmo tendo fortes dúvidas sobre a necessidade de indagar sobre a ideia da utilidade da pesquisa, preferiria enfatizar as limitações que ocorrem, em virtude da estreita base na qual está baseada nossa disciplina. Existem campos inteiros de conhecimento altamente valorizados por Freud, como a história das civilizações, as religiões, a arte e as instituições, que podem ensinar muito sobre a natureza e a função do inconsciente, dimensões que não fazem parte das atuais pesquisas . . . não questiono a necessidade de estudos baseados num número significativo de pacientes para comparar o que pode ser observado a partir de uma gama de confrontações com a experiência. Mas temos de saber também que os fatos que conduzem a esse tipo de investigação são de limitada importância. Também aceito a ideia de que pode ser interessante observar mais cuidadosamente o desenvolvimento da criança pequena, mas o desenvolvimento psicológico não deve ser confundido com o crescimento psicanalítico, e tenho dúvidas sobre a possibilidade da descrição desse último com procedimentos de observação. Devo acrescentar que, mesmo tendo essas pessoas feito a formação psicanalítica, não constituem para mim garantias suficientes da validade psicanalítica de seus

*achados. Memórias encobridoras [*screen memories*] se constituem num conceito psicanalítico. Poderíamos também falar de uma formação encobridora [*screen training*]? Chego à conclusão de que o maior risco para o futuro da psicanálise é o declínio e a possível queda do espírito da psicanálise, do específico estado mental que habita os psicanalistas durante seu trabalho e em seu pensamento. Nossa tarefa é manter vivo esse espírito. Não estou seguro de que essa tarefa moral pode ser mais bem alcançada por aquilo que hoje é chamado de pesquisa em psicanálise.*

Parte III

Trabalhos clínicos recentes

Trauma e processos de mudança[1]

Falar sobre trauma e processos de mudança pareceu-me instigante, mas também difícil. Para tanto, vou apresentar um material clínico de uma paciente que esteve vários anos comigo, uma moça que tinha na época 35 anos e a quem atendi em análise quatro vezes por semana. Denominarei essa paciente Helen.

Quando iniciamos o trabalho psicanalítico, Helen procurou-me por estar vivendo um momento difícil após a separação de seu marido, muito angustiada e assustada por se ver sozinha com três filhos quase adolescentes, sentindo que sua vida profissional havia se estancado e vendo seu desempenho, tanto fora como dentro de casa, de forma muito crítica. Queixava-se também de ser tomada, quando em público, por sentimentos muito intensos e inexplicáveis de muito medo e vergonha.

---

1 Uma versão anterior deste capítulo foi apresentada em 2009 com o título "Trauma: será que ainda precisamos deste conceito?" na Reunião Científica. Outra versão foi apresentada em 2005 com o título "Trauma" no 44º Congresso Internacional de Psicanálise.

Trabalhamos durante pouco mais de cinco anos, em meu ponto de vista com êxito, uma vez que Helen demonstrou recuperar quase inteiramente sua confiança e sua capacidade de vida, tendo sua angústia diminuído sensivelmente e sua vida afetiva retomado em grande parte seu curso. Havia se reconciliado com seu marido, o que também a deixava mais segura.

A análise foi interrompida por sugestão da própria Helen, que acreditava estar em condições para prosseguir sozinha em sua vida. Eu, na verdade, tinha dúvidas quanto à "suficiência" de nosso trabalho, no entanto acredito que os analisandos sempre têm motivos importantes para interromper uma análise e não cabe ao analista intervir ou insistir para que mudem sua decisão.

Concordamos em encerrar nosso compromisso, embora cientes de que continuavam a existir alguns elementos e aspectos bastante obscuros, que não haviam sido considerados nem tratados por nós. Estes, em meu ponto de vista, pareciam ter ligação com os intensos sentimentos de medo e vergonha que ainda sentia quando em contato com o público, ou com desconhecidos, e também com suas fantasias de exclusão em relação a sua família.

Ela atribuía grande parte dessas dificuldades à figura de seu pai, que desde o início de nosso contato foi descrito como um homem muito forte e poderoso, muitas vezes até tirânico, que necessitava submeter toda a família a seus modelos e exigências.

Helen, a primeira filha, havia sido sempre considerada diferente, aquela que tinha decidido e optado por ter uma profissão independente da família, ao contrário dos irmãos, aquela que se colocava ao lado da mãe, defendendo-a e protegendo-a dos ataques paternos. Era uma explicação que Helen havia criado para si mesma, acreditando na responsabilidade de seu pai, na criação dessas dificuldades. Mas a questão era que estava satisfeita com essa justificativa, e não parecia pretender questioná-la.

Helen constantemente referia-se a sua mãe como uma pessoa frágil e deprimida. Ela havia começado a beber pouco depois do casamento com seu pai e, depois de muitos anos, havia perdido parte de sua visão, segundo ela, em virtude da bebida. Agora, com mais de 70 anos, estava praticamente cega.

> *Às vezes eu penso que ela tinha de beber para cegar-se e assim tolerar a braveza de meu pai. Algumas vezes ela me dizia que tinha muito medo dele.*

Como ela mesma?

> *Acho que bem pior, ele gritava com ela, exercia muito poder. Ela se fechava, se calava.*

Um dado importante nessa situação, segundo Helen, relacionava-se ao fato de que seus dois irmãos, trabalhando com o pai, estavam numa situação de vida excelente, enquanto ela e o marido, embora bem de vida, dependiam muito do dinheiro do pai para empreendimentos maiores. Sempre havia se sentido manipulada a distância, tentando se rebelar, adotando uma profissão bem diferente da do pai e dos irmãos.

Com o falecimento da mãe, que sofria de um câncer de mama, e a consequente divisão de parte dos bens da família, Helen, apesar de muito triste, parece acalmar-se, consegue elaborar a perda, sente-se um pouco mais cômoda e é quando sugere terminar a análise. Talvez na época acreditasse que estaria a partir daquele momento livre da dependência do pai. Percebo, no entanto, que continua muito presente em seu mundo psíquico a queixa contra esse pai, que continuava a ter uma "dívida" com ela, por tudo que durante toda a vida ela e sua mãe haviam aguentado.

Após nossa separação, passam-se alguns meses, talvez um ano, até que um dia Helen me telefona pedindo para conversar urgentemente. Quando a recebo, sou surpreendida pelo estado de angústia e desespero que ela apresenta. Relata de forma bastante confusa uma briga terrível com o pai, em que ele, atacando-a muito, acusando-a de ingrata, mentirosa e aproveitadora, propõe romper com ela, expressando ao final da discussão sua intenção de nunca mais vê-la e de não manter mais qualquer tipo de contato com ela e sua família.

Ao relatar-me esses acontecimentos, Helen parece assustada, desconcertada e muito perseguida. Chora, fala alto, de maneira muito diferente da que habitualmente eu conhecia. É outra Helen que se apresenta. Surpreendo-me e ao mesmo tempo sou atraída pelo clima de suspense que aquela presença provoca.

O motivo da briga envolve muito dinheiro, mas o que é possível perceber nessa conversa, desde o início, são os sentimentos de Helen frente à presença aterrorizante de um pai tomado por intensos ódio e rancor, capaz de manipulá-la cruelmente, não demonstrando nenhuma consideração ou cuidado em relação a ela. Esse pai havia usado seu nome sem lhe pedir autorização, visando com isso justificar uma grande retirada de dinheiro da companhia (da qual ela era sócia), retirada esta, aliás, ilegal.

Eram evidentes em seu relato seus sentimentos persecutórios frente a essa figura, que desenvolvia uma atitude abusiva, arrogante e até desonesta em relação a ela, deixando claro sua total falta de respeito e sua onipotência. No entanto, havia uma desproporção entre seu estado desesperador, e até preocupante, e os elementos detonadores dessa catástrofe emocional.

Minha impressão inicial de estranheza aos poucos vai dando lugar a outras ideias. Surge em minha mente uma conjectura: estaria Helen passando a ocupar nesse momento o lugar que sua mãe havia ocupado a vida toda? Um lugar em que só merecia por parte de seu pai desprezo e pouco caso? Temia ela algum castigo ou represália? Ou será que tinha muito medo e se desesperava com a fantasia de que não havia correspondido ao que ele esperava dela?

Passado algum tempo desse encontro, Helen me pede para retomar a análise, dizendo-se totalmente tomada por sentimentos e imagens aterradores, sem conseguir dormir ou refletir sobre o que está acontecendo.

> *Sinto-me enlouquecendo, tudo gira em minha cabeça e não tenho nenhum controle!*

Reiniciamos o trabalho e, neste segundo momento de análise, Helen chora muito, mal consegue falar, sentindo-se tomada de intenso ódio pelo pai, amedrontada, perseguida e fragilizada. Não entende nem pode explicar o que está acontecendo, mas tem certeza de que nunca se sentiu tão desesperada em sua vida.

Recordando-se de inúmeros momentos em que esse pai havia agido com enorme violência e destrutividade, passa a relatar-me situações em que este, sem nenhum remorso, praticamente havia destruído a vida de parentes, sócios, afastando-os do negócio, impedindo o crescimento de suas carreiras.

Descreve-me de forma inédita um pai que não permitia a ninguém crescer ao seu lado, necessitando manter com onipotência e poder toda a força e a glória pelo sucesso. É um período em que mais escuto que lhe proponho palavras. Seria esta a represália temida, ele a destruiria profissional e familiarmente?

Quando sua mãe ainda era viva, Helen costumava visitá-la quase todos os dias. Agora, sua mãe já tendo falecido, sente-se aterrorizada só em pensar em ir à casa de seu pai, portanto não se aproxima dele nem da casa. Ele insiste que nunca mais quer vê-la.

Percebo que, apesar de termos convivido por mais de cinco anos, só agora Helen pode me apresentar, mostrar e oferecer certas informações e lembranças de episódios e fantasias de sua infância. Adentramos uma área de seu psíquico até agora inexplorada por nós, no entanto, a impressão é que ela retoma, como num sonho, aspectos de sua vida, estados emocionais que se mesclam, se condensam, se deslocam, à semelhança realmente de um processo onírico.

Será que tudo isso se relacionava de alguma maneira a sua "vergonha" e seu "medo", a seus estranhos sentimentos de "menos-valia", tão difíceis de serem compreendidos anteriormente? Estaria ela em contato com aspectos tão inacessíveis à sua consciência, à representação psíquica, que só agora explodiam, após tantos anos, como uma bomba de efeito retardado, como um pesadelo incontrolável?

Essas questões me fizeram pensar em hipóteses levantadas por Freud (1977/1895a, 1977/1895b) e retomadas e discutidas por vários autores, dentre eles André Green (2000), sobre a necessidade de "ressignificação" em virtude do fenômeno do *après-coup*. Concomitantemente, fui levada a refletir sobre aspectos da teoria de Bion, dentre eles a proposta das relações entre continente-contido e as consequências ligadas à dificuldade e/ou impossibilidade de continência, que pode causar a explosão do continente. Certamente, algo estava reemergindo no mundo emocional de Helen, ameaçando-a e exigindo dela e de mim elaboração e novas representações psíquicas.

Num certo momento da análise, ela me diz:

> *Ele sempre foi tão louco e cruel que antigamente, quando estava nervoso ou muito bravo, batia com o nosso carro no carro da frente, com toda a força. Era um horror, eu ficava muito assustada e petrificada.*

> *Não sei o que acontecia. Tudo que eu vivia era o choque, o desastre.*

A imagem de dois carros batendo imediatamente evoca em minha mente o modelo proposto por Melanie Klein, referindo-se às fantasias infantis, de relações sexuais violentas e agressivas entre os pais. Teria ela sido vítima de um abuso sexual? Ou presenciado algo entre os pais que ainda a assustava muito? Tratava-se de vivências de violência e crueldade insuportáveis? É a primeira vez que ela me relata algo dessa natureza, vivenciando um estado emocional na sessão que eu denominaria de "pânico".

Na mesma sessão, ela me conta que a mãe havia se casado grávida, contra a vontade de seu pai, que queria que ela fizesse um aborto para que eles não tivessem de se casar naquele momento. Só há poucos anos, antes de falecer, a mãe havia revelado esse segredo a ela. Teria ela sido essa criança abortada na mente desse pai desde cedo?

Em suas primeiras contribuições, Freud (1977/1895b) menciona que, no período em que atendeu a várias mulheres com sintomas histéricos, episódios de sedução sexual na etapa da puberdade eram relatados com frequência. No entanto, desde o início, Freud afirmou que esses episódios não seriam suficientes ou determinantes para explicar a doença ou o quadro clínico.

Em 1916, Freud nos fala sobre alguns relatos de suas pacientes que o levaram a supor vestígios de trauma sexual muito antes da puberdade, provavelmente decorrentes de estimulações genitais infantis, que, no entanto, naquele período (primeira infância), não podiam ser sentidas como sexuais. Essa experiência era ressignificada na puberdade como sexual, num segundo momento (*Nachtraglicht*).

Freud manteve por muito tempo suas dúvidas quanto às teorias da sedução e do trauma, fossem estes revividos ou repetidos, reais ou imaginários. Em sua correspondência com Fliess, Freud afirma que a rememoração tropeça sempre num limite: as cenas primitivas não podem ser rememoradas completamente. Ele na verdade propõe, no decorrer de sua obra, que alguns fragmentos de memória poderiam ser utilizados para uma "recombinação" de elementos mnêmicos, até que uma imagem completa dos aspectos essenciais dos anos da infância pudesse vir a ser construída (Freud citado por Green, 2000). Foi só mais tarde, com uma posterior definição das fantasias e da situação edípicas, que Freud concluiu por uma visão que supõe a interação dos dados reais com as fantasias.

"*[N]o mundo das neuroses, a realidade psíquica é a realidade decisiva*" (Freud, 1977/1915-1917, destaques do original). Com essa afirmação, Freud tanto nos propõe que uma situação traumática pode surgir e ter sua origem no mundo externo, como chama nossa atenção para a importância das fantasias e das transformações psíquicas internas nesse processo.

Dentro dessas perspectivas, num tempo mais recente, denominado por mim de segundo momento, minhas hipóteses e conjecturas sobre o que havia se passado com Helen e com a dupla analítica até então são colocadas em dúvidas e novas hipóteses surgem em minha mente. A própria interrupção da análise meses antes me parece ter de ser novamente significada. A hipótese que toma corpo em minha mente refere-se à necessidade por parte de Helen de realizar um corte, uma *caesura*, entre os aspectos e os estados psíquicos toleráveis e os intoleráveis, tanto internamente como externamente. Minha aproximação às sessões muda radicalmente, pois passo a incluir o corte e a separação como significativos de uma condição cindida de sua mente, a serviço da resistência e da manutenção da repressão.

A transferência, como proposta por Freud em 1914, pode vir a criar uma espécie de domínio intermediário entre a doença e a vida real, por meio do qual se efetua a passagem de uma área para a outra. Refiro-me aqui à transferência não só como repetição e/ou rememoração, mas também como um fenômeno que leva à transformação e à construção psíquica.

Minha perspectiva e minhas tentativas nesse momento visaram apontar a Helen aspectos dessa *caesura*, que na verdade tinha uma função defensiva, pois deixava toda "a doença" excluída de sua consciência e de nossa relação. Esse corte, de certa maneira, havia sido abalado pelo episódio com seu pai. Em nossa relação até então, havia predominado certa transferência idealizada, que tentava deixar de lado aspectos persecutórios, possivelmente intoleráveis.

Nesse segundo momento, é possível a Helen tratar certos assuntos, recordar e associar fatos e situações de violência intensa, muitos deles ligados à sua infância. A emergência desses estados passei a denominar como "sonho-pesadelo".

É evidente que certas condições psíquicas precisam ser alcançadas para que uma mente possa entrar em contato com elementos tão primitivos e dolorosos, muitas vezes aterrorizadores. É possível que os anos de análise anterior a tenham tornado mais forte. Sem dúvida a situação atual, o corte violento na relação com o pai e com a análise, foi determinante para uma modificação em seu mundo psíquico, provocando a necessidade da busca de análise outra vez, como uma tentativa de buscar a contenção e a ressignificação de suas angústias.

Faço um parêntese, neste momento, para introduzir algumas propostas recentes de Rolland sobre o tema "transferência-sonho e representação psíquica", que na verdade constitui-se em três temas por ele aproximados e relacionados de forma muito interessante.

Acredito que, para examinar a questão proposta do "trauma" e ampliar a visão do caso clínico, essas ideias serão importantes.

Rolland (1999) propõe uma aproximação da transferência (como teoria e fenômeno relacional presente na análise) ao processo do sonho. Diz ele:

> *. . . o eu na situação analítica é convidado a sonhar. A experiência transferencial, bem como o sonho e a paixão, abre para o eu o acesso a uma nova cena, e leva o analisando a se familiarizar com esta . . . o que passa a ser então sonhado na transferência que é, de certa forma, visualizado segundo um procedimento análogo ao do sonho e são, portanto, as representações inconscientes de objeto, os restos psíquicos dos objetos de amor aos quais o sujeito foi obrigado a renunciar.* (pp. 27, 30)

Num outro momento, diz ele que

> *. . . na análise, a transferência não é um processo permanente, definitivamente instalado, ao contrário, ela é sempre extremamente flutuante . . . O problema econômico da transferência, no entanto, é sensivelmente diferente daquele do sonho: não é mais a pura busca de prazer pela figuração que é o esperado: a busca de prazer continua, mas se vê voltada para um trabalho de construção (linguagem) que torna esse prazer acessível à fala e à consciência.* (Rolland, 2006, p. 35, tradução minha)

A proposta de Rolland é considerar o sonho e a transferência como processos que se aproximam, pois abrem uma nova cena para o sujeito, ambos tendo relação com a memória, mas ele não exclui que estes também se diferenciam. Sabemos que só os elementos representados consciente e/ou inconscientemente podem vir a ser utilizados pelo processo onírico, figurados e transformados pelo sonhar. Não sonhamos com elementos irrepresentáveis. Estes até podem surgir no processo onírico, mas como elementos disruptivos, corporais, e não simbólicos.

A representação psíquica para Rolland, de certa maneira, fecha o caminho da regressão tópica, pois busca o caminho da representação em linguagem. O sonho, e até certo ponto o movimento transferencial, é caracterizado pela transformação em imagens. Fazendo uso da linguagem e da fala, a representação em palavras revela ao mesmo tempo que oculta, enquanto a cena, apoiada no imagético, revela.

Colocamos também a questão: o que acontece então com os elementos "não ligados" (Green, 2007b), com as experiências não representadas (Green, 2007b; Botella e Botella, 2002)? Se não podem ser representados psiquicamente nem sonhados, como poderão ser vivenciados, encenados na análise? Ou nunca serão representados, constituindo-se em elementos "irrepresentáveis", portanto, não sujeitos à analisabilidade?

Relembramos aqui os trabalhos de Green (2007b) e Botella e Botella (2002), nos quais se torna clara a proposta desses autores, considerando que será o trabalho de figurabilidade, desenvolvido pela mente do analista e do analisando na relação transferencial, o único meio pelo qual esses elementos e essas experiências poderão vir a ser alcançados e talvez representados.

Green (2007a) chama nossa atenção para a "compulsão à repetição", um processo frequentemente presente quando estamos frente a essas situações, que, segundo ele, está em busca de uma ligação para poder alcançar a representação. Na maioria das vezes, porém, o resultado dessa tentativa (compulsão à repetição) é frustrante, e o que ocorre é uma espécie de aborto da representação.

Botella e Botella (2003, p. 69, tradução minha), que definem mais claramente a figurabilidade, propõem:

> *. . . uma das funções mais precoces da vida psíquica, o trabalho de figurabilidade é um processo fundador que, se desenvolvendo na via regrediente, está determinado pela tendência a fazer convergir todos os dados do momento, estímulos internos e externos, numa entidade inteligível que ligará todos os elementos heterogêneos presentes numa simultaneidade atemporal em forma de atualização alucinatória . . . esta se constituiria na via régia de toda inteligibilidade. Em sua capacidade de transformação (no sentido de Bion) e de integração (no sentido de Winnicott), cumpre um papel reorganizador da vida psíquica e tem um valor "antitraumático", indiscutível no tratamento.*

Retomando o caso clínico depois dessa volta pela teoria, quero salientar que Helen, nesse segundo momento, se mostra muito diferente. Não só suas lembranças e suas memórias vêm à tona com muita intensidade, mas também o clima emocional das sessões é outro. Demonstra ódio, revolta, expressa seu desespero em relação a ter sido enganada pelo pai, se descreve como uma boa filha, dedicada, e agora sendo desconsiderada, chamada de ingrata e mentirosa. Vive perseguida, assustada, provocando na relação com a analista um clima de agitação, angústia e medo, em que as palavras, o diálogo, parecem inúteis e impossíveis.

> *Será que tenho que esperar ele morrer para ter paz, para poder sentir-me livre? Por que ele não pode deixar-me em paz? Quero esquecê-lo, mas não consigo, isso fica o tempo todo em minha cabeça! Penso que estou enlouquecendo. Não sei mais o que fazer!*

Seja se sentindo injustiçada, seja querendo mais atenção e amor, o vínculo que Helen descreve é de aprisionamento, desilusão e tormento, é um vínculo que também se repete com insistência na transferência, uma vez que ela reclama da analista que não aplaca sua dor, não a tira desse estado. Na verdade, a agitação e a aflição são tão intensas que me desconcertam, tornando muito difícil qualquer apreensão minha em palavras.

O que predominava em Helen, em nossa experiência anterior, eram suas fantasias de rejeição, a inveja dos irmãos, seu medo da figura do pai, sua identificação a uma mãe deprimida. Ela havia optado pelo distanciamento da família, tentando evitar o contato afetivo, defender a mãe injustiçada e acabar com a dependência e o submetimento a seu pai. Na verdade, havia reforçado o afastamento e a cisão de aspectos internos, que agora emergiam como uma explosão violenta.

> *Você deve estar cansada de tanto choro e dessas minhas histórias. Não vou mais falar disso, não quero, não aguento mais, se eu não aguento, imagine você? Vai acabar me dispensando, cheia de me escutar, sem fazer nada. Você não vê que é insuportável, fico morrendo de vergonha de ter que expor tudo isso deste jeito.*

Tudo isso o quê?

> *Minha incapacidade para lidar com minha raiva, sinto-me prostrada, entregue, sem poder fazer nada!*

Parece um pesadelo do qual ela não consegue acordar.

> *E como é que eu não vi isso antes?*

Inevitavelmente, as questões e as angústias são vivenciadas num clima de "compulsão à repetição". E cada vez mais os limites da rememoração e da revivência vão se expandindo e se confundindo.

Na transferência, agora parece prevalecer o desdobramento de um si mesmo (superegoico) ineficiente, odiado, que não só não satisfez os desejos de um pai autoritário, como também agora a crítica, despreza e tem de ser tratado com violência.

> *Minha mãe conta que ele me batia no banheiro. Eu só lembro que ele ia comigo ao banheiro, ela me dizia que pedia muito para ele não me bater.*

Minha vontade de saber mais, de colocar palavras onde não havia, aponta para aspectos de uma possível reação contratransferencial, ao mesmo tempo que me permite constatar que ela "não tem palavras" para a experiência que vive. É o "sonho-pesadelo" que se repete buscando ligar, representar. Parece se tratar de um movimento "da compulsão à repetição para a compulsão à representação", como diria Rolland (1999, p. 155), tentado, mas talvez abortado.

O medo de se ver entregue a lembranças esfumaçadas a fazia sentir terror e pânico, lembranças que não entendia nem conseguia relacionar entre si, mas que provocavam medo e vergonha ali comigo. Não conseguia evitar seu pânico por ter, após tantos anos de trabalho de análise, reencontrado uma área tão estranha para nós duas. Vivíamos ali uma enorme impotência, muita frustração e desesperança. Ambas traumatizadas e sem ação.

A cada sessão, no entanto, as memórias retornavam, eram "retrospectivas", em movimentos que sugeriam surpresa e dor, mas que de certa maneira nos permitiam continuar "prospectivamente".

> *Eu devia ser muito pequena, morávamos no interior e saímos num caminhão os três, meu pai guiando, minha mãe e eu, no colo dela. Eu me sentia tão mal, acho que já era vergonha, mas só me lembro de ficar assustada. Ele punha a mão e mexia no peito dela, o tempo todo".*

Algo repercutia em mim quando ela conseguia sair do desespero e trazer um fragmento, uma imagem. Imagem sedutora esta para propor a existência de um trauma real! Seria a mãe que ele tocava ou a ela?

De certa forma, foi ficando mais claro para mim que sim, havia um trauma, mas o fundamental não era saber os dados concretos, ou confirmar os relatos de cenas. A questão que me norteava não se apoiava na ideia de "reconstrução histórica". O que parecia importante era, junto com Helen, buscar o acesso a elementos desconhecidos, talvez suprimidos até então, tentando figurá-los para poder, então, representá-los em palavras. O fundamental parecia ser reconhecer que em seu mundo emocional ela de fato havia sofrido e sofria ainda de um trauma violento, negado, cindido e/ou talvez originado em suas experiências anteriores ao lado desses pais, mas também representar o trauma que vivíamos ali juntas, impotentes, sem achar saída.

Trauma é excesso impossível de ser contido e/ou representado. Trauma é também o "nada", a ausência não menos indelével que a deixada pelo excesso de angústia intolerável. Isso, o que não existe, faz um buraco na cadeia de sentidos, e é com esse buraco, como assinala Green (2007a), que o sujeito se identifica.

Traumatizada ou, como propõe Green (2000), "retraumatizada" pela violência e por sua impossibilidade de conter e entender o que se passava dentro e fora dela, Helen é tomada pelo "terror sem nome", pelo excesso, e pelo contato com o "incognoscível".

Em 1920, em *Além do princípio de prazer*, Freud propõe uma concepção econômica e de proteção antiestímulo, chamando nossa atenção para a quantidade de excitação (angústia não elaborável) e para a impossibilidade de contenção e de ligação por parte do psíquico. O mundo psíquico, não conseguindo ligar nem representar as excessivas quantidades de angústias naquele momento, regressa ou retorna às formas de atuação e reação mais antigas, já conhecidas. A compulsão à repetição, como já mencionamos, surge como a proteção por excelência, mas também como uma tentativa de encontrar alguma representação e significado que possibilite sair da compulsividade. A pessoa se sente ameaçada em sua totalidade.

Só alcançamos o núcleo da experiência traumática quando levamos em conta a avassaladora angústia destrutiva que se mostra de forma psicoeconômica, isto é, uma desorganização que escapa à contenção possível, ao processo de significação e a qualquer ligação psíquica representacional.

A experiência avassaladora também pode ser pensada a partir de algumas propostas de Bion, mais especificamente o "terror sem nome", bem como a ideia de "mudança catastrófica". A necessidade de um continente para tolerar essas experiências é fundamental, caso contrário, a vivência é de desintegração e explosão.

A reintromissão no psiquismo de elementos traumáticos, fragmentados, pode ter um efeito novamente "traumatizante", isto é, não é mais o acontecimento passado, mas a experiência recente que, repentinamente propondo ao psiquismo aquilo que este sempre evitou e não tolerou, por não ter significado, provoca então a irrupção violenta de angústia. No momento em que essa revivência ocorre, há uma retraumatização e o psíquico vive essa experiência como uma vítima passiva e impotente.

Como menciona Green (2000, p. 117-118, tradução minha):

> *O que se inscreveu na carne psíquica esgarçou o tecido psíquico e deixou uma cicatriz, pronta a reabrir-se e a sangrar quando houver a mínima possibilidade. Reinvestida, a chaga se reabre porque na verdade nunca ficou totalmente cicatrizada e memorizada.*

Quando é possível incorporar o trauma a uma narrativa (*après-coup*), as relações internas e externas de objeto podem vir a ser refeitas, tornando possível ao psiquismo transformar e "conter" a angústia antes avassaladora. Esta vem sendo minha tentativa, ou melhor dizendo, nossa tentativa, já que, ao me relatar suas associações, ao tentar pôr em palavras aquilo que a angustia, Helen está junto comigo tentando "construir" uma narrativa que dê conta de suas angústias, o que possivelmente a ajudará na integração dos elementos psíquicos e na reconstrução de seus vínculos internos, o que permitirá a significação.

Diz Helen:

> *Tenho sonhado muito nestes últimos dias. Não consigo me lembrar dos detalhes destes sonhos, mas em geral são sonhos onde estou ou conversando com meu pai, ou em algum lugar a seu lado, e o importante é que está tudo bem entre nós. São momentos e imagens*

> *em que parece que nunca houve dificuldade. Acho curioso! Ele aparece sempre bem, como se nada tivesse acontecido. Será que ele sente minha falta? Será que se lembra de mim?*

Será que ela sente a falta do pai? Ou seja, quem ama? Quem odeia? Ou será que a um intenso ódio não corresponde sempre um intenso amor? Ou será essa uma tentativa de privilegiar em seu psiquismo uma imagem de relação cindida, em que apenas o bom prevalece? O fato é que a partir de certo momento ela começa a figurar, a criar novas imagens.

Refiro-me aqui ao sonho como uma tentativa de transformação de elementos beta em elementos alfa pelo *dream-work-alpha*, como propôs Bion em *Transformações* (1965), como uma tentativa de incluir na memória aspectos, vivências e representações, para que estes possam adquirir então palavras.

Ou talvez, pensando na necessidade de incluir a situação traumática numa narrativa, não estariam esses sonhos tendo a função de gravar e reeditar em sua memória elementos diferentes? Reunindo numa continuidade efêmera o antes desconectado e fragmentado? Ligando e significando o antes sem significação? Da figurabilidade à linguagem, não será esse o caminho que todos nós percorremos desde a infância? Um caminho que é interrompido quando vivências traumáticas rompem essa possibilidade?

Bion propõe interessantes ideias, dentro dessas mesmas perspectivas, em *Cogitations* (1992, pp. 47, 64, tradução minha):

> *A função do sonho é tornar esses elementos adequados para serem arquivados, e assim se constituírem no conteúdo do que denominamos memória . . . a impressão*

> *precisa ser ideo-gramatizada. Isto quer dizer que se a experiência for de dor, o psíquico precisa alcançar uma imagem visual de uma irritação no ombro, ou de um rosto em lágrimas, ou algo assim . . . Se o princípio de realidade for dominante, então o objeto do ideograma será capaz de tornar a experiência adequada para ser armazenada e relembrada.*

Entendemos essa proposta de Bion em consonância com a ideia de que só após a possibilidade de figuração podem os elementos da experiência vir a ser arquivados na memória, no passado, ou seja, o que antes não podia ser contido nem transformado passa a fazer parte da bagagem de experiência do sujeito. É possível que, anteriormente a essa operação, essas vivências se caracterizassem como elementos beta, só passíveis de expulsão e projeção violenta, mas, ao serem sonhados, podem vir a ser representados em palavras.

Numa sessão recente, já bem menos desorganizada e angustiada, surge um modelo que me parece interessante. Diz Helen:

> *Estou muito incomodada com essas chuvas fortes que temos tido aqui em São Paulo, estou com muitos problemas, tanto em minha casa como no escritório e na fazenda. Tenho tido que enfrentar vazamentos por todos os lados, a casa está toda úmida. Às vezes chega a entrar água dentro de casa e tem até estragado minhas coisas. Eu, em geral, tenho muita tolerância com este tipo de problema, mas agora já não estou aguentando, está muito difícil. Tenho impressão de que tudo virou de cabeça para baixo! Tenho que tentar alguma coisa para conseguir enfrentar esta situação!*

A ideia de uma permeabilidade exagerada, dos vazamentos, dos estragos, imediatamente me remete à sua situação psíquica, às suas queixas, ao modelo de relação que vem mantendo há tantos anos com esses pais e essa família. A impermeabilização não funciona mais, a umidade penetra, estraga, ameaça.

Talvez ela só consiga considerar os seus incômodos agora que pode transformá-los num modelo que lhe permite acessar e representar psiquicamente a vivência. Questiono-me internamente se a possibilidade de "virar tudo de cabeça para baixo" não seria uma forma de considerar também o que ainda não tinha podido considerar, ou seja, os estragos à sua volta, os danos não mais causados apenas a ela, mas infligidos por ela aos outros. Comento essas ideias, propondo-lhe a expansão do modelo.

> *Acho que de certa maneira você tem razão, a briga com meu pai tem algo a ver com esse modelo de vazamento e de estrago. O que eu senti durante todo esse tempo era uma sensação de estar inundada, tomada de pânico, sem poder fazer nada para me proteger, vendo-o como um carrasco. Já não é mais assim, mas na verdade ainda é horrível pensar no que vem acontecendo. Ruiu tudo, foi como uma destruição atômica, um tsunami, e agora não sei se consigo retomar, pôr minha vida no lugar. Se não sou a vítima, então quem sou?*

O modelo do vazamento, da falta de impermeabilização, da catástrofe, fala da prevalência da angústia e do ódio sobre a capacidade de contenção, em virtude da existência de um continente psíquico frágil que "explodiu", da ausência das condições necessárias para a elaboração. Essas ideias remetem-me novamente a

Bion, às noções de barreira de contato, de continente-contido, de intolerância às frustrações e de impossibilidade de transformação.

A partir desse momento, as palavras de Helen e sua maneira de perceber-se "de cabeça para baixo", ou seja, numa outra posição e de outra perspectiva, falam-me de uma capacidade que desponta e que talvez possibilite a ela deixar de lado suas fortes teorias, crenças e fantasias, atendo-se mais à observação dos fatos e às consequências de seu funcionamento psíquico.

De fato, a experiência traumática inunda, excede qualquer possibilidade de elaboração e de simbolização. O continente explode, o conteúdo se espalha, fragmentando-se e dispersando-se. A vivência não pode ser inscrita como experiência nem transformada ou representada psiquicamente.

As experiências anteriores, não memorizadas, criando uma disposição à repetição, à revivência e à retraumatização, provavelmente se apoiaram em núcleos de verdade, factuais ou ficcionais, fantasmáticas ou reais.

Considero que a noção de "trauma" não é vista atualmente como necessariamente ligada à sedução e à excitação sexual e/ou a fatos concretos, em que o excesso se dá por imposição e violência. São situações traumáticas as mais variadas e de diferentes intensidades, que afetam profundamente o ego, o si mesmo e as relações com os objetos internos e externos. A noção de trauma é necessária e fundamental em minhas conjecturas, sejam elas clínicas ou teóricas.

Como salienta Green (2001), não só é necessário buscar a representação mental dos aspectos que ainda se encontram em estado inconsciente, como também trazer à luz e ao conhecimento tudo aquilo que não aceitou morrer. É o que ele denomina "a lógica da esperança", a perspectiva de um tempo que, com sua potencialidade, preservará a possibilidade da realização e da experiência simbólica.

Apenas então o paciente pode encontrar palavras e significados para sua dor e seu sofrimento, alcançando um processo de representação psíquica que lhe permite recuperar a capacidade de elaborar pensamentos e desenvolver ideias criativas.

A representação psíquica e o trabalho de figurabilidade no analista[1]

Não acontece nada, porque nunca sobra espaço para mim!

(Antônia)

Antônia é uma mulher de 40 anos, mãe de quatro filhos, separada do marido, com quem mantém um relacionamento bastante próximo, estando atualmente em sua terceira experiência de análise comigo.

Após tantos anos de convivência e de trabalho com essa moça, é para mim quase impossível relatar dados de nossa história e de sua vida sem estar lançando mão de minhas lembranças, minhas vivências e fantasias. Talvez seja sempre assim e, apesar da tentativa muito frequente entre nós de uma busca de objetividade,

1 Uma versão anterior deste capítulo foi apresentada em 2009 com o título "Representação psíquica e trabalho de figurabilidade do analista" no 46º Congresso Internacional de Psicanálise, em Chicago; outra versão foi publicada em coautoria com Jean-Claude Rolland em 2010 na *Revue Française de Psychanalyse*, *74*(2), 467-481, com o título "Représentation psychique et travail de figurabilité chez l'analyste".

acredito que é impossível não falarmos de nós mesmos ao tentar falar de outro.

Acredito que somos inevitavelmente subjetivos em nossas apreciações e impressões. Essa é minha postura frente à psicanálise, disciplina que, em meu ponto de vista, trabalha com a subjetividade e com a experiência emocional. Portanto, é importante deixar claro aqui, neste meu relato, que as ideias e as impressões colocadas e discutidas são tanto fruto das manifestações e das referências de Antônia como parte de minhas vivências subjetivas com ela, durante nossa experiência compartilhada.

Digamos que considero a psicanálise uma experiência intersubjetiva em que a intrassubjetividade do analisando e a do analista podem vir a ser observadas, investigadas e muitas vezes elaboradas graças a um trabalho em conjunto feito pela dupla analítica. Citamos aqui Green (1990), que propõe que a subjetividade é na verdade o elemento essencial na construção do mundo psíquico. Esta é transformada no encontro analítico em intersubjetividade, pelas trocas entre analista-analisando: "a ligação intersubjetiva outorga ao par a condição de conhecimento e ligação" (Green, 1990, p. 169, tradução minha).

Isso não significa abolir a assimetria da relação analítica, muito pelo contrário: quanto mais trabalhamos, mais nos parece importante poder discriminar entre a função que o analista desempenha com seu analisando e o trabalho interno que este precisa desenvolver consigo mesmo para ser capaz de acompanhar o processo analítico (a atividade de associação livre) que se desenrola no analisando. Nesse sentido, a experiência com Antônia foi muito interessante e rica, embora tenhamos levado muito tempo para alcançar uma condição psíquica duradoura e consistente, capaz de dar conta do processo interno vivenciado por ela, de certa maneira repetido e reexperienciado constantemente na relação da dupla analítica.

Quando me procurou pela primeira vez, há mais de dez anos, Antônia, que já havia tido duas experiências analíticas anteriores, encontrava-se num estado de total abatimento. Sentia-se vazia, sem interesses, não conseguindo levar adiante sua atividade profissional, insegura, em resumo, desistindo de si mesma.

Com dois filhos na época, Antônia vivia intensas dificuldades com um marido que bebia muito e mostrava-se pouco responsável e muitas vezes alheio a suas dificuldades. No entanto, era-lhe impensável viver sem ele. Em suas fantasias, era graças a ele que estava viva e que havia conseguido ter os filhos, embora duvidasse muito de sua capacidade para criá-los.

Desde muito cedo apresentara distúrbios, segundo ela mesma, muito intensos. Ou vivia desligada afastada de todos, ou quebrava tudo violentamente, mantendo uma relação muito destrutiva com o mundo. Aos 18 anos havia sido internada, e logo em seguida iniciado seu relacionamento amoroso, o que, segundo ela, a salvou e ajudou a continuar viva.

Os momentos de vazio e desligamento de Antônia são realmente muito difíceis também na relação que se estabelece entre nós. Por vezes, a experiência é de impotência e desamparo, produzindo um clima de enorme desesperança, aparecendo uma sensação de vazio interior, difícil de suportar. Em outros momentos, há uma intensificação do vínculo analítico, quando ela afirma ser impossível viver sem análise, dizendo estar sendo ajudada e sentindo-se mais viva quando está ali.

Esses aspectos e essas vivências se repetirão por anos a fio, produzindo uma sensação na analista de estranheza e muitas vezes de dúvida. As relações familiares de Antônia são bastante confusas e instáveis. Mantém pouco ou nenhum contato com os pais e com os irmãos, queixando-se da incapacidade destes, dizendo não ter nenhuma afinidade com a mãe, de quem na verdade não gosta nem um pouco. Afirma ser totalmente indiferente a todos, exceto a seus filhos e seu marido. Afetivamente, é como se houvesse construído uma bolha onde suas relações amorosas podiam existir e na qual, por vezes, me incluía.

No decorrer dessa primeira fase da análise, Antônia relata um episódio antigo, que posteriormente ocupou muito espaço nas sessões: quando tinha mais ou menos 11 anos, sua mãe, que já tinha três filhos, engravida e tem um bebê, de quem logo se afasta alegando cansaço e outros afazeres. Pede a Antônia que a ajude a cuidar do menino, o que logo acaba por ser uma incumbência dela. Depois de alguns meses, a mãe praticamente o entrega a Antônia, que o alimenta, cuida de sua higiene, o leva para passear de carrinho, enfim, tudo que é necessário, como se este fosse uma boneca viva ou um filho precoce, e ela se apega muito à criança.

Até o menino estar com um ano e meio, esta passa a ser sua atividade principal. Inesperadamente, uma noite, estando sós em casa ela e o irmão de 14 anos, sem saber bem o porquê, o bebê sofre uma parada cardíaca por sufocamento e morre. No início, quando relata essa história, não parece muito alterada, produzindo na verdade mais angústia na analista, que imediatamente pensa nos momentos de vazio, de desesperança e em sua má relação com a mãe e com a família. Não é muito fácil conversar sobre essa situação posteriormente, embora a analista levante várias hipóteses, às quais ela responde "é, pode ser", sem se mostrar muito ligada no assunto. Parece que a cisão e a negação afetiva são tão intensas que naquele momento a angústia e sua contenção só podem estar fora dela mesma, na analista.

Com o passar do tempo, Antônia parece alcançar algum desenvolvimento. Consegue desempenhar bem seu trabalho, engravida mais duas vezes, cuidando dos filhos com dedicação e afeto, os momentos de desesperança diminuem, apesar de os problemas com o marido continuarem.

Suas análises anteriores parecem refletir a experiência que havia vivido com os pais, situações frustrantes e dolorosas, em que, não se sentindo compreendida e contida, termina por "quebrar tudo". Nós também corremos o risco de repetir esse modelo, no entanto, como inclui a analista nessa espécie de "bolha" afetiva, consegue manter o empenho e o desejo de estar junto, e essa situação passa a ser vista como a única que pode ajudá-la e talvez evitar a "quebra".

Estaríamos enfrentando intensa idealização nesta experiência? As vivências de acolhimento e de reconhecimento afetivo poderiam ajudá-la a crescer e enfrentar sua depressão e seu desamparo? Até onde todo esse apego funciona defensivamente, como parece funcionar com o marido? O vazio, tão evidente e presente nas sessões, poderia vir a ser transformável? Ou estaríamos às voltas com situações irreversíveis, irrepresentáveis?

O que parecia de fato ajudar Antônia era mais a possibilidade de a analista vivenciar a angústia em seu lugar que uma real ampliação de seus recursos psíquicos. No entanto, em sua visão, ela se sente bem e acredita que, conseguindo solucionar suas dificuldades e sua dependência do marido, poderá continuar e dar conta de sua vida. Provavelmente não percebe que a intensa dependência do marido é agora vivida também com a analista, que, segundo ela, no momento é quem a mantém viva.

Após algum tempo, separa-se do marido, após episódios muito complicados, sentindo estar cada vez mais fortalecida. Essa separação, no entanto, sofre oscilações até os dias de hoje; é uma separação concreta, vivem separados fisicamente, porém emocionalmente continuam a vigorar a ideia e a crença de que são complementares insubstituíveis como parceiros.

Em uma das sessões, após cinco anos de análise, Antônia traz consigo sua última filha, que na época tinha pouco mais de 1 ano. A menina dorme em seu colo, e não me é possível evitar uma exclamação de espanto e admiração. O bebê contrasta em tudo com Antônia. Esta é magra, morena, não usa maquiagem, é um tanto pálida e quase monocromática em sua vestimenta. A menina parece ter saído de uma revista de bebês, ou de um quadro de Rafael; tão linda, saudável, gorducha e loira, "todo mundo acha ela linda", diz Antônia orgulhosamente. Percebo que me apresenta a "vida", a possibilidade de crescimento e de realização presente naquele bebê. Conversamos um pouco, ela também parece encantada com a menina, e depois de algum tempo se vai.

Tenho a impressão de que, a partir daquele momento, a nossa relação sofre mudanças, ou será que a analista muda a visão que tinha de Antônia? Afinal, ela havia concretamente trazido a vivacidade e a saúde ao consultório!

De fato, ela havia podido me trazer um "bebê vivo" naquele momento, e sinto que, até então, eu e talvez ela também estivéssemos muito ocupadas com um "bebê morto". É uma nova representação psíquica que pode a partir de então ser considerada. Apesar de esse "bebê morto" não ter desaparecido, e de só vir a ser possível falar dele muito tempo depois, uma nova possibilidade de vida havia surgido simbolicamente.

Passado mais um ano, Antônia me comunica que fará uma viagem de cinco semanas e, como está se sentindo muito melhor, quer experimentar ficar sozinha. Não acredito que posso fazer outra coisa senão concordar com a ideia de que talvez ela precise mesmo avaliar melhor suas condições.

Interrompemos nosso trabalho de seis anos e meio com muitos agradecimentos por parte dela e com uma sensação interna minha de que ainda não havíamos alcançado pontos importantes. Mas limites são limites, não há como evitá-los, portanto, nos separamos mantendo a possibilidade de voltarmos a falar caso ela ache necessário.

Após pouco mais de um ano, Antônia me telefona e pede para conversar comigo. Atendo-a e percebo que parece tranquila e decidida a pedir-me que a supervisione em seu trabalho no hospital, onde ocupa a posição de assistente social, além de atender grupos de famílias.

Apesar de ter minhas dúvidas, proponho que nos encontremos algumas vezes para verificar se posso ajudá-la. "É claro que você pode", me diz ela, "aliás, você é a única pessoa a quem eu recorreria, não tenho interesse em conversar com mais ninguém".

Percebo que alguns aspectos se mantêm inalterados e que sua vida afetiva, embora um pouco mais estável, continua a ser bastante difícil. Mantemos encontros quinzenais e não demora muito para que ela proponha que retomemos a análise, mas agora só duas vezes por semana.

Pergunto-me o que buscamos, percebendo em mim mesma certa curiosidade em relação a Antônia, curiosidade indesejável, penso, lembrando-me das recomendações de Bion. A insatisfação com o resultado da experiência anterior provavelmente contribui para que eu decida continuar e prosseguir no trabalho analítico. Para ela, parece ser inquestionável retornar.

Mais três anos se passam, não com duas sessões por semana, mas com três. Pouca coisa parecia haver mudado na vida de Antônia, ela continuava às voltas com o ex-marido e com os filhos, embora tivesse tido alguns namorados. Na verdade, mais parceiros sexuais que compromissos afetivos, "compromisso eu tenho mesmo é com meus filhos, eles sim são importantes e fundamentais para mim". A grande novidade é que havia começado a escrever e publicar pequenos textos e histórias.

Em uma sessão, traz um desses textos, intitulado "A menina pobre". Ela parece mais livre, menos esvaziada, e chama a atenção sua escolha pela escrita, que, em meu ponto de vista, se constitui numa atividade reflexiva e evocativa, em que dificilmente é possível não "falar de si mesmo", não entrar em contato consigo mesmo.

Além de escrever, começa a relatar alguns sonhos, em que há sempre uma ameaça de perda e o contato com o medo. Sua vida parece ter deixado de ser um pesadelo, no entanto, os terrores continuam presentes em sua mente adormecida.

Surgem algumas queixas somáticas, dores no corpo, gripes constantes, que curiosamente também começam a surgir em seu ex-marido, que frequentemente lhe pede ajuda e apoio. Muitas vezes se queixa de que acaba por tomar conta de duas casas, a dele e a dela, mas não consegue fazer diferente. Fica cada vez mais evidente a dificuldade de Antônia, talvez sua impossibilidade, de vivenciar e tolerar as angústias ligadas à separação.

> *Não consigo deixar de pensar nele. Ele me telefona dizendo que não está passando bem, e lá vou eu, levá-lo ao médico e cuidar dele.*

Digo-lhe, "a separação ainda é difícil, apesar de tanto tempo, também aqui acontece assim, você não acha? Apesar das inúmeras tentativas que você vem fazendo para sentir-se mais autônoma e independente, há momentos em que precisa que eu esteja presente na sua vida, cuidando de você."

> *Eu não consigo cuidar de mim, além do mais tenho que cuidar de muita gente, dele, dos filhos, da casa, do trabalho, não tenho tempo para mim!*

As questões iniciais continuam presentes, pelo menos no ponto de vista da analista. A falta de uma atitude talvez mais vigorosa, a ausência de agressividade durante as sessões e em sua vida atual, a disposição de estar sempre pronta para atender às solicitações do ex-marido e dos filhos, com certa desistência em relação a si mesma, dificuldades que sugerem não só transferências muito idealizadas, mas também uma visão onipotente de suas tarefas, em contraste com a anulação de suas próprias necessidades. Protege seus filhos, seu ex-marido, a mim, mantendo uma atitude de total disponibilidade, criando o que chamei de "bolha protetora", asséptica e indestrutível, deixando todo mal fora, sob controle.

Ao tentar tratar disto com ela, sua resposta é a mesma:

> *Mas não tem outro jeito! Uma amiga me perguntou, "Você faz análise há tantos anos com a A., já não cansou, você acha que vale a pena?". Eu lhe respondi: "Claro que vale, a A. é tudo na minha vida, se não fosse por ela eu já estaria internada!".*

Eu lhe pergunto por que estaria internada.

> *Ah! Olha para mim, como eu era e agora como estou! Eu era capaz de bater na minha mãe de tanto ódio! Sentia-me totalmente incapaz de cuidar de um filho, agora nem ligo mais para o que minha mãe diz, e sinto-me superligada nas crianças. Fico na minha!*

Questiono se ela acha que esse ódio sempre esteve lá, ao que ela responde: "Que eu me lembre sim, não dá para explicar, minha mãe não existe, não consigo nem falar muito dela". A analista é preservada do ódio e, portanto, impossibilitada de alcançar uma penetração maior.

Mais uma vez, no final do ano, Antônia alega que precisa parar por um tempo o trabalho de análise. Está sem dinheiro, sente-se muito melhor para tocar a sua vida sozinha e tem de se refazer profissionalmente para poder arcar com a análise. Conversamos novamente e lhe pergunto se já havia pensado em procurar outra pessoa, talvez uma visão diferente pudesse ser interessante para ela.

> *Você quer dizer que não quer mais me atender? Está cansada das minhas queixas e dos meus impedimentos?*

Devolvo-lhe a pergunta, indagando: "Você acredita mesmo que não quero atendê-la mais?", ao que ela responde: "Não... É, talvez você tenha razão, vou pensar no assunto".

Durante algum tempo depois dessa separação, tentando refletir sobre a experiência vivida junto a Antônia durante tantos anos, eu podia reconhecer que os ganhos haviam sido muitos, o crescimento era evidente, no entanto, a sensação interna continuava a ser a de que faltava algo importante. Minha apreensão apontava para a possibilidade de que Antônia, apesar de tudo, não aguentava ter de assumir sua vida sozinha, responsabilizar-se e, de certa forma, aceitar suas condições.

Seus relacionamentos afetivos familiares, durante toda a análise, praticamente não haviam sofrido modificações, sua relação com o ex-marido não se resolvia e seu contato comigo continuava a ser amistoso e afetivo, porém um tanto idealizado. A imagem de uma "bolha" que a protege faz sentido na medida em que sente que pode manter afastado o que não suporta e incluir o que incorpora como parte de si mesma. A caracterização da figura de sua mãe como alguém insuportável, indesejável e até um tanto boba apontava também para a cristalização de seus relacionamentos e a manutenção de suas teorias e suas crenças.

A hipótese de que Antônia enfrentava estados de esvaziamento, de um "buraco" psíquico, sem representações nem significado, havia me acompanhado desde o início de nossa relação e continuava presente como algo que impossibilitava o desenvolvimento. Esses estados estão, de certa forma, ligados aos primórdios da estruturação psíquica, e são determinantes no desenvolvimento da capacidade para representar e pensar. Sob determinadas condições, Antônia parecia ser incapaz para representar e pensar, só podendo repetir situações.

As mesmas questões se colocavam constantemente: seria possível ultrapassar esse limite? Era esta uma situação que mais incomodava a mim que a ela? Seriam pontos cegos da analista ou limitações da capacidade de Antônia para tolerar angústia? A repetição do movimento de separação significava uma impossibilidade de continuar, um ataque ao vínculo analítico? Ou estaria ela tentando realmente garantir que poderia viver por conta própria?

Sem dúvida, essas indagações, que na verdade são parte do trabalho analítico, não teriam tido prosseguimento caso Antônia não decidisse retomar a análise, desta vez muito alterada e angustiada. Ela havia procurado outro analista, e a experiência tinha sido muito ruim. Após alguns meses se sentia perseguida, atormentada e abusada por esse analista.

Além disso, havia começado uma relação amorosa com um homem bem mais velho que ela, e ela não sabia mais o que fazer com isso. O homem, que afirma gostar muito dela, quer ir morar em sua casa, mas ela sente que nunca admitirá alguém se metendo em sua vida com seus filhos. É bom ter um companheiro, mas muitas vezes não aguenta, sai brigando e gritando, principalmente quando tem de enfrentar opiniões contrárias, precisando acabar com tudo entre eles. A ameaça de "quebrar tudo", como em sua adolescência, é muito grande.

Sente que esse namorado é mais desenvolvido, mais responsável que seu ex-marido, percebe aspectos positivos no relacionamento, portanto, não quer perdê-lo. Precisa de minha ajuda, quer voltar, pois não vê outra possibilidade. Retomamos o trabalho.

Passamos por um período de intensa agitação, seu relacionamento com esse namorado é colorido por momentos de intenso ódio, contrapondo-se a situações em que a cumplicidade afetiva e o interesse os aproximam. Na relação comigo, pode com frequência retomar pontos conflitivos do passado, associando suas dificuldades às relações de agora. Alguns temas passam a ocupar as sessões com maior frequência: sua casa e o cuidado com seus filhos, questionando pela primeira vez a maneira como funciona. A "bolha", modelo que parecia envolver sua relação comigo e com seus filhos, parece estar se dissolvendo, dando lugar a uma perspectiva mais real.

> *Dormi mal, é como se fechasse só um olho, o outro tem que ficar atento ao que se passa em volta de mim. Meus filhos chegam cada um com um problema, é depressão, é o estudo, queixas de tudo, parece que nunca vai terminar, eu escuto, atendo, mas estou tão cansada! Só eu me preocupo! Acho que estou em crise! Faço muita coisa por todos e parece que não há ninguém para me atender. Penso que vou ter algum retorno, mas não, nada acontece.*

"Eu estou aqui atendendo a você, mas parece que isso não basta, suas queixas..." (interrompe-me, o que é raro acontecer).

> *Você me acolhe, me escuta, como eu faço com meus filhos, mas não posso ficar aqui todo o tempo! Minha vida toda!*

"Eu também acho, ... Mas o que acontece quando você tem que ficar com você mesma?"

> *Não acontece nada, porque nunca sobra espaço para mim.*

"E não acha que aí tem algo no mínimo estranho? Você não ter espaço para você mesma, tendo que estar aqui comigo, para sentir que eu lhe ofereço um espaço para você existir?" Antônia concorda.

Uma imagem começa a tomar forma em minha mente conforme continuamos a tratar desses aspectos. Não tem espaço para si mesma, não pode existir, precisa estar atenta, disponível. Ela se vê sem poder descansar, precisando ter um olho sempre aberto, voltado para fora, em vigilância, só podendo relaxar um pouco quando eu me ocupo dela, enquanto eu a vigio.

Do que precisa se precaver e defender seus familiares estando sempre alerta e atenta? Ocorre-me que nunca podemos realmente descuidar da morte, pois esta pode a qualquer momento acontecer. Tendo perdido um familiar muito próximo há pouco tempo, de repente percebo que estou um tanto identificada com ela, revivendo o medo, a sensação de impotência e a autoacusação inevitável, decorrente da fantasia de que algo deveria ter sido feito, algo eficaz, que evitasse o risco da morte.

Lembro-me da experiência da infância com o irmãozinho que, apesar de seus cuidados, vem a falecer, e esse dado toma em minha mente uma significação e um sentido muito mais importantes.

Numa próxima sessão ela me diz:

> *Ai! Minha mãe está em minha casa! É tudo horrível. Ela é falsa, na verdade acho que é histérica. Ela vai viajar sábado e desde já começou a se queixar, a ficar nervosa e ter ataques. Perguntou-me dez vezes se eu vou levá-la ao aeroporto, eu lhe respondi n vezes que sim, eu ia levá-la. Como no fim eu não respondia mais, ela me disse: "Você não vai deixar-me na mão, não é? Afinal, eu nunca deixei você!". Eu não respondi, mas pensei: não, ela nunca me deixou sozinha, só quando meu irmão morreu em minhas mãos e eles dois estavam em Manaus!!*

Escuto calada, com a sensação de que Antônia está tomada por um intenso desejo de desabafar, sentindo que ela está realmente podendo falar com ela mesma.

> *Minha avó era uma bruxa má. Toda a minha vida tive que fingir com elas, nada me interessava daquelas mulheres, dispensei a vida todo e qualquer contato maior com elas! "Você me empresta um vestido?", diz minha mãe. Ela me pede, mas é obvio que o que é meu não serve nela.*

Digo-lhe: "Durante muito tempo ela vem lhe pedindo coisas, não é? Pedindo que você ficasse no lugar dela, fosse a mãe e não a filha, é óbvio que não dava, não é?".

> *Na verdade, minha vida só teve algum significado quando encontrei o F. [ex-marido] e quando pude ter os meus filhos. Mas agora sinto que está mudando e não tenho repertório para continuar.*

Numa de nossas últimas sessões, torna-se muito real para ela e para mim a terrível condição que ela mesma havia se imposto.

> *Eu vejo que sempre faço o que me pedem. Aparentemente sou muito responsável. Os cuidados da casa, as obrigações com as crianças, não surge dúvida em mim de que tenho que cumprir, é o mínimo! Não posso fracassar outra vez! Mas você sabe o que percebi? Que comigo mesma é muito diferente, nunca estudei, sempre fui péssima, nunca me preocupei comigo mesma, nem com o que era meu! Sempre andei toda desarrumada, como uma ninguém. Acho que isso tudo começou com a relação com minha mãe, ou eu tentava sobreviver ou ela me deixava morrer. Mas era sempre um mínimo! Só sinto algum significado quando posso me ocupar de alguém.*

Pergunto se ela acha realmente que é possível não ter tido nada de bom na sua infância. "Talvez...", me responde.

Digo-lhe: "Eu diria que você já deixou de ser ninguém e está tentando ser e conhecer este alguém que de fato você é. O espaço do nosso trabalho tem possibilitado a você existir e possivelmente se reconciliar consigo mesma".

Antônia continua em análise comigo e considero que sua evolução nos últimos meses foi grande. O título desta apresentação fala de "representação psíquica", que me parece ser o que Antônia vem alcançando com muito esforço. Pode representar elementos antes vivenciados como um terror, como um vazio psíquico, e como angústias avassaladoras. Os sentimentos de incapacidade e culpa substituíam qualquer elaboração possível da perda de seu irmão, fazendo-a precisar construir uma proteção em volta de si mesma (o que figurei como uma bolha), evitando vivências emocionais perturbadoras. Sua experiência analítica só pôde prosseguir na medida em que, pelo menos por um tempo, ela incluiu a analista neste restrito círculo de pessoas com as quais podia contar.

Percebo atualmente que as sessões são vividas num clima bastante diferente; faço muito menos intervenções, ela parece poder associar, escutar a si mesma e prosseguir. Antônia parece otimista com sua evolução, e a sensação que por muitos anos havia prevalecido em mim, de que faltavam elementos para que a análise prosseguisse, começa a se desvanecer. Sem dúvida sempre existirão pontos obscuros, aspectos de um desconhecido que só a experiência poderá ir expandindo.

A precocidade havia surgido em sua infância, ela havia se tornado mãe aos 11 anos, perdido um bebê sem nem mesmo saber o que isso podia significar. Talvez suas interrupções na análise e sua pressa em "estar tudo bem" tenham tido origem nessas situações, em que era preciso estar pronta antes da hora. Acredito que a possibilidade de trabalhar colocando minha subjetividade, minha intuição e minha capacidade figurativa a serviço de Antônia contribuiu fundamentalmente para que pudéssemos avançar, desenvolver ideias e ampliar nossa capacidade de representação e de pensamento.

Apresentarei a seguir, brevemente, algumas ideias de Bion, Green, Ferrari e Botella e Botella, que considero terem sido de grande ajuda em meu trabalho com Antônia.

Acredito que o tema da representação psíquica e do trabalho de figurabilidade no analista propõe a consideração de dois aspectos significativos e atuais na psicanálise contemporânea. Refiro-me à posição e à função do analista no *setting* analítico e à importância do desenvolvimento dos processos associativos e figurativos no analista para o prosseguimento do trabalho analítico.

Como mencionei no início, acredito que a relação que se estabelece entre analista-analisando segue basicamente o modelo de uma relação entre duas pessoas, em que a intersubjetividade e a associação livre se constituirão no elemento essencial para a apreensão e a compreensão dos processos emocionais e psíquicos que se desenrolam, processos estes que denominamos "experiência emocional psicanalítica".

Bion foi talvez um dos principais autores que chamou nossa atenção para a complexidade da relação analítica, considerada por ele "uma conversação . . . que se aproxima da vida real, onde o paciente é o melhor colega que o analista pode ter, pois é quem irá ajudá-lo no trabalho analítico, já que é quem melhor sabe sobre si mesmo" (Bion, 1992, p. 95, tradução minha).

A relação estabelecida nessa dupla analítica será então um caminho de duas mãos (*two way affair*) (Bion, 1992), isto é, uma relação que considerará associações, informações, fantasias e afetos provindos de ambos os lados como elementos de um processo que evolui. O trabalho de transformação, visando ao alcance das representações psíquicas realizado a partir daí, contará com as contribuições dos dois participantes da dupla.

Essas propostas são de certa maneira bastante revolucionárias, na medida em que requerem a reformulação de alguns conceitos clássicos da psicanálise, como, só para citar os mais importantes, a neutralidade de verdade histórica e de reconstrução, e principalmente a transferência, fenômeno universal presente em qualquer relacionamento entre pessoas, que precisa ser considerada em psicanálise não apenas como repetição ou revivência de situações anteriores, ligadas e ancoradas na teoria da reconstrução histórica, mas como um aspecto da construção da relação analítica, a partir da experiência emocional da sessão analítica. De acordo com Green (1990, p. 116, tradução minha): "A transferência é mais atualização do que rememoração . . . propomos chamar esse fenômeno de rememoração amnésica exterior ao campo da memória consciente e inconsciente".

O analista, estando incluído na relação analítica, necessita fazer uso de sua sensibilidade, de sua intuição e de todos os seus recursos em prol do analisando, sem, no entanto, abrir mão da assimetria analítica e da transferência no sentido amplo que propusemos de acordo com Green.

Ferrari (2000) chama nossa atenção para um aspecto bastante interessante na consideração dessa questão, ao propor que, na relação que se desenvolve e na dinâmica *sui generis* que se estabelece entre analista-analisando, o objeto de interesse e da investigação psicanalítica não estará localizado no analista nem no analisando, mas naquilo que se passa entre eles. É a relação analítica que precisa ser investigada.

"O objeto de pesquisa da psicanálise não é mais o analisando e sim a própria relação analítica em sua evolução temporal" (Ferrari, 2000, p. 10). É evidente nessa afirmação a proximidade de Ferrari com o trabalho de Bion, que propõe como uma tarefa do analista a busca do contato com o desconhecido emergente no momento presente, da evolução na sessão analítica e da relação emocional entre o par. O analista é ao mesmo tempo observador, pesquisador e objeto de pesquisa junto ao analisando.

Também nos trabalhos de Green encontramos propostas que nos levam a considerar a importância da presença e da função ativa do analista junto a seu analisando, principalmente quando ele propõe a consideração de um "terceiro analítico" como expressão do que se passa na relação, o que permitirá o alcance do "objeto analítico". Como proposto por Freud desde o início da psicanálise, uma postura de "atenção flutuante", que entendemos como uma "atividade associativa flutuante do analista", ao lado das funções de atenção e observação, contribuirá para o alcance a um estado de contato do analista consigo mesmo (a intrassubjetividade do analista) e com seu analisando, que dará origem aos elementos intersubjetivos, característicos do terceiro analítico (objeto analítico).

Green chama nossa atenção para que nunca percamos de vista a perspectiva da triangulação e da terceiridade, presentes em qualquer relacionamento humano. Diz ele:

> *A especificidade da posição psicanalítica é a de estabelecer uma conjunção com o sentido do "amor", o que de fato é a condição indispensável para que se forme um duplo vínculo entre o interno e o externo [*en dehors et en dedans*], vínculo que se desenvolve entre o si mesmo e o outro, e em seguida entre o eu e o si mesmo . . . É só então que o psiquismo será capaz de produzir a representação. (Green, 1995, pp. 276-277, tradução minha)*

Essa proposta parece ilustrar bastante bem o ângulo da terceiridade. Relações intrapsíquicas e relações intersubjetivas constituem pontos de vista diferentes a partir de referências diferentes, porém, se consideradas em conjunção, podendo vir a criar vínculos, formarão o intersubjetivo, que é o que na verdade dará origem à definição de psiquismo humano.

A representação psíquica criada a partir dessa conjunção entre intersubjetivo e intrapsíquico, de certa maneira, é o que permitirá o encontro com o si mesmo, que se desdobrará numa relação do eu consigo mesmo. Este modelo obviamente nos faz pensar na noção de *rêverie* como proposta por Bion, noção esta que aponta para a atividade desenvolvida por uma mãe com seu bebê. Poderíamos lembrar também da colocação de Green, ancorado de certa maneira em Winnicott, quando este caracteriza o psiquismo: "psíquico é espelho, quer dizer, não apenas imagem, mas retorno a si mesmo, daquilo que falta e que pode ser acrescido pelo olhar do outro, para que o sujeito se torne quem ele é" (Green, 1995, p. 279, tradução minha).

Apesar de partirem de propostas bem diferentes - Green, da consideração do pulsional; Ferrari, da importância do corpo na constituição do mental; e Bion, da concepção da teoria das transformações (de elementos beta em elementos alfa) –, todos esses autores parecem concordar com a ideia de que o fundamental para o ser humano é ampliar a área do psíquico, buscando o contato com o desconhecido, o não representado e o ainda não desenvolvido.

Com essas ideias em mente, espero estar deixando claro o posicionamento desenvolvido no material clínico apresentado anteriormente. Neste, aponto para a importância da expansão do universo de representações, graças à continência e às funções desempenhadas pela analista, acompanhadas de um constante questionamento e de tentativas no sentido de poder construir hipóteses e partilhá-las com a analisanda.

Outro aspecto desenvolvido na apresentação clínica leva em consideração os trabalhos de Botella e Botella (2002, 2003) sobre o "irrepresentável" e a "figurabilidade", contribuições que, embora já enfatizadas por Green anteriormente, são estudadas e pesquisadas pelos autores com profundidade.

Partindo de sua prática analítica, Botella e Botella propõem um modelo do psíquico baseado essencialmente na inseparabilidade do negativo e do trauma, aspectos não representados e memórias sem recordação, considerados diferentes dos demais elementos constitutivos do mental. Para os autores, "O trabalho de figurabilidade do analista será o produto de uma regressão formal do pensamento deste, desenvolvido durante a sessão, talvez o único meio de acesso às memórias sem recordação e ao nunca representado pelo analisando" (Botella e Botella, 2003, p. 17, tradução minha).

Partindo de *A interpretação dos sonhos* (Freud, 1977/1900), da transformação imagética e dos demais processos regressivos presentes nos sonhos, a figurabilidade é proposta como um recurso extremo, para análises intermináveis e intensas reações terapêuticas negativas. Aproximando-se de Bion (1962, 1992), Botella e Botella tentam considerar os sonhos-memória, os processos alucinatórios em imagens, odores, sons e sensações físicas, como pensamentos sem representação em palavras, processos inconscientes que requererão novas aproximações. A tentativa é de comunicar o incomunicável em palavras, com a atividade de construção por parte do analista de formas figuradas, próximas à atividade intuitiva e às recordações, iluminando muitas vezes a presença da dor e da perda, tentando romper a permanência alucinatória e a eliminação das diferenças, buscando, num contexto novo, a representação.

Em sua capacidade de transformação (no sentido de Bion) e de integração (de acordo com Green), a figurabilidade desempenha um papel de reorganizador da vida psíquica, uma atividade que de fato é um trabalho diurno complexo, muito próximo ao trabalho do sonho noturno. Constitui-se em um estado particular do psiquismo no qual a auto-observação é possível, um estado que apresenta certa analogia com o estado intermediário entre a vigília e o dormir.

Embora a figurabilidade seja um elemento presente e constante na *Interpretação*, Freud se preocupou basicamente com a interpretação e o sentido dos sonhos, não dando tanta ênfase aos processos nele contidos. A figurabilidade é apenas considerada uma das características do processo onírico, ao lado do deslocamento, da condensação e da elaboração secundária.

Para Botella e Botella (2003), o trabalho de figurabilidade se constitui numa outra "via régia" de acesso à inteligibilidade. Principalmente quando lidamos com situações consideradas "traumáticas", por sua intensidade e pela impossibilidade de elaboração, o uso desse recurso pode ser fundamental.

Segundo os autores, "o caráter traumático deve ser entendido como uma negatividade . . . uma ausência de sentido decorrente do excesso de excitação e do desamparo do ego, em sua impossibilidade para representar" (Botella e Botella, 2003, p. 162, tradução minha). Trata-se de feridas, infligidas ao sujeito, principalmente em seu narcisismo, que podem vir a ser potencializadas pela repetição, ou vividas como um "nada" inacessível à consciência. A impossibilidade de transformar, de converter em psíquico um estado que se torna um excedente em energia, embora não ligado e sem representação, impede toda a inteligibilidade (penso que aqui podemos fazer referência a uma proximidade entre Bion e Ferrari).

Acredito que, na experiência vivida com Antônia, foi a possibilidade de aproximar suas angústias e seu desamparo a certas situações figuradas e a alguns modelos simples, mas bastante veementes, primeiramente em mim e depois em minha comunicação com ela, o que possivelmente permitiu que continuássemos o trabalho analítico. O modelo de uma "bolha", capaz de prover assepsia e proteger dos contatos mortais, bem como a imagem de um bebê morto presente em minha mente, constituindo-se num "buraco" dentro dela, seguida da possibilidade de trazer à sessão um bebê vivo, ou seja, a chance de sair da negatividade para a consistência, acredito que sejam alguns exemplos de como pode ressoar dentro de mim a contribuição de Botella e Botella.

Sem dúvida se trata de “sonhar” a sessão, como diria Bion, de buscar e alcançar o objeto intersubjetivo (o terceiro analítico) de Green, da vivência na vertical de Ferrari, formas específicas, ancoradas cada uma em seu referencial teórico, que, no entanto, se aproximam e se universalizam em uma concepção que leva em conta o humano, o relacional, o afetivo e o emocional.

Dor psíquica: limites do analisável[1]

> *... o que para mim é mais enigmático é o fato de que a dor pode estar lá e ser desconhecida do eu inconsciente, violentamente contrainvestida e orientada para a inibição fria de toda a vida afetiva. (Rolland, 2015, p. 71, tradução minha)*

A ideia de limite como um conceito psicanalítico foi uma grande contribuição de André Green, pois nos permite pensar clinicamente tanto os limites internos do paciente, do analista e da dupla analítica como as questões geradas por situações externas, muitas vezes inaceitáveis para o psicanalista e para a psicanálise. Acredito que seja na clínica que possamos encontrar situações que melhor demonstrem limites, seja do analisando, seja da análise, portanto, apresentarei um caso clínico que, em meu ponto de vista, fala com intensidade do tema proposto.

---

1 Uma versão anterior deste capítulo foi apresentada em 2013 no 48º Congresso Internacional de Psicanálise, em Praga.

João é um paciente jovem, bem-apessoado, educado e inteligente. Homossexual e soropositivo, é também usuário de drogas e frequentador de bocas de fumo, prostíbulos e casas de massagem. Sua condição até recentemente não o assustava, pelo menos não o suficiente para que se afastasse de suas práticas ou buscasse ajuda. O fato de seu pai ter demonstrado dificuldades para continuar a lhe dar dinheiro, aliado à insistência de que ele precisava trabalhar e cuidar de si mesmo, aos poucos foi tornando sua vida mais difícil, e ele ficou cada vez mais angustiado, perdido e confuso, tendo então buscado análise.

Talvez esses poucos dados já falem do tema aqui proposto, a dor psíquica e os limites do analisável, pois, em meu ponto de vista, são os limites da própria vida que estão em jogo com esse paciente. Não acredito que seja possível ignorar esta questão que considero a mais fundamental de todas, a da sobrevivência, seja ela física ou psíquica. Neste caso, as duas estavam em jogo.

Os "limites do analisável" só podem ser colocados pela dupla analista-analisando, uma vez que é a partir da situação analítica, enfrentando as precariedades e as dificuldades que surgem, que poderemos vir a saber se é possível ou não a sobrevivência da dupla psicanalítica. Em grande parte, os limites dependerão da tolerância à dor e à frustração do paciente e da habilidade do analista frente a um delicado processo.

Desde 1973, no livro *Sobre a loucura pessoal* (*Le discours vivant*), em que está publicado o artigo "O conceito de fronteiriço", Green propõe considerar o trabalho de Freud sobre o "Homem dos Lobos" como um paradigma para muitas das preocupações atuais da psicanálise com os pacientes não analisáveis, ou difíceis. O modelo da psicanálise, diz ele, "não é mais o modelo do Édipo, e sim o de Hamlet" (Green, 1988/1972, p. 88), referindo-se à inclusão no campo da análise de pacientes não neuróticos, chamados então de *borderline*, ou "fronteiriços".

No entanto, Green deixa claro que, para ele, a alusão à ideia de fronteira não torna a mais clara nem ajuda nas dificuldades que tanto paciente como analista encontram ao tentar um trabalho analítico. Na verdade, Green descreve essas experiências como vivências que ocupam uma "terra de ninguém", um domínio em que os limites são vagos e imprecisos.

Os casos difíceis a que Green se refere são justamente aqueles que põem à prova a capacidade de tolerância do analista, solicitando e exigindo uma contribuição pessoal deste. Uma das condições importantes nesses processos diz respeito à possibilidade de o analista ocupar o lugar de um "duplo", isto é, um lugar onde funcionará como uma figura homóloga àquela do paciente, sendo afetado subjetivamente pelos aspectos cindidos e atuados pelo analisando.

Green nos fala de um "pensamento louco" do analista, justamente aquele que corresponde ao núcleo criativo deste quando trabalhando com estruturas "não neuróticas". Esse pensamento corresponde ao "pensamento louco" do analisando, que, podendo ser escutado e tolerado pelo analista, possibilitará que este tenha contato com os aspectos "loucos" dentro de si mesmo e também do paciente.

Ser possível estar nesse lugar, com essas condições, será talvez o que permitirá um "enquadre interno" desejável ao analista, e sem dúvida será um dos fatores da analisabilidade do paciente, determinante dos limites do analisável. O analisando necessitará também desenvolver uma condição de tolerância ao processo analítico, uma vez que este, por sua própria natureza, deverá levá-lo ao contato com a verdade psíquica, produzirá angústia e dor.

Voltando a João: são frequentes momentos de intensa depressão e desânimo. Falta muito às sessões, chega atrasado, com isso mostrando claramente o quanto pode aguentar estar ali ou não. Por vezes, chega a ter de ser internado, em virtude de complicações decorrentes da aids, mas acredito que não só por isso, e sim por ter suas resistências muito diminuídas pela intensa angústia que vive. Nessas situações é a mãe que informa a analista de sua condição, e o próprio João, quando volta à análise, pouco ou nada fala disso. É evidente que se ver tão fragilizado impede-o de ter contato com áreas de sua mente, necessitando negar e evitar tudo que possa exigir defrontar-se consigo mesmo.

Penso que sua doença é a expressão mais clara de sua violência, determinante de uma cisão interna extremada. Enquanto em seu discurso vemos um melancólico que demonstra claramente desespero e lamenta a existência de tanto sofrimento, ou seja, alguém que vive o sofrimento de forma passiva, masoquistamente, por outro lado, e em muitos outros momentos, é possível identificar em sua linguagem e em suas atitudes um carrasco, que insiste cruelmente em colocar seu corpo e sua mente em perigo. É na atuação, e com a atuação, tanto motora como psíquica, que busca alívio, entrando num sem fim de oscilações, acabando por tornar impossível que sua mente desenvolva um processo de pensamento e reflexão.

João é o que poderíamos chamar de um *borderline*, ele também se conduz no limite, isto é, andando e se equilibrando na lâmina de uma faca afiada. Seu sofrimento é intenso apesar das descargas que visam diminuir as tensões e a angústia.

Ser capaz de estar consigo mesmo e com a analista é um enorme desafio, que permeia os contornos do analisável, transformando-o no possível. Um possível difícil de ser tolerado, pois enquanto ele melancolicamente anseia por um momento de paz, sentindo-se acuado e ameaçado por si mesmo, a analista dificilmente consegue evitar seus desejos de ajudá-lo nessa luta consigo mesmo.

As condutas repetitivas de caráter masoquista fazem pensar na compulsão à repetição e no narcisismo, pois caracterizam uma espécie de fechamento sobre si mesmo e um tipo de prazer inconsciente, autocentrado.

É parte do enquadre interno da analista não apenas ser tolerante à angústia e à frustração, mantendo as condições necessárias para esta análise, mas também aprender a "dosar" seus desejos e suas preocupações em relação a João. Como ele vive numa constante ameaça, aguentar junto com ele essa situação é fundamental.

A alienação em relação ao mundo exterior e interior é outra das características de João. Só assim, provavelmente, consegue distrair-se de si mesmo, evitar o contato com a enorme dor que reconhecer-se no que faz poderia provocar. Ignora o mundo que está à sua volta e seu próprio comportamento. Como diz Green (2010), estamos aqui perto do pensamento "delirante", "o pensamento louco", que só pode escutar a si mesmo.

A analista precisa ser capaz de estar com ele, próxima a ele, na ausência ou na presença, se colocando disponível para sentir e ser. Sentir provavelmente a dor que o paciente evita ter contato, entender a segregação na qual o paciente está mergulhado, sem esperança de conseguir entender ou evitar os comportamentos que o enlouquecem e destroem.

Green denomina "casos difíceis" exatamente aqueles que põem o analista e suas teorias à prova, exigindo improvisação e extrema tolerância. É necessário deixar de lado a língua analítica pessoal, aceitando a multiplicidade de dialetos, até ser possível descobrir qual a língua que o paciente pode falar.

Numa sessão ele diz:

> *No domingo almocei na casa de meu pai, foi bom. Um almoço natural. Em compensação passei o final de semana com três garotos de programa, fazendo sexo promíscuo e mortífero o tempo todo. Mas fui ficando impaciente, irritado, e acabei indo para casa dormir. Acho que sou sociopata, quero ficar fechado no quarto, nada nem ninguém me interessa, quero ficar ouvindo música e pensando em sexo.*

Digo-lhe algo, apontando que do mortífero ele vai para o natural, familiar, do sexo promiscuo à música do sexo. Nada faz sentido e ele fica entregue a um intenso jogo de forças.

> *Meu médico me disse que não sabe como nada mais grave aconteceu com o meu corpo. O problema é que não sei mais o que sou, sinto um vazio e vivo uma insegurança na presença das pessoas, não tenho o que falar, não gosto de ninguém. Estou perdido... Desde os 16 anos fui abandonando a vida, desistindo das coisas, mesmo agora, que tenho o apoio de minha família, não consigo sentir-me vivo. Puxado da vida para o vazio, para a morte.*

Ele faz um longo silêncio.

Eu penso que ele vive uma distância entre seu mundo mental e seu corpo, e essa distância é tão grande que um vazio se interpõe dentro e fora dele mesmo. Essa distância é talvez responsável pelo processo de esvaziamento e de "nadificação" que ele experimenta (síndrome de desertificação mental). Um corpo que não se comunica com a mente. Um corpo condenado ao silêncio, uma vez que não significado.

Ele continua depois de um tempo:

> *Fiquei tanto tempo longe e fora do mundo, longe das pessoas, que tenho medo de ser desmascarado. Sinto aversão ao lado dos amigos, pois ao lado deles percebo o quanto estou morto. E se eu não conseguir existir? Estou há tanto tempo neste mundo de horrores, de drogas e sexo, que não sei se poderei sustentar o existir!*

Durante muito tempo João viveu como um objeto, vítima de forças incontroláveis, sendo jogado de um lado para o outro, sem existência, sem opção, sem força. Como sair disso agora, existir, ser gente? E o que pode um analista fazer com essa situação? Preenchê-lo com palavras de seu dialeto analítico? Falar do corpo, da mente? Do ser ou do não ser? De fato, o modelo do "Hamlet" se impõe.

Ser aquilo que se tornou por sua própria escolha, por seus desejos incontroláveis, enche-o de culpa, de remorso e dor. Não ser o faz padecer de um terrível isolamento. Acredito que o modelo proposto por Green, de "investimento-desinvestimento", pode ser pensado aqui. João desinvestiu a si mesmo, como pessoa, bem como também a tudo que o rodeia. Não há afeto, não há desejo que não esteja permeado pela destrutividade das moções pulsionais.

Esse desinvestimento-destrutividade surge como um movimento em direção à pulsão de morte e caracteriza uma atitude muda em direção à morte, eliminando todo movimento que possa ser considerado positivo, em direção à vida. Trata-se na verdade de exercer ativamente a destruição.

O desinvestimento e o investimento constituem um modelo que aponta para e delimita a atividade das pulsões de vida e de morte. O extremo "desinvestimento" que vivenciamos com João faz com que o processo de análise esbarre nos limites do analisável.

Será a somatória de um narcisismo destrutivo e de sadismo, aliados à intensidade desse desinvestimento, que culminará numa espécie de aspiração ao "não ser". É evidente a dificuldade da análise, pois a busca de vida é quase impossível.

À primeira vista, é como se João não fizesse "transferência". Hoje sabemos que na verdade há transferência, no sentido apontado por Green quando fala do "negativo." Com este paciente, ser seu duplo é aceitar ficar no espaço do vazio, do nada. Tolerar a negatividade como a única possibilidade de existência, pois ele vem às sessões e fala, embora aparentemente não fale com a analista, embora afirme que não consegue existir.

Alguma coisa acontece, embora seja difícil dizer "o que", com palavras. Diz ele:

> *No aniversário de meu pai, perdi o voo para São Paulo, entrei em coma alcoólico e acabei perdendo o último avião. É uma tortura comemorar o aniversário dele, estou cansado de viver assim.*

Pergunto o que lhe cansa mais, o coma alcoólico ou ter de ir ao aniversário de seu pai?

> *Cansa-me viver nesse confronto, perdendo a minha vida.*

Não poder comemorar a vida o faz perder a chance de viver? Embora ele não diga nada, parece que a ideia de não ter nada a comemorar faz algum sentido para ele e é o que predomina. As falas de João, em geral, se assemelham à atividade de um locutor de rádio, ele verbaliza o que acontece com um terceiro, um terceiro que na verdade é ele mesmo.

Aos poucos, o encontro de uma linguagem para ele, com ele, vai se tornando possível. No entanto, é necessário para a analista muita paciência e tolerância.

> *Você percebe como estou hoje? Preciso aprender a parar, a ter um limite. Desde sexta-feira estou nas saunas, estou praticamente sem dormir. Fui indo de uma balada para outra, o meu corpo vai se inflamando... Nem sei bem com quem estou. Só percebi que estava dormindo no quarto sozinho quando o segurança me acordou. Encontrei com um rapaz bem jovem, lá na Baixa Augusta. Namoramos um pouco e então transamos. E eu não usei camisinha! Fico pensando por que fiz isso?*

Será que ele descreve um desvio, um deslocamento projetivo de sua violência para fora de si mesmo? Uma projeção ou uma identificação projetiva com o jovem rapaz? De qualquer forma, há algo diferente nesse movimento. É um tanto provocador e fala de um "outro". É uma das primeiras vezes que parece ter noção de que há mais alguém na sala, e na vida (ele me pergunta se o percebo?) além dele mesmo.

Estragar ou danificar o outro, e não a si mesmo, curiosamente me parece um progresso. Até esse momento, a impressão era de que João só podia externalizar a intensidade de sua situação em seu próprio corpo, ou no mundo externo. Mesmo sua linguagem, sua fala com a analista, muitas vezes provoca a impressão de que são palavras enunciadas, desligadas entre si, e desligadas dele mesmo.

Afastando-se dos grupos, dos amigos e de si mesmo, João de certa forma evita transformar os acontecimentos e as fantasias em vivências, assim podendo manter a negação de sua existência e a de suas experiências.

Green (1999) fala da intensidade dos impulsos orais, "ingerir e/ou cuspir" como reações que envolvem por um lado o colocar para dentro, o ingerir, que se refere ao movimento de incorporação, e por outro o cuspir, caracterizando o que ele chama de excorporação (pôr fora do corpo). Esses mecanismos são anteriores à identificação projetiva.

"Eu cuspo" é a ação de colocar fora o que está dentro. Apenas fora, não no outro. Num espaço ilimitado. Minha observação quanto a seu uso da linguagem segue esse modelo. Ele entra às vezes em contato só com o que fala, independentemente da existência de um objeto que o escute.

> *Expelir, cuspir o que não o interessa, permitiria a criação de um espaço interno no qual o ego como uma organização poderia vir a surgir . . . No entanto, a excorporação é só uma ilusão. (Green, 1999, pp. 271- 272, tradução minha)*

A questão que surge ao considerarmos os impulsos instintivos vindos do Id diz respeito à relação entre mecanismos psíquicos, que se conectam com o discurso, e aqueles que se relacionam a outro uso da boca, por via dos impulsos orais. Em outras palavras: eu quero comer ou eu quero cuspir? Perguntas provindas de um Id ou de um ego arcaico e primitivo, ainda distantes do discurso.

Se seguirmos Freud, ambas as situações são dificilmente discerníveis. No entanto, o resultado é totalmente diferente se pensarmos a partir do ponto de vista de como lidar com isso clinicamente. O comer supõe a possibilidade da permanência de um objeto dentro do sujeito. É um prazer muito diferente do cuspir, que, apesar de também trazer um alívio, pois supõe a eliminação de algo indesejável, caracteriza-se por manter fora, longe do sujeito, toda possibilidade de criação de um continente.

Poderíamos pensar aqui que o "trabalho do negativo" e a presença de uma situação "negativizada" sempre rompem a existência de um continente que depende de um trabalho de contenção e de figurabilidade, de elaboração e tolerância, para poder se formar. Sem "continentes", os "conteúdos" só podem se espalhar infinitamente pelo espaço.

Assim, apenas seu corpo funciona como depositário de seus intensos impulsos instintivos orais e anais, cada vez mais separado de seu psíquico. Daí o intenso vazio, o não se reconhecer, e a necessidade de uma linguagem que prossiga como sua função de resistência e de excorporação. Trata-se de um expelir em que o objeto externo tem pouca ou nenhuma importância, é uma ideia de espaço que prevalece, mas um espaço "sem limites", permitindo sempre a expulsão.

O "louco", o "açougueiro", a "carnificina", o "monstro", são palavras usadas por ele em seus relatos mais recentes que me chamam a atenção, pois se aproximam do aspecto "demoníaco" mencionado por Freud (1977/1919) e retomado por Green (moções pulsionais ligadas). Palavras que expressam algo da violência trazida por João, que começa a ter uma pequena distância de si mesmo e se horroriza com o que vê. Green propõe que o trabalho de análise, seja com pacientes "difíceis" ou não, acontece sempre em dois níveis, dentro do sujeito, em sua intrassubjetividade, e fora dele, na intersubjetividade, isto é, na relação com o outro.

Sem a possibilidade da volta para si mesmo, é quase impossível tentar trabalhar na relação analítica, isto é, na intersubjetividade. O outro (analista) não é visto, não é considerado, e, se insiste com sua presença, é profundamente odiado, como se sua insistência em existir equivalesse a um estupro. O locutor de rádio, sempre presente, faz com que muitas vezes seja impossível detectar algum elemento afetivo.

> *Tenho que matar esse "monstro", esse boicotador em mim. Meu pai chega na quarta-feira e vou almoçar com ele, falar de trabalho, tenho que aprender a mentir, me esconder e passar um perfil sério. Vou deixar ele acreditar que me curei da homossexualidade. A minha bandeira agora é não estar mais aí, não dizer nada, tenho que ficar é comigo mesmo.*

Esconder de si mesmo algo que sente e vê como um aspecto "monstro", que só pode boicotar? A luta passa a ser travada entre o não ser e um ser falsificado, cindido. De certa forma é um avanço, pois o que João experimentava antes parecia ser uma violência descontrolada de seus impulsos instintivos, sem limites.

O modelo do "monstro" lhe possibilita um não eu, consequentemente existindo então um eu. Faz lembrar o romance *O médico e o monstro*, uma espécie de existência dupla, mas essa consideração produz o efeito de um limite no espaço antes ilimitado.

A necessidade de cisão interna demonstra, de certa forma, que o outro existe também fora dele, tornando-se necessária uma delimitação interna (inconsciente-consciente?) que permita a percepção de dois níveis – o fora e o dentro, o si mesmo e o outro. Por mais precária que seja essa delimitação, ela é necessária para o desenvolvimento de um ego em contraste a um Id violento e incontrolável.

> *A partir desse ponto [da existência de um objeto] a repressão pode começar a funcionar, estabelecendo as fronteiras entre consciente-inconsciente . . . o que será prazeroso ou desprazeroso para o ego será baseado no*

> *que será aceito ou rejeitado pelo objeto. (Green, 1999, p. 273, tradução minha)*

A fronteira do analisável só pode ser estabelecida entre o analista e o paciente na medida em que seja possível o estabelecimento desses limites internamente. Então, o reconhecimento de si mesmo e do outro pode vir a surgir, diminuindo a intensidade das explosões, das atuações, da excorporação, tornando possível o trabalho analítico.

Surge a possibilidade de, ao se estabelecerem os limites, sua condição de *borderline* tornar-se menos devastadora, e os movimentos psíquicos, mais possíveis de serem contidos. O modelo de um corpo sem mente, depositário e objeto de toda a destrutividade e a negatividade, talvez venha a ser transformado numa capacidade de relação psíquica consigo mesmo e com o outro.

No entanto, reconhecemos que, para isso, pode ser necessário um longo tempo, com muitas dúvidas permeando o trabalho analítico. O limite do analisável na verdade dependerá da "capacidade negativa" do analista frente a um paciente que sofre os efeitos de falhas na construção de seu mundo psíquico, em virtude da interferência do trabalho do negativo e da destrutividade.

> *Muitos analisandos que apresentam uma reação terapêutica negativa revelam na transferência a luta desesperada entre o sim e o não, o que é uma consequência do trabalho do negativo. O que eles nos mostram de fato é a recusa em relação à escolha de acreditar na possibilidade, enfim, a recusa em investir em algo além do negativo. (Green, 1995, p. 274, tradução minha)*

O barulho do silêncio[1]

Quando, após algumas reflexões, decidi escrever sobre o silêncio, me veio à mente uma lembrança de muitos anos atrás: eu ainda estava em análise, passando por momentos difíceis de silêncio, sem saber o que dizer ou como conversar naturalmente. Num certo dia durante uma sessão, minha mente é tomada por uma frase que surge acompanhada de uma imagem: "O silêncio desses espaços infinitos me assusta".

Eu sabia que a frase era de Blaise Pascal, embora nunca tenha sido uma leitora assídua de filosofia. A imagem que concomitantemente tomava minha mente se relacionava à ideia de espaço, aproximando-se ao apresentado no filme *2001: Uma odisseia no espaço*.

Impactada pela situação, relato o que me acontece a meu analista, e me surpreendo quando este me responde: "E não acha que essa lembrança a ajuda?". Na verdade, eu não conseguia compreender bem o que ele poderia estar querendo dizer com aquilo, mas eu

1 Uma versão anterior deste capítulo foi publicada em 2016 na *Revista Brasileira de Psicanálise*, *50*(4), 65-76.

realmente sentia-me melhor com a evocação da frase de Pascal, e também aliviada com a observação de meu analista.

Faz já muitos anos que isso aconteceu, e curiosamente nunca me esqueci desse momento! Não apenas a frase em si me surpreendeu, como a intensidade dessa vivência ligada ao espaço, ao silêncio e ao medo me marcou fortemente, ajudando-me de fato a tolerar aquele momento e a começar a pensar sobre a questão do "silêncio".

Continuei minha trajetória como analista e aos poucos fui observando como era difícil também tolerar o silêncio dos pacientes. Acredito hoje que essa dificuldade é bastante comum entre os analistas em geral. Penso que certo desconhecimento em relação aos processos linguísticos em psicanálise, aliado à sua caracterização por Freud desde o início de seu trabalho como "a cura pela palavra", talvez tenha contribuído para reforçar a crença no poder da palavra e na suposta importância de um "saber consciente", apoiado na percepção dos fatos.

Muitas vezes associamos o *insight* e o conhecimento à percepção, esquecendo que esta é característica dos processos egoicos, portanto, da consciência; acredito que o *insight* seja muito mais que isso. Só a percepção não será suficiente para que um processo de transformação aconteça, pois esta pode ser, e é na maioria das vezes, fruto da racionalidade.

Nesse contexto, o surgimento de uma associação livre em minha sessão de análise desenterrando a frase de Pascal e a imagem de espaço, provocadora de uma intensa vivência emocional, só poderia ter sido surpreendente.

Deixando de lado a surpresa e enfatizando a experiência emocional como um todo, posso afirmar que esse pequeno incidente contribuiu para desencadear, com o passar do tempo, uma forte mudança de perspectiva em minha mente. Mudança esta não apenas relacionada ao uso ou não da palavra, como também à função do analista e ao funcionamento da dupla analítica durante a sessão.

Com o passar dos anos, a obra de Bion me interessou muito, fui leitora de seus textos e, em minha experiência clínica, a apreensão dos fatos psíquicos sofreu por muito tempo (talvez continue a sofrer) o efeito das propostas e das ideias desse autor. Alguns aspectos que me marcaram, nesse longo tempo de minha experiência como analista, se referem ao desenvolvimento das ideias de Bion sobre o processo onírico, o funcionamento mental, a memória e a experiência emocional analítica, aspectos estes que foram tratados por mim em vários trabalhos escritos (Azevedo, 1987a, 1990).

Esses temas continuam a me interessar, e nos livros *Transformações* (1965) e *Cogitações* (2000), ambos de Bion, tenho podido encontrar trechos interessantes que contribuíram para o tema que me foi proposto tratar aqui, o silêncio. Não pretendo focar toda a obra de Bion, mas tentar, fazendo uso de algumas de suas ideias, refletir sobre a questão do silêncio e da associação livre no trabalho da análise: pensar na associação livre leva-me a considerar o processo onírico, visto como o modelo mais próximo do funcionamento psíquico.

Sem dúvida, após 1920, o pensamento freudiano se distancia do modelo dos sonhos como satisfação dos desejos reprimidos, enfatizando o deslocamento da energia afetiva para o processo de figuração e do pensar em imagens. As imagens sonhadas possuirão uma potência sensorial, que relançará o movimento no sentido inverso, o da regressão formal.

A figurabilidade, sendo uma exigência psíquica fundamental permanente e presente não só nos sonhos, faz parte da vida psíquica em geral. Poderíamos chamá-la de transformação do pensamento em imagens. A figuração pode ser considerada um meio de acesso à nomeação.

Apresento a seguir alguns pequenos trechos de Bion que servirão para ilustrar o que pretendo salientar.

Ao tratar da questão do "sonhar", diz Bion (2000, pp. 50-51):

> *O trabalho onírico que conhecemos é apenas um pequeno aspecto do sonhar, o sonhar propriamente dito sendo um processo contínuo pertencente à vida de vigília, agindo em todas as horas da vigília, embora não sendo observado usualmente . . . De qualquer modo a hipótese de que numa sessão analítica eu posso ver o sonho do analisando tem se provado valiosa . . .*

A ideia de considerar o trabalho onírico como um processo mais amplo, desenvolvido na mente o tempo todo, e não apenas durante o sono, torna nosso contato com a formação de imagens na mente muito mais importante que poderíamos imaginar. Esse processo de formação das imagens, preparatório da nomeação, muitas vezes não alcança seu objetivo, porém sempre se constitui economicamente num movimento importante.

Seria a frase de Pascal, evocada em meio a um silêncio numa sessão, parte de um processo onírico contínuo da vida de vigília? Um pensamento sem pensador? Uma imagem alcançando a nomeação? Penso que essas hipóteses são importantes.

Continuando com Bion (2000, p. 51):

> *. . . o uso psicanalítico do sonho como um método pelo qual o inconsciente é tornado consciente é um emprego inverso do que seria em realidade o mecanismo empre-*

> *gado na transformação do consciente em material adequado para a estocagem no inconsciente.*

Aqui, penso que Bion amplia a proposta de um processo onírico contínuo, salientando que no processo duplo de transformação também do consciente para o inconsciente por meio do trabalho da função alfa, tem origem o que conhecemos como a construção da memória. Um tipo de memória peculiar, inconsciente, além daquelas herdadas pela filogênese e pela ontogênese, que também fazem parte desta instância: o inconsciente. O fato é que essas inscrições e essas marcas acontecendo e sendo estocadas na memória, em todas as horas da vigília e do sono, permitem que tenhamos uma infinidade de traços mnêmicos em nosso inconsciente dos quais muito pouco ou nada sabemos.

Podemos pensar no inconsciente "substantivo" e no inconsciente como adjetivo, isto é, como qualidade. Acredito que numa experiência analítica podemos ter acesso a tudo isso que estou mencionando. A alternância entre momentos de silêncio e outros de fala articulada, de repente o surgimento de lembranças, novamente silêncios, que se sucedem aos comentários interpretativos do analista, enfim, como passos de uma dança com ritmos alternantes, que exigem destreza e habilidade.

Bion afirma que, para que essa dança e esse ritmo possam se transformar em elementos psíquicos (junto aqui silêncios e falas), constitutivos da experiência e da memória, só o que for sonhado pelo *dream-work-alpha* poderá ser armazenado sob a forma de memória. Ele se refere aqui não só aos sonhos durante o sono, mas também ao sonhar da vigília.

Dentro dessa mesma reflexão, que inclui o processo do sonho, a formação da memória, a importância da função alfa na elaboração da experiência e da associação livre na psicanálise, quero incluir a noção de "evolução" em Bion.

Em "Notas sobre a memória e o desejo" (2000, pp. 392-393), diz ele:

> *Em qualquer sessão ocorre evolução. Da escuridão e do sem forma, algo evolui . . . [Essa evolução] compartilha com os sonhos a qualidade de estar totalmente presente ou ser inenarrável e subitamente ausente. É essa evolução que o psicanalista precisa estar pronto para interpretar.*

Bion também fala neste texto de "intuir a evolução", e em outro momento, expande o que entende por evolução, dizendo: "Evolução é um termo pelo qual designo a experiência em que alguma ideia ou impressão pictórica aparece como um todo na mente, sem ser convidada" (2000, p. 395).

Acredito que a experiência descrita no início se insere aí! Apesar da distância temporal e da característica pessoal e subjetiva do pequeno exemplo oferecido nesta apresentação, creio que é possível dizer que a evocação imagética, ou a impressão pictórica, contida na frase formulada por Pascal emergiu (evoluiu) naquele momento, *sem ser convidada*, como uma forma de "ajudar-me", como salientou meu analista, a conter a intensa angústia suscitada pelo contato com o espaço psíquico e a escuridão do não saber.

Fiz uso desse acontecimento como uma espécie de introdução ao tema que me foi proposto, o silêncio. O título escolhido por mim, de certa maneira, já coloca o que penso a respeito: "O barulho do silêncio".

Tentando trazer algumas ideias de autores contemporâneos a respeito do tema do "silêncio", optei por considerar principalmente o trabalho de Green e de Rolland. Na verdade, desenvolvo aqui também minhas próprias perspectivas a respeito, permitindo-me conjecturar um pouco.

Green é um autor bastante conhecido, principalmente por sua contribuição à psicanálise com o "trabalho do negativo" e por seu trabalho com pacientes *borderline*, no que ele chama de "clínica da contemporaneidade". Green foi um leitor incansável de Freud e, embora não tenha tratado isoladamente do tema do silêncio, creio que é possível pensá-lo a partir de suas colocações.

Sabemos como Freud opôs o sistema de representações de palavra, presente no pré-consciente, às representações inconscientes, que seriam formadas apenas pela representação de coisa. Mais tarde, após seus trabalhos sobre a "metapsicologia" (Freud, 1977/1915a), essa divisão não é mais tão clara, e então, como menciona Green, a existência de uma "zona-tampão" no pré-consciente veio tornar essa ideia mais problemática.

Essa zona no pré-consciente nada mais é que uma zona de trocas ativa, onde os investimentos e os traços mnêmicos circulam, caracterizando-a como uma área de transformação em que a linguagem desempenha um papel importante. As modalidades representativas, então, não se limitariam mais à dupla representação de coisa-representação de palavra. A separação não é mais tão clara, além das dificuldades provocadas pela importância dada à figurabilidade e aos afetos. Na verdade, os afetos e as imagens, graças ao trabalho desenvolvido anteriormente sobre os sonhos, também adquirem o *status* de representação, sejam elas conscientes ou inconscientes.

A partir de 1973, Green descreve a escuta analítica como aquela que busca ouvir "uma palavra escondida para um destinatário oculto". A associação livre será a única forma de aproximar a comunicação verbal do analisando a um estado mental próximo do sonho, que possa então vir a ser escutado e também sonhado pelo analista. Isso na medida em que a "palavra escondida" for considerada o elemento a ser escutado transferencialmente numa análise.

Essas colocações já se encontravam presentes em Freud, apesar de não terem sido amplamente desenvolvidas por ele, em seu trabalho de 1938, *Esboço de psicanálise*, em que seu objetivo principal era distinguir entre os pensamentos ordenados pela linguagem e aqueles dos processos inconscientes.

A linguagem é uma "forma", diz Green (2000), produzida para ser escutada e interpretada; numa psicanálise, podemos distinguir dois pontos de apoio: o silêncio e a interpretação, a palavra interior e a palavra enunciada (que é interpretada pelo seu emissor). A linguagem é um processo condicionado pela palavra, é uma forma, o que permite concluir seguramente sua natureza pré-consciente. No entanto, a linguagem sempre atenderá aos interesses e às exigências dos aspectos conscientes do ego e do superego, mantendo oculto e silenciando o que não puder ser evidenciado ou vivenciado.

Enquanto no inconsciente encontramos as representações de coisa inconscientes (a palavra interior), os únicos verdadeiros investimentos de objeto, na consciência, na linguagem, na palavra enunciada, o predomínio será do processo racional, e os investimentos de objeto sofrerão os efeitos dos mesmos mecanismos do processo onírico, isto é, deslocamentos e condensações, transformações em seu contrário.

Talvez, entre outras questões, foram essas dificuldades que contribuíram para que Green tentasse outra aproximação ao trabalho psíquico quando formulou as noções do "negativo" e do "trabalho do negativo." Diz ele:

> *. . . quase tudo que conhecemos a propósito do Id é de caráter negativo, comparado com o ego . . . iremos nos*

> *deparar com essa situação paradoxal em que a mais ruidosa e a mais afirmativa das instâncias do aparelho psíquico só é concebível no negativo daquilo que sabemos do ego . . . o ego é o Id no negativo. (Green, 1999, p. 261, tradução minha)*

Talvez o leitor esteja se indagando por que num trabalho sobre o "silêncio" falo tanto sobre a representação psíquica, sobre a linguagem, sobre o sonho e, agora, sobre o negativo. Estamos irremediavelmente "presos" à linguagem em nossas comunicações, como então falar do silêncio sem ser usando palavras? Continuemos, apesar disso, já que não somos poetas nem artistas.

Como foi extremamente benéfico para a psicanálise o desenvolvimento do trabalho do negativo e a formulação do negativo por Green, possibilitando o alcance a uma perspectiva mais complexa e mais dinâmica sobre o funcionamento psíquico, acredito que pode também ser importante considerar o silêncio como o negativo da fala, como a não linguagem, como uma forma simples das transformações operadas pelo negativo.

No nível do inconsciente, sabemos que se trata sempre de um "trabalho", pois o funcionamento do psiquismo é sempre um trabalho. Ampliando essa proposta, podemos acrescentar que o aspecto mais interessante na consideração do silêncio como um trabalho do negativo é a relação de ambos com a ausência. Se pensarmos o negativo como o "o lugar onde alguma coisa estava e não está mais", fica claro que também o silêncio é a ausência da fala, "o lugar onde o barulho da fala estava e não está mais".

Além de se constituir num trabalho, e não num estado, o silêncio como o negativo da fala pode vir a nos oferecer uma visão da organização da mente quando num estado diferente.

O sonho é uma experiência emocional e psíquica, que nos permite compreender a organização estrutural e psíquica da mente durante o sono, enquanto trabalhando com imagens. Acreditamos que essa proposta pode também ajudar na consideração da experiência silenciosa.

A associação livre foi por nós aproximada a esse trabalho do sonho, bem como a *rêverie*. Pensamos que a associação livre é um momento em que podemos considerar a presença de um trabalho sobre as imagens, um trabalho do negativo, uma vez que sua relação com as palavras sofrerá mudanças importantes.

Na associação livre, podemos dizer que o encadeamento lógico e a relação de continuidade, processos que se dão no pré-consciente, sofrem alterações quando é feita a ligação dos restos mnêmicos e dos afetos com as palavras. É como se a consciência e o ego pudessem ser "driblados" na associação livre.

Levando em conta esses processos, e a especificidade do "silêncio", propomos que este é parte de um trabalho do negativo, um momento em que predomina outra linguagem, uma linguagem em imagens, que permitirá o acesso a um estado que se encontra entre "a perda total do objeto e sua presença excessiva" (Green, 2007b, tradução minha). Talvez nada mais possa oferecer uma possibilidade tão clara desse estado em "suspenso" como o silêncio.

De acordo com Freud e Green, o campo das percepções não é restringido apenas ao campo da sensorialidade, quer dizer, ao universo das relações com o mundo externo. As percepções internas são igualmente importantes, e a noção das excitações internas será igualmente significativa.

A meu modo de ver, as representações em palavras são recursos para preencher a falta que caracteriza um estado de "experiência em suspenso", como menciona Green (2007b). A necessidade da linguagem, como nos mostra Freud (1977/1905), surge justamente com a experiência do *fort-da*, como uma primeira tentativa de lidar com a ausência, substituindo o objeto ausente por um movimento e um som, podendo, assim, suportar o sofrimento pela ausência da mãe. A criação psíquica dependerá sempre de uma situação de ausência.

Estaríamos então o tempo todo às voltas com a perda do objeto, com a necessidade da recriação alucinatória deste pela fala, pela revivência corporal do som? A linguagem como expressão de uma defesa contra o luto?

> *A tomada de consciência repentina, no encontro analítico . . . por uma interpretação, ou por uma associação livre do analisando . . . gera uma sensação de realização, como se finalmente algo do si mesmo tivesse sido recuperado e tivesse encontrado um refúgio . . . para um fragmento errante da mente . . . e se percebe que esse algo que antes estava ausente não poderia ter estado aí antes . . . Deve haver um estado entre a perda total e a presença excessiva, uma tolerância do psiquismo. (Green, 2007b, pp. 90-92, tradução minha)*

O que ocorre está sempre ligado a outro momento e a outro tempo. Não falamos aqui de um passado no sentido histórico do termo, mas de algo que se encontrava fora da consciência, e que não podia estar aí antes.

Por que quero aqui ligar a ideia de "experiências em suspenso" e de "objeto errante" com a ideia das representações e das imagens inconscientes? Representações inconscientes que, apesar de estarem lá, não são acessadas nem reconhecidas pelo sujeito, a não ser quando a associação livre prevalece sobre o encadeamento do pensamento consciente, nos lapsos de linguagem e em momentos de silêncio em que a representação imagética é acionada.

Green nos diz também que os processos inconscientes são capazes de certo tipo de pensamento diferente daqueles do processo secundário; como exemplo, cita o processo da identificação projetiva, que não deixa de ser uma forma de pensamento inconsciente.

E o silêncio? Não poderia ser incluído nessa possibilidade? Não estariam aí agindo os pensamentos inconscientes, errantes? Momentos em que o contato psíquico com as representações inconscientes, os restos mnêmicos (lembranças), evolui sem a presença da linguagem verbal, ou melhor dizendo, em busca de uma possibilidade de linguagem pictórica e/ou imagética, para vir a se tornar consciente?

"O silêncio desses espaços infinitos me apavora" – poderia essa frase ser pensada e figurada como se referindo a algo próximo ao que Green denomina "um objeto errante", que foi capaz de evoluir (Bion) em busca de uma forma de representação que pudesse aceder à consciência, diminuindo assim a intensidade da tensão e da angústia geradas pelo contato e pelo medo do espaço infinito do inconsciente?

Essa é minha proposta, pensando no fragmento apresentado no início desta apresentação. Tentarei agora expandi-la para uma consideração mais ampla sobre o "silêncio" que possa contribuir para nossa aproximação clínica.

Penso que Rolland tem toda uma reflexão a respeito tanto do silêncio como da comunicação verbal em análise, uma reflexão consistente e profunda, da qual agora tentarei apresentar alguns pontos. Sem deixar de estar em acordo com muito do que Green nos traz, Rolland dá uma enorme importância ao processo silencioso, principalmente na situação clínica. Diz ele:

> *O silêncio na análise está longe de ser uma coisa indesejável; não é indesejável e em nenhum caso é índice de fracasso do discurso . . . Tem numerosas significações, é uma necessidade da expressão verbal (como na música), na medida em que é ferramenta na instauração da separação entre os significantes que transformam o ruído que é a fala em linguagem articulada. Calar-se é a sombra correspondente ao dizer. (Rolland, 2015, p. 185, tradução minha)*

Concordamos com o que Rolland propõe sobre o silêncio, como uma expressão do negativo, como parte da comunicação, parte importante na medida em que permite discernir uma formação composta; por um lado, uma estrutura determinante da arquitetura da psique, por outro, o destino de uma energia (libido) que animará as operações do mundo interior.

A escuta atenta do curso da palavra e do silêncio durante uma análise nos leva, segundo Rolland, a perceber que a palavra associativa se cala cada vez que há uma ameaça de contato com a natureza secreta do objeto ao qual ela se refere. O estancamento da libido seca a linguagem e a palavra se converte em mutismo. Esta seria uma função ligada à resistência, funcionando como oposição ao conhecimento. São as formações reativas.

Rolland (2015) também nos fala de um "silêncio dos começos", aquele que, ao longo de todo o desenvolvimento do discurso, repete, celebra, comemora o nascimento não só da linguagem, mas da vida do espírito. Ele nos sugere que, no desenvolvimento, a organização das imagens precede a aquisição da língua. Ambas são complementares, porém servem a duas economias psíquicas diferentes.

A imagem, como sabemos, é um instrumento que permite a presença alucinatória dos objetos. Ao tratar essa questão, Rolland salienta o aspecto econômico, presente tanto na alucinação como na fala. Tanto uma como a outra asseguram na superfície do aparelho psíquico uma "função homeostática", que diminuirá a tensão e a angústia causadas pelo desejo do objeto e a angústia por sua ausência. Tanto o nomear como o alucinar são formas que geram uma diminuição de tensão e dão lugar à fantasia de controle do objeto.

Mas não necessariamente a presença no psíquico de imagens corresponderá a uma alucinação. Como afirma Rolland, que se dedica muito ao estudo da imagem, esta é também uma forma de renovar os vínculos com os objetos perdidos, muitas vezes recalcados. Ao mesmo tempo que traz de volta a situação ou a pessoa ausente, a imagem fala dos sentimentos, das emoções que essa ausência provoca e, assim, contribui para um processo da renúncia. Já a palavra faz presente o objeto, automaticamente ocupando seu espaço e distanciando-se de um processo de renúncia.

Quando se instaura um silêncio pleno de imagens, que de certa forma ajudará na renúncia dos objetos perdidos, um "silêncio processual" (Rolland, 2016a), teremos um momento difícil da análise, mas possivelmente bastante criativo para o paciente. A condição do "silêncio", da suspensão da fala, será então fundamental na experiência psicanalítica, e é vista como um momento quando a emoção ligada ao objeto inconsciente e à sua representação poderá evoluir, provocando indiretamente a redistribuição da libido nas instâncias psíquicas. É um processo doloroso, muitas vezes difícil tanto para o analista como para o analisando.

Escutar um silêncio é uma coisa estranha, mas é exatamente isso que o analista precisa fazer nesses momentos. A transferência permite ao analista participar do jogo de imagens mentais do momento, graças à experiência emocional (inconsciente) que implica esse momento de transformação.

O trabalho da imagem é partilhado silenciosamente no processo analítico, já o deslocamento constrói a língua. A língua é uma instância simbólica, exterior ao próprio sujeito; ela se impõe ao espírito e exige que os desejos sejam expressos pela atividade da fala.

O pensamento em imagens predomina no sonho e na construção de fantasias, ou seja, num processo de pensar expressivo, emocional e representativo, enquanto a língua fica mais circunscrita aos processos superiores de julgamento, da razão e da lógica. O pensamento, na verdade, faz uso dessas duas formas, escolhendo seus modos de expressão como uma orquestra. A poesia é sem dúvida um exemplo dessa orquestração.

Acredito que não seja necessário chamar a atenção para a importância tanto de um processo como de outro, levando-se em conta inclusive o caráter inventivo e arcaico da imagem, mencionado por Freud no capítulo VI de *A interpretação dos sonhos* (1977/1900), e o importante reconhecimento da realidade no processo secundário.

Para encerrar, citarei um trecho de Rolland (2016b, tradução minha):

> *Podemos notar que a terceira língua, que age silenciosamente no discurso enunciado e sobre a qual o analista precisa afinar sua escuta para torná-la audível, tem um aspecto ligado ao silêncio [do analista e do paciente], que exerce um papel muito importante no desenvolvimento do processo analítico. Esse, o silêncio, é o meio de tornar presente os movimentos da alma sem expressão verbal, atraídos pela transferência no pro-*

> *cesso analítico (afetos, medos, imagens corporais etc.). Fédida fala em relação ao silêncio como um "salto no desconhecido".*

Positivamente, o silêncio torna presente o não comunicável pela linguagem: o desconhecido. É preciso lembrar, no entanto, que uma psicanálise é uma experiência entre duas subjetividades, o que faz com que uma dinâmica precise ser instaurada entre esses dois polos: a linguagem imagética e a linguagem falada.

Também o analista se vê tomado por imagens em muitos momentos, e muitas vezes sente-se impelido a fazer uso delas. A presença de um interlocutor é necessária para iniciar um processo de deslocamento da "experiência" em "expressão" (Rolland, 2006), bem como para um bebê é fundamental a existência de uma mãe para poder encontrar um sentido, um valor, na experiência emocional.

Concluindo, algumas palavras sobre a dificuldade de, partindo de uma experiência, alcançar uma expressão. Acredito que esse ângulo da questão é familiar a todos nós analistas: durante muito tempo, em nossa Sociedade de Psicanálise e em meus trabalhos sobre a psicanálise, a palavra e a noção de "experiência" (Bion, 1965) tiveram uma presença significativa, e talvez para muitos ainda tenham.

Em minha clínica e em minhas reflexões atuais, deixaram de ter tanta importância, ou melhor dizendo, não estão mais tão presentes. Poderíamos considerar esse fato totalmente sem importância e deixá-lo de lado? Ou será que podemos refletir sobre ele, pois penso que está intimamente ligado à questão do silêncio, da imagem e também da expressão (interpretação)?

Volto à questão, pois. O elemento fundamental em relação à experiência emocional parece ser de fato a dificuldade de sua expressão, seja numa relação interna do sujeito com ele mesmo, seja numa relação mantida com o outro. A "expressão" aqui se refere ao uso da palavra, como menciona Rolland, numa tentativa de abstração e de certo distanciamento da vivência. A expressão, então, não se refere mais ao desconhecimento, e sim à colocação num código, ou numa linguagem, seja ela qual for, daquilo que já passou, já aconteceu. É possível, assim, que esse momento corresponda ao que denominamos "interpretação".

Como pretender então falar do "novo" em psicanálise? Quando associamos? Quando formulamos uma ideia? Como pretender, sem ser poeta ou artista, "abrir" e "expandir" o conhecimento?

Um pouco por obra do acaso, chegou às minhas mãos recentemente um livro de Didi-Huberman intitulado *A imagem sobrevivente: História da arte e tempo dos fantasmas segundo Aby Warburg*, título sugestivo para o tema aqui tratado. Fica aqui uma sugestão para os que se interessam pelo tema das "imagens" em sua relação com a memória e com os processos expressivos.

> *Foi como processo psíquico que Warburg interrogou a memória em ação nas sobrevivências modernas . . . Tudo isso nos indica a que ponto a dimensão psíquica, aos olhos de Warburg, devia ser considerada a partir de um ponto de vista que ele mesmo qualificava de monista: tratava-se de não separar a "psique e sua carne", ou inversamente de não separar a substância imagética e seus poderes psíquicos . . . Para Warburg os poderes da imagem, poderes psíquicos e plásticos – trabalham diretamente no material sedimentado e movimentado de uma memória inconsciente . . . o historiador (ou o analista talvez?) não aceita sem dificuldade que a própria evidência de seu trabalho, a história, seja barrada, desnorteada, por uma memória "Zeitlos" (intemporal),*

> *uma memória insensível às continuidades narrativas e às contradições lógicas. (Didi-Huberman, 2013, p. 271)*

Essa citação tem por finalidade chamar à atenção a "vinculação da substância imagética aos poderes psíquicos e plásticos" que trabalham diretamente no material (psíquico?). Não seria esse o caso dos sonhos? Não estou eu aqui falando de um aspecto de minha memória que, apesar de ter acontecido há mais de vinte anos, veio se desenrolando como uma memória "Zeitlos", trabalhada no intemporal do sempre, silenciosamente?

Considerações finais

> *Do tempo só conhecemos os sinais. Alguns deles aprendemos a interpretar. Outros, criados por nós, indicam apenas as manifestações do tempo, nunca o tempo. O senso comum pode ajudar a dar significado ao tempo e assim . . . podemos distinguir o passado do futuro. (Ferrari, 2004, p. 19)*

Passou o tempo, passaram-se os anos, agora é o tempo do término, do final desta viagem que empreendemos; uma viagem que nada mais foi senão "a vida", um caminho percorrido, que nos remete novamente ao tempo dos começos.

Passado e presente foi o título de nossa escolha para esta coletânea de trabalhos, título do primeiro trabalho escrito, talvez escolhido em virtude da espantosa descoberta dos primeiros anos de análise, *de que na verdade estamos sempre às voltas com o começo de nossas vidas, com os primeiros amores e com as primeiras decepções.*

Seja como for, é inquestionável a importância do tempo na vida, tempo ínfimo perto dos demais tempos. Dentro dessa colocação, acredito que o tempo do fim, do término de uma experiência, mesmo esta, a de organizar e escrever sobre os trabalhos produzidos no decorrer da vida, sobre uma atividade tão absorvente como é a psicanálise, é um tempo de sofrimento. Só posso agradecer àqueles que me seguiram, ou que se interessaram por minha jornada.

Apresentamos aqui, primeiramente a nós mesmos, depois timidamente a alguns amigos, e finalmente ao público, nossa compreensão e nossas transformações em relação ao que entendemos por psicanálise! Trata-se, até certo ponto, inevitavelmente, de uma exposição da intimidade.

Penso que não é possível fazê-lo de outra maneira, isto é, sem revelar, pelo menos sem a intenção de revelar, o que se passa na clínica, na intimidade da relação transferencial. Que nos faltam palavras que façam justiça à experiência emocional não há dúvida. Que com o passar dos anos tenha havido uma deformação e/ou transformação dos dados e dos sentimentos parece inevitável.

De fato, um dos pontos que anunciamos na "Introdução" deste pequeno livro foi se revelando verdadeiro conforme prosseguimos em nosso trabalho; constatamos que a teoria freudiana vai sendo redescoberta conforme caminhamos na experiência como analistas, suas propostas e seus conceitos surgem, ou ressurgem, como se redescobríssemos a psicanálise com nossos pacientes. Sem dúvida nenhuma surge um Freud transformado, reeditado segundo nossa possibilidade. A genialidade da criação freudiana supera de longe aqueles que o leem, que o procuram.

Não ignoramos que, em nossas transformações, algo único, fruto da nossa experiência com nossos analisandos, foi construído e se constitui no que hoje entendo como psicanálise. Sem dúvida, algo da essência de nossas ideias, muito do que conjecturamos e fizemos acontecer, transparece nesta tentativa de organização e revelação de fragmentos de nosso trabalho clínico.

Talvez seja um erro considerar que a experiência clínica é apenas uma prática, ou mesmo uma arte. A clínica deve ser pensada como uma conjuntura empírica coerente. Ambas, teoria e clínica, precisam se equilibrar, embora possam não ser coincidentes. Um exemplo disso, penso, é o percurso teórico realizado por mim, que só se equilibrou na clínica por esta ter se apoiado numa prática coerente.

Como menciona Green (2010, p. 320): "Eu sustento que em Psicanálise não há apenas uma teoria da clínica, mas também um pensamento clínico, ou seja, um modo original e específico de racionalidade que surge da experiência prática".

Do pensamento teórico-clínico de Freud ao pensamento clínico como proposto por Green, a presença (ou ausência) do objeto se impõe, criando, além do intrapsíquico, um intersubjetivo, constituindo assim o par pulsão-objeto, substrato fundamental da estruturação psíquica.

Torna-se quase inevitável a concordância com a proposta de um "pensamento clínico", ou seja, a inclusão do objeto-analista na construção psicanalítica. Acreditamos que o "luxo" da originalidade poucas vezes tem estado presente na psicanálise.

Esta nunca deixará de apresentar certa distância entre a teoria e a prática: a clínica nunca poderá ser vista como apenas uma aplicação da teoria, e a teoria sempre ultrapassará o fenômeno visto na clínica. De forma "intuitiva", naturalmente, pensamos que nosso trabalho clínico aponta para um "pensamento clínico".

Pensamento este que, embasado no conhecimento dos autores psicanalíticos, não se prende a nenhum deles, muito pelo contrário:

apoiando-se nas propostas básicas da psicanálise como colocadas por Freud, pode percorrer o campo das ideias com a certeza de que, na clínica, todas estarão compreendidas, tratando-se sempre apenas de uma escolha de vértices.

O vértice psicanalítico é um dos possíveis na apreensão dos fatos e na comunicação entre pessoas. A ênfase dada por Freud à estrutura interna psíquica do paciente (do ser humano) deve ser preservada para que o vértice seja psicanalítico. É graças ao conhecimento dessa estrutura e de seu funcionamento que podemos observar, conjecturar e transformar em conceitos teóricos, ou melhor dizendo, em "pensamento clínico" aquilo que é apreendido pelo analista na experiência emocional da dupla analítica.

Sem o conhecimento das estruturas psíquicas, tanto no paciente como no analista, e aqui nos referimos às noções de inconsciente, transferência e conflito psíquico, dificilmente poderíamos dizer que estamos trabalhando com a psicanálise, em busca de um "pensamento clínico".

Quero agora agradecer àqueles que tornaram esse meu percurso possível, principalmente meus pacientes, meus colegas, meus analistas e minha família. Sem eles dificilmente seria o que fui, ou teria me transformado no que sou hoje.

Para finalizar, lembro Pontalis (2000), que dizia que o espírito, ou a alma, é "um deslocamento", um movimento de representações que se deslocam indefinidamente entre os seres que convivem e trocam ideias, num afã de perpetuação e de transformação. Esse "deslocamento perpétuo", como sugerido por Pontalis, é uma das expectativas em relação a este livro.

Referências

Abadi, M. (1976). *Introduccion para el panel sobre el Complejo de Edipo*. Trabalho apresentado no Congresso da Federación Psicoanalítica de América Latina, Buenos Aires, Argentina.

Azevedo, A. (1987a). Evoluções. *Revista Brasileira de Psicanálise*, *21*(4), 475-97.

Azevedo, A. (1987b). Comentários sobre o trabalho Acting out na análise de crianças: um meio de comunicação. *Revista Brasileira de Psicanálise*, *21*(4), 528-35.

Azevedo, A. (1990). *Investigação e processo analítico*. São Paulo: SBPSP. (Apresentado em reunião científica, São Paulo, 17 out. 1990.)

Azevedo, A. (1997). Interpretação: revelação ou criação? In M. O. de A. F. França (Org.), *Bion em São Paulo: ressonâncias* (pp. 19-36). São Paulo: Sociedade Brasileira de Psicanálise de São Paulo.

Bak, R. C. (2001). État amoureux et perte d'objet. *Libres Cahiers pour la Psychanalyse*, Printemps, 3. Centre National du livre, Paris.

Bion, W. R. (1962). *Learning from experience*. London: Basic Books.

Bion, W. R. (1965). *Transformations*. London: Maresffield Reprints.

Bion, W. R. (1968). *Elementos de psicanálise*. Rio de Janeiro: Zahar.

Bion, W. R. (1969). A linguagem e o esquizofrênico. In M. Klein, P. Heimann & R. E. Money-Kyrle (Orgs.), *Novas tendências na psicanálise: Parte 1* (p. 231-52). Rio de Janeiro: Zahar.

Bion, W. R. (1970). *Atenção e interpretação*. Rio de Janeiro: Imago.

Bion, W. R. (1971). Mudança catastrófica. *Jornal de Psicanálise*, 6(17), 18-26.

Bion, W. R. (1989). *Two papers: The Grid and Ceasura*. London: Karnac.

Bion, W. R. (1992). *Cogitations*. New York: Karnac Books.

Bion, W. R. (1994/1967). *Estudos psicanalíticos revisados* (3a. ed.). Trad. Wellington M. de Melo Dantas. Rio de Janeiro: Imago.

Bion, W. R. (2000). *Cogitações*. Trad. Ester Hadassa Sandler & Paulo Cesar Sandler. Rio de Janeiro: Imago.

Botella, C., & Botella, S. (2002). *Irrepresentável: mais além da representação*. Porto Alegre: Criação Humana.

Botella, C., & Botella, S. (2003). *La figurabilidad psíquica*. Trad. Irene Agoff. Buenos Aires: Amorrortu.

Bowlby, J. (1989). *Uma base segura: aplicações clínicas da teoria do apego*. Trad. Sonia Monteiro de Barros. Porto Alegre: Artes Médicas.

Bronowski, J. (1973). Knowledge or certainty. In *The Ascent of Man*. BBC.

Cassirer, E. (1972). *Antropologia filosófica*. Rio de Janeiro: Imago.

Cruz Roche, R. (1988). Comentarios epistemológicos sobre la metapsicología. *Psicoanálisis, 10*(3), 521-35.

Dejours, C. (2013). Preface. In S. Freud, *La technique psychanalytique*. Paris: PUF.

Didi-Huberman, G. (2013). *A imagem sobrevivente*. São Paulo: Contraponto.

Donnet, J. (1998). Analyse avec début et analyse sans début? *Revue Française de Psychanalyse, 62*(1), 249-62.

Donnet, J. (2001). A regra fundamental e a situação de análise. *Revista Brasileira de Psicanálise, 35*(2), 227-42.

Edelman, G. (1993). *Bright air, brilliant fire: on the matter of the mind*. New York: Basic Books.

Eigen, M. (1985). Toward Bion's starting point, between catastrophe and faith. *The International Journal of Psychoanalysis, 66*(Pt. 3), 321-30.

Fédida, P. (1991). Contre-transfert, crise et métaphore: une psychanalyse est une psychothérapie compliquée. *Revue Française de Psychanalyse, 55*(2), 339-363.

Fédida, P. (1985). Technique Psychanalytique et Metapsychologie. In P. Fédida, *Metapsychologie et Philosophie*. Paris: Societé d'Édition Les Belles Lettres.

Ferrari, A. (1995). *A eclipse do corpo: uma hipótese psicanalítica*. Rio de Janeiro: Imago.

Ferrari, A. (2000). *A aurora do pensamento*. São Paulo: Editora 34.

Ferrari, A. (2004). *Vida e tempo: reflexões psicanalíticas*. São Paulo: Casa do Psicólogo.

Freud, S. (1977/1892-1899). Extratos dos documentos dirigidos a Fliess. In S. Freud, *Edição Standard Brasileira das Obras Psicológicas Completas de Sigmund Freud*, Vol. I. Rio de Janeiro: Imago.

Freud, S. (1977/1895a). Projeto para uma psicologia científica. In S. Freud, *Edição Standard Brasileira das Obras Psicológicas Completas de Sigmund Freud*, Vol. I. Rio de Janeiro: Imago.

Freud, S. (1977/1895b). Estudos sobre a histeria. In S. Freud, *Edição Standard Brasileira das Obras Psicológicas Completas de Sigmund Freud*, Vol. II. Rio de Janeiro: Imago.

Freud, S. (1977/1898). A sexualidade na etiologia das neuroses. In S. Freud, *Edição Standard Brasileira das Obras Psicológicas Completas de Sigmund Freud*, Vol. III. Rio de Janeiro: Imago.

Freud, S. (1977/1899). Lembranças encobridoras. In S. Freud, *Edição Standard Brasileira das Obras Psicológicas Completas de Sigmund Freud*, Vol. III. Rio de Janeiro: Imago.

Freud, S. (1977/1900). A interpretação dos sonhos. In S. Freud, *Edição Standard Brasileira das Obras Psicológicas Completas de Sigmund Freud*, Vols. IV-V. Rio de Janeiro: Imago.

Freud, S. (1977/1901a). Sobre os sonhos. In S. Freud, *Edição Standard Brasileira das Obras Psicológicas Completas de Sigmund Freud*, Vol. VI. Rio de Janeiro: Imago.

Freud, S. (1977/1901b). Fragmento da análise de um caso de histeria. In S. Freud, *Edição Standard Brasileira das Obras Psicológicas Completas de Sigmund Freud*, Vol. VII. Rio de Janeiro: Imago.

Freud, S. (1977/1903). O método psicanalítico de Freud. In S. Freud, *Edição Standard Brasileira das Obras Psicológicas Completas de Sigmund Freud*, Vol. VII. Rio de Janeiro: Imago.

Freud, S. (1977/1905). Três ensaios sobre a teoria da sexualidade. In S. Freud, *Edição Standard Brasileira das Obras Psicológicas Completas de Sigmund Freud*, Vol. VII. Rio de Janeiro: Imago.

Freud, S. (1977/1908). Sobre as teorias sexuais das crianças. In S. Freud, *Edição Standard Brasileira das Obras Psicológicas Completas de Sigmund Freud*, Vol. IX. Rio de Janeiro: Imago.

Freud, S. (1977/1910). As perspectivas futuras da terapêutica psicanalítica. In S. Freud, *Edição Standard Brasileira das Obras Psicológicas Completas de Sigmund Freud*, Vol. XI. Rio de Janeiro: Imago.

Freud, S. (1977/1911). Formulações sobre os dois princípios do funcionamento mental. In S. Freud, *Edição Standard Brasileira das Obras Psicológicas Completas de Sigmund Freud*, Vol. XII. Rio de Janeiro: Imago.

Freud, S. (1977/1912). Sobre a tendência universal à depreciação na esfera do amor (Contribuições à psicologia do amor II). In S. Freud, *Edição Standard Brasileira das Obras Psicológicas Completas de Sigmund Freud*, Vol. XI. Rio de Janeiro: Imago.

Freud, S. (1973/1912-1913). Totem e tabu. In S. Freud, *Edição Standard Brasileira das Obras Psicológicas Completas de Sigmund Freud*, Vol. XIII. Rio de Janeiro: Imago.

Freud, S. (1973/1913). Sobre o início do tratamento (Novas recomendações sobre a técnica da psicanálise I). In S. Freud, *Edição Standard Brasileira das Obras Psicológicas Completas de Sigmund Freud*, Vol. XII. Rio de Janeiro: Imago.

Freud, S. (1977/1914a). Recordar, repetir e elaborar (Novas recomendações sobre a técnica da psicanálise II). In S. Freud, *Edição Standard Brasileira das Obras Psicológicas Completas de Sigmund Freud*, Vol. XII. Rio de Janeiro: Imago.

Freud, S. (1977/1914b). Sobre o narcisismo: uma introdução. In S. Freud, *Edição Standard Brasileira das Obras Psicológicas Completas de Sigmund Freud*, Vol. XIV. Rio de Janeiro: Imago.

Freud, S. (1977/1915a). O inconsciente. In S. Freud, *Edição Standard Brasileira das Obras Psicológicas Completas de Sigmund Freud*, Vol. XIV. Rio de Janeiro: Imago.

Freud, S. (1977/1915b). Luto e melancolia. In S. Freud, *Edição Standard Brasileira das Obras Psicológicas Completas de Sigmund Freud*, Vol. XIV. Rio de Janeiro: Imago.

Freud, S. (1977/1915-1917). Conferências introdutórias sobre psicanálise. In S. Freud, *Edição Standard Brasileira das Obras Psicológicas Completas de Sigmund Freud*, Vol. XV. Rio de Janeiro: Imago.

Freud, S. (1977/1919). O "estranho". In S. Freud, *Edição Standard Brasileira das Obras Psicológicas Completas de Sigmund Freud*, Vol. XVII. Rio de Janeiro: Imago.

Freud, S. (1977/1920). Além do princípio de prazer. In S. Freud, *Edição Standard Brasileira das Obras Psicológicas Completas de Sigmund Freud*, Vol. XVIII. Rio de Janeiro: Imago.

Freud, S. (1977/1923a). O ego e o id. In S. Freud, *Edição Standard Brasileira das Obras Psicológicas Completas de Sigmund Freud*, Vol. XIX. Rio de Janeiro: Imago.

Freud, S. (1977/1923b). Uma breve descrição da psicanálise. In S. Freud, *Edição Standard Brasileira das Obras Psicológicas Completas de Sigmund Freud*, Vol. XIX. Rio de Janeiro: Imago.

Freud, S. (1977/1925). Inibições, sintomas e ansiedade. In S. Freud, *Edição Standard Brasileira das Obras Psicológicas Completas de Sigmund Freud*, Vol. XX. Rio de Janeiro: Imago.

Freud, S. (1977/1927). O futuro de uma ilusão. In S. Freud, *Edição Standard Brasileira das Obras Psicológicas Completas de Sigmund Freud*, Vol. XXI. Rio de Janeiro: Imago.

Freud, S. (1977/1930). O mal-estar na civilização. In S. Freud, *Edição Standard Brasileira das Obras Psicológicas Completas de Sigmund Freud*, Vol. XXI. Rio de Janeiro: Imago.

Freud, S. (1977/1932). Por que a guerra? (Einstein e Freud). In S. Freud, *Edição Standard Brasileira das Obras Psicológicas Completas de Sigmund Freud*, Vol. XXII. Rio de Janeiro: Imago.

Freud, S. (1977/1934-1938). Moisés e o monoteísmo: três ensaios. In S. Freud, *Edição Standard Brasileira das Obras Psicológicas Completas de Sigmund Freud*, Vol. XXIII. Rio de Janeiro: Imago.

Freud, S. (1977/1937). Construções em análise. In S. Freud, *Edição Standard Brasileira das Obras Psicológicas Completas de Sigmund Freud*, Vol. XXIII. Rio de Janeiro: Imago.

Freud, S. (1977/1938). Esboço de psicanálise. In S. Freud, *Edição Standard Brasileira das Obras Psicológicas Completas de Sigmund Freud*, Vol. XXIII. Rio de Janeiro: Imago.

Gaddini, E. (1969). On imitation. *International Journal of Psychoanalysis, 50*(4), 475-484.

Goethe, J. W. (2004/1808). *Fausto: uma tragédia: primeira parte.* São Paulo: Editora 34.

Goldberg, A. (1994). Farewell to the objective analyst. *The International Journal of Psychoanalysis, 75*(1), 21-30.

Green, A. (1973). *Le discours vivant.* Paris: Presses Universitaires de France.

Green, A. (1975). The analyst, symbolization and absence in the analytic setting. *The International Journal of Psychoanalysis, 56*(1), 1-22.

Green, A. (1983). *Narcisisme de vie, narcisisme de mort*. Paris: Minuit.

Green, A. (1988/1972). *Sobre a loucura pessoal*. Rio de Janeiro: Imago.

Green, A. (1990). *La nueva clinica psicoanalitica y La teoria de Freud*. Buenos Aires: Amorrortu.

Green, A. (1995). *La causalité psychique entre nature et culture*. Paris: Edition Odile Jacob.

Green, A. (1996). What kind of research for psychoanalysis? *International Psychoanalysis: The Newsletter of the International Psychoanalytical Association, 5*, 10-14.

Green, A. (1999). *The work of the Negative*. London: Free Association Books.

Green, A. (2000). *El tiempo fragmentado*. Buenos Aires: Amorrortu.

Green, A. (2001). A posição fóbica central. *Psicanálise, 3*(1), 35-70.

Green, A. (2007a). Compulsão à repetição e princípio do prazer. *Revista Brasileira de Psicanálise, 41*(4), 133-141.

Green, A. (2007b). *Jugar con Winniccott*. Buenos Aires: Amorrortu.

Green, A. (2007c). *Pour quoi les pulsions de destruction et/ou de mort?* Paris: Edition du Panama.

Green, A. (2010). *El pensamiento clinico*, Buenos Aires: Amorrortu.

Grinberg, L. (1979). A propos de l'exposé de E. Joseph sur: «L'identité du psychanalyste» et de l'exposé présenté par D. Widlöcher: «La psychanalyse d'aujourd'hui»: un problème d'identité. In E. D. Joseph, *L'identité du psychanalyste* (p. 72-82). Paris: PUF.

Grotstein, J. S. (Ed). (1981). *Do I dare disturb the universe?: a memorial to Wilfred R. Bion*. Beverly Hills: Caesura Press.

Grünbaum, A. (1993). *Validation in the clinical theory of psychoanalysis*. Madion: The International Universities Press.

Heimann, P. (1950a). *Developments in psychoanalysis*. London: Hogarth Press.

Heimann, P. (1950b). On countertransference. *The International Journal of Psychoanalysis*, *31*, 81-84.

Isaacs, S. (1952). A natureza e a função da Fantasia. In M. Klein, P. Heimann, S. Isaacs & J. Rivere, *Os progressos da psicanálise* (p. 79-135). Rio de Janeiro: Zahar.

Klein, M. (1981/1932). *A psicanálise da criança*. São Paulo: Mestre Jou.

Klein, M. (1948). *Contributions to Psycho-Analysis (1921-1945)*. London: Hogarth Press.

Klein, M. (1952). Notas sobre alguns mecanismos esquizoides. In M. Klein, P. Heimann, S. Isaacs & J. Rivere, *Os progressos da psicanálise*. Rio de Janeiro: Zahar.

Klein, M. (1976). *Narrativa da análise de uma criança*. São Paulo: Imago.

Kohut, H. (1979). The two analyses of Mr. Z. *International Journal of Psychoanalysis*, *60*(1), 3-27.

Laplanche, J. (1987). *Nouveuax fondements pour la psychanalyse*. Paris: PUF.

Laplanche, J. (1997). *Le primat de l'autre en psychanalyse: travaux 1967-1992*. Paris: Flammarion.

Masson, J. M. (Ed). (1986). *A correspondência completa de Sigmund Freud para Wilhelm Fliess: 1887-1904*. Trad. Vera Ribeiro. Rio de Janeiro: Imago.

Meltzer, D. (1975). *Explorations in Autism: a psycho-analytical study*. Perthshire: Clunie Press.

Meltzer, D. (1984). *Dream life, a reexamination of the psychoanalytical theory and technique*. Perthshire: Clunie Press.

Meltzer, D. (1988). *The apprehension of beauty*. Perthshire: Clunie Press.

Modell, A. (1984). *Psychoanalysis in a new context*. New York: International University Press.

Money-Kyrle, R. E. (1978). *The collected papers of Roger Money--Kyrle*. Perthshire: Clunie Press.

M'Uzan, M. (1977). *De L'art à la mort*. Paris: Gallimard.

Ogden, T. H. (1978). A developmental view of identifications resulting from maternal impingements. *International Journal of Psychoanalytic Psychotherapy, 7*, 487-507.

Ogden, T. H. (1982). *Projective identification and psychotherapeutic technique*. New York: Janson Aronson.

Pascal, B. (2010). *Os pensamentos*. São Paulo: Folha de São Paulo.

Paz, O. (1994). Ideas y costumbres. In O. Paz, *Obras completas*, Vol. 9. México: Círculo de Lectores; Fundo de Cultura Económica.

Pontalis, J. (2000). *Perdre de vue*. Paris: Gallimard.

Pontalis, J. (2010). *À margem das noites*. São Paulo: Primavera Editorial.

Ribeiro, B., & Ferrari, A. (1975). Contribuição ao estudo de uma função: a função-beta. *Revista Brasileira de Psicanálise, 9*(2), 193-203.

Ricouer, P. (1991). *A Ricoeur Reader: Reflection and Imagination* (M. J. Valdéz, ed.). Toronto: University of Toronto Press.

Rolland, J. C. (1999). *Curar do mal do amor*. São Paulo: Martins Fontes.

Rolland, J. C. (2006). *Avant d'être celui qui parle*. Paris: Gallimard.

Rolland, J. C. (2015). *Quatre essays sur la vie de l'âme*. Paris: Gallimard.

Rolland, J. C. (2016a). *Os olhos da alma*. São Paulo: Blucher.

Rolland, J. C. (2016b). *A terceira língua*. Conferência proferida na Sociedade Brasileira de Psicanálise de São Paulo em 8 de junho de 2016. São Paulo: SBPSP.

Roudinesco, E. (1999). *Por que a psicanálise*. Rio de Janeiro: Zahar.

Sandler, J. (1976). Dreams, unconscious fantasies and "identity of perception". *International Review of Psycho-Analysis, 3*(1), 33-42.

Sandler, J. (1977). *O paciente e o analista:* fundamentos do processo psicanalítico. Rio de Janeiro: Imago.

Segal, H. (1981). *The work of Hanna Segal*. London: Jason Aroson.

Segal, H. (1993). *Sonho, fantasia e arte*. Trad. Belinda Haber Mandelbaum. Rio de Janeiro: Imago.

Schafer, R. (1983). *The analytic attitude*. London: Hogarth Press.

Soussumi, Y. (2001). Sonhos: uma visão neuro-psicanalítica. *Revista Brasileira de Psicanálise, 35*(3), 665-85.

Spence, D. (1982). *Narrative truth and historical truth*. New York: W.W. Norton and Company.

Spitz, R. (1960). *Desenvolvimento emocional do recém-nascido*. São Paulo: Pioneira.

Spitz, R. (1979). *O primeiro ano de vida*. São Paulo: Martins Fontes.

Strachey, J. (1969/1934). The nature of therapeutic action in psychoanalysis. *International Journal of Psychoanalysis*, 50, 275-292.

Suchet, D. (2015). *Um começo sexual*. Trabalho apresentado no evento Colloque dês langues Françaises à Lyon.

Talamo, P. B. (1997). Os dois lados da cesura. In M. O. A. F. França (Org.), *Bion em São Paulo: ressonâncias* (pp. 377-96). São Paulo: Imprensa Oficial do Estado; PUC.

Thomä, H., & Kächele, H. (1989). *Teoría y práctica del psicoanálisis*, 1. Fundamentos. Barcelona: Herder.

Todorov, T. (2019/1982). *A conquista da América: a questão do Outro*. 5a. ed. São Paulo: WMF Martins Fontes.

Tustin, F. (1981). *Estados autísticos em crianças*. Rio de Janeiro: Imago.

Viderman, S. (1990). *A construção do espaço psíquico*. São Paulo: Escuta.

Widlöcher, I. D. (1996). *Les nouvelles cartes de la psychanalyse*. Paris: Editions Odile Jacob.

Winnicott, D. (1975a). *Through paediatrics to psychoanalysis*. London: Hogarth Press.

Winnicott, D. (1975b). *O brincar e a realidade*. Trad. José Octávio de Aguiar Abreu, Vanede Nobre. Rio de Janeiro: Imago.

Winnicott, D. (1988). *La Nature Humaine*. Paris: Gallimard.

Índice remissivo

GRÁFICA PAYM
Tel. [11] 4392-3344
paym@graficapaym.com.br